滇版精品出版工程专项资金资助项目

丛书主编：杨泠泠

本册编著：陈春艳

深山走出脱贫路 怒族

云南人口较少民族脱贫发展之路

怒族

达比亚颂恩情

◎《深山走出脱贫路》编委会 编

YNK 云南科技出版社

·昆明·

图书在版编目(CIP)数据

怒族达比亚颂恩情/《深山走出脱贫路》编委会编
. -- 昆明：云南科技出版社，2025
（深山走出脱贫路：云南人口较少民族脱贫发展之
路）
ISBN 978 - 7 - 5587 - 4845 - 5

Ⅰ. ①怒… Ⅱ. ①深… Ⅲ. ①怒族 - 扶贫 - 研究 - 云
南 Ⅳ. ①F127.74

中国国家版本馆 CIP 数据核字（2023）第 088270 号

怒族达比亚颂恩情
NUZU DABIYA SONG ENQING

《深山走出脱贫路》编委会　编
丛书主编：杨泠泠
本册编著：陈春艳

出 版 人：温　翔
责任编辑：洪丽春　蒋朋美　曾　芫　张　朝
助理编辑：龚萌萌
封面设计：解冬冬
责任校对：秦永红
责任印制：蒋丽芬

书　　号：ISBN 978 - 7 - 5587 - 4845 - 5
印　　刷：昆明天泰彩印包装有限公司
开　　本：787mm×1092mm　1/16
印　　张：14.25
字　　数：329 千字
版　　次：2025 年 2 月第 1 版
印　　次：2025 年 2 月第 1 次印刷
定　　价：68.00 元

出版发行：云南科技出版社
地　　址：昆明市环城西路 609 号
电　　话：0871 - 64114090

前言

　　本书在收集整理现有研究资料的基础上，综合反映云南怒江地区怒族的脱贫发展成果，主要从怒族的历史背景，党和国家对怒族的扶持和所开展的一系列工作，以及未来展望三个大的方面进行论述。内容涉及：怒族的历史及其发展的困境；党和国家在怒族社会发展、民族团结、脱贫攻坚、乡村振兴等方面所做的工作；从社会、经济、生态、环境、交通、住房、教育、医疗等方面充分展示怒族群众在生活方面发生的巨大变化。全书一共分为七个章节。

　　第一章：立足双江，源远流长。从历史渊源、人口分布、语言文字、社会文化和民俗风情五个方面讲述怒族的悠久历史。

　　第二章：党旗高展，红遍怒江。从和平解放、区域自治、民族识别、直接过渡、改革开放五个方面概述中华人民共和国成立后党和国家在怒族社会发展和民族团结等方面所做的工作。

　　第三章：山高水远，发展路难。从自然环境、基础设施、民族教育、生活条件、生计方式五个层面分析怒江地区的怒族群众在生产、生活，以及发展方面所面临的困境。

第四章：精准帮扶，脱贫致富。通过介绍怒江地区脱贫攻坚工作的具体情况，呈现了党和政府是如何带领包括怒族在内的各族人民群众一步步地攻坚克难并最终打赢了"脱贫攻坚战"。

第五章：一步千年，共赴小康。从与人民群众生活息息相关的社会、经济、生态、环境、交通、住房、教育、医疗等方面充分展示怒族群众生活所发生的巨大变化。

第六章：扶贫路上，故事万千。讲述了各族干部群众在怒江地区脱贫攻坚工作中所共同书写的一个个筑梦、追梦、圆梦的感人故事。

第七章：乡村振兴，未来可期。从产业兴旺、生态宜居、乡风文明、治理有效、生活富裕五个方面概述怒江州带领包括怒族在内的各族人民群众开展乡村振兴工作的具体情况。

目　录

深山走出脱贫路

云南人口较少民族脱贫发展之路

中华人民共和国成立以来
怒江州怒族发展大事记

▶ 1949 年

5月10日，兰坪县"和平解放"。

6月1日，福贡县"和平解放"。

6月10日，碧江县解放。

8月25日，贡山县解放。

10月14日，兰坪县人民政府成立，甘舜任县长，李铸宏任副县长。

11月1日，碧江县人民政府成立，张旭任县长，裴阿欠、王荣才任副县长。

12月25日，福贡县人民政府成立，李世荣任县长，霜耐冬任副县长。

▶ 1950 年

1月13日，泸水县"和平解放"。

5月4日，贡山县人民政府成立，和耕任县长。

10月，少数民族代表裴阿欠、李政才（怒族）到北京参加庆祝中华人民共和国成立一周年观礼活动，受到毛泽东、周恩来、刘少奇、朱德等党和国家领导人的亲切接见。

▶ 1951 年

2月24日，泸水县人民政府成立，沈锡荣任县长，段承经、祝路求任副县长。

2

▶ 1954 年

8月23日，经国务院批准，以泸水、碧江、福贡、贡山四县为基础，成立了怒江傈僳族自治区。裴阿欠当选为自治区主席，李政才（怒族）当选为副主席。

▶ **1956 年**

10 月 1 日，经国务院批准，贡山独龙族怒族自治县成立，这代表着独龙族、怒族人民从此获得了更为广泛的参政议政的权利。孔志清当选自治县县长，彭恩德（怒族）等当选自治县副县长，扎干力（怒族）当选自治县政协副主席。

11 月 27 日，经国务院批准，兰坪县划归为怒江傈僳族自治区。

▶ **1957 年**

1 月 18 日至 24 日，怒江傈僳族自治区召开了第二届各族各界人民代表会议，传达了国务院关于怒江傈僳族自治区改为怒江傈僳族自治州的通知，会议选举裴阿欠任自治州州长，李政才（怒族）等任副州长，和世生（怒族）任怒江州中级人民法院第一任院长。后来，和世生还当选为全国第三届人民代表大会代表、全国民族事务委员会委员。

是年，碧江县匹河怒族自治区（乡）成立，腊伟（怒族）任区长，木建科（怒族）任区委书记。

▶ **1958 年**

3 月，剑川县甸南至兰坪县城的拉井公路开工，1964 年竣工，全长 162 千米。

▶ **1962 年**

1 月 19 日，瓦（窑）（碧）江公路竣工，全长 199 千米。这条公路的贯通，填补了怒江境内无公路的空白。

▶ 1964 年

12 月，和世生（怒族）被推选为第三届全国人民代表大会代表。

▶ 1970 年

为改善怒江州碧江、福贡、贡山等县的交通条件，云南省人民政府决定修建碧江匹河至贡山丹打的公路，因这条公路全长155.789 千米，故称为"156 工程"。1976 年 6 月，"156 工程"建成通车。

▶ 1983 年

7 月，亚娜担任怒江州副州长，成为怒族妇女干部中的第一位副州长。

是年，碧江县城知子罗的怒族妇女杨英玲在怒江州府六库开办了一家糕点店，这是怒族所开办的首家糕点店面。随后杨英玲又开办了百货店，进而创办了州府六库首家私营旅馆——建设旅馆。杨英玲后来被推选为第七届、第八届云南省政协委员。

▶ 1985 年

2 月 15 日，中共中央总书记胡耀邦到怒江州视察工作。

10 月，云南省省长和志强深入怒族聚居地区视察。

4

▶ 1986 年

4 月，中共中央书记处书记、中共中央直属机关党委书记王兆国到怒江视察工作。

12 月 25 日，经国务院批准，碧江县撤销建制。

▶ 1987 年

12 月 1 日，第一位怒族副州长李政才逝世，享年 59 岁。

▶ 1988 年

8 月 8 日，匹河怒族乡设立，至今为止一直是全国唯一的怒族乡。

是年，怒江州副州长亚娜当选为第七届全国人民代表大会代表。

▶ 1990 年

1 月，国家交通部、云南省交通厅把有怒族聚居的怒江州各县列为扶贫联系点，扶贫联系时间为 10 年。

▶ 1993 年

3 月，兰坪县兔峨乡怒族农村女青年和丽梅当选为第八届全国人民代表大会代表。

是年，怒族义务工作者甫云聪被推选为第八届全国政协委员，成为怒族中的第一位全国政协委员（前七届均未安排怒族担任全国政协委员）。

▶ 1997 年

3 月 29 日，贡山独龙族怒族自治县第一位怒族副县长彭恩德逝世，享年 76 岁。

▶ 1998 年

3 月，怒族干部彭兆清被推选为第九届全国政协委员，此后又连任全国政协第十届、第十一届委员，成为怒族历史上担任全国政协委员职务最长的人。怒族干部曲路当选为第九届全国人民代表大会代表。

1999 年

5 月 3 日，中共中央总书记、国家主席江泽民为独龙江公路亲笔题词：建设好独龙江公路，促进怒江经济发展。

9 月 9 日，修建历时近两年的由贡山独龙族怒族自治县通往独龙江乡的独龙江公路通车，结束了中国 56 个民族中仅有独龙族没有通公路的历史。

2001 年

云南省人民政府办公厅到福贡县怒族、傈僳族聚居的子里甲乡挂钩扶贫。计划在 2001 年到 2010 年的 10 年内共投入 2000 万元左右的资金对子里甲乡进行全方位的扶贫，以推动子里甲乡各项事业的发展。

2002 年

3 月，福贡县匹河怒族乡架究村举办了第一届"如密期"活动。

2003 年

11 月 8 日，怒族聚居地区通往内地的高等级公路——金六二级公路正式开工建设。

12 月 24 日，云南省民族学会怒族学专业委员会在怒江傈僳族自治州州府六库成立。

▶ 2004 年

5月，国务院西部开发办副主任王金详、王志宝率队到怒江考察，在深入调研的基础上指出必须设立专门课题，综合规划、重点突破，用特殊的办法解决特殊的问题，引起了国务院的高度重视。

9月10日，贡山独龙族怒族自治县在昆明举行"独龙江公路通车5周年暨贡山旅游资源推介会"。

10月，为扩大怒江知名度，加快招商引资进程，"神秘东方大峡谷"推介会在昆明、北京、香港召开。

11月16日，中共怒江州委、怒江傈僳族自治州人民政府举行"庆祝怒江傈僳族自治州成立50周年"纪念活动。

▶ 2005 年

10月，党的十六届五中全会作出了建设社会主义新农村的重大决定，社会主义新农村建设成为怒族聚居地区各级党委、政府和各族人民的共同行动。

10月25日，由云南省民族学会怒族学专业委员会主办的学会会刊《怒族研究》正式创刊。

▶ 2006 年

4月25日，云南省福贡县怒族学会在上帕成立。

4月26日，为广泛动员社会力量参与怒江扶贫工作，由云南日报报业集团、省政府扶贫开发领导小组办公室、中共怒江州委共同联合发起的"百家企业进怒江开发扶贫行动"启动仪式在昆明电视台演播大厅举行。

5月12日，胡锦涛总书记在云南考察时强调，各级党委和政府要加大对人口较少民族的扶持力度，促进人口较少民族改变落后面貌，过上富裕生活，真正使建设社会主义新农村成为惠及各族群众的民心工程。胡锦涛总书记的这一讲话在怒江地区引起了强烈的反响。

9月，"怒江问题"座谈会在北京举行。9月17日，全国人大常委会副委员长许嘉璐视察怒江。

10月5日，云南省贡山独龙族怒族自治县怒族学会在茨开成立。

▶ 2007 年

4 月 23 日，由中共怒江州委、怒江傈僳族自治州人民政府主办，云南省民族学会怒族学专业委员会、怒江州人民政府驻昆办承办的怒族"乃仍、如密期、版踏"传统节日活动在昆明隆重举行，省级有关部门的领导应邀出席了节日庆典活动。这是昆明的怒族同胞首次在省城昆明欢度自己的民族节日。

6 月 2 日，怒江州人民政府下发《怒江州人民政府关于建立和实施农村最低生活保障制度的通知》（怒政发〔2007〕62 号），这一政策的实施惠及怒族聚居地区的很多人民群众。

7 月，怒江州编制了《怒江州中长期发展总体规划》。同年，确立了"生态立州、科教兴州、矿电强州、文旅活州"的发展思路。

11 月 27 日，瓦贡公路六库江东复线工程在六库镇小沙坝举行开工仪式，开始破土动工。

12 月，为扩大怒江州的知名度，怒江州组织"百名记者进怒江"大型新闻采访活动，全方位、多视角地宣传怒江。

▶ 2008 年

1 月 27 日至 31 日，怒江州第九届人民代表大会第四次会议、中国人民政治协商会议第九届委员会在六库举行，会议明确提出了要实现"二次跨越"的发展战略。

12 月，怒江州文化局制定了《怒江州民族文化产业中长期发展思路》，明确了民族文化发展和繁荣的措施和途径。

▶ 2009 年

12 月 29 日，六库怒江第二大桥正式开工建设，该桥为混凝土独塔斜拉桥，按一级公路六车道标准建设，全桥长 255 米，引道全长 2.731 千米。

▶ **2010 年**

6 月 5 日，全怒江州启动生态修复工程全民大行动。

6 月 8 日，"中国怒江大峡谷网"正式开通，分别用汉语、傈僳语、英语、缅语 4 个语种介绍有关怒江新闻、政务、旅游及怒江大峡谷自然风光等信息。

12 月，怒江州第一条高等级公路——省道 228 线金厂岭至六库二级公路经过长达 7 年的艰苦建设终于全面完工，于 2011 年 1 月 15 日正式竣工并通过验收，这标志着云南省实现了从昆明通往 16 个州（市）所在地的公路已全部实现高等级化。

▶ **2011 年**

1 月，中央电视台报道播出了"索道医生"邓前堆（怒族）的先进事迹，引起了全社会的高度关注，全国人民群众反响强烈。

2 月 22 日，怒江傈僳族自治州第九届人民代表大会第七次会议在怒江会堂开幕，书面报告了《云南省怒江傈僳族自治州国民经济和社会发展第十二个五年规划纲要（审议稿）》。

4 月，首届"中国·怒族历史文化"学术研讨会在六库举行，来自国内知名大学、研究机构，以及本地的 100 多位研究怒族的专家学者参与了"怒族历史与文化"的研讨工作。

9 月 20 日，邓前堆（怒族）医生被评为第三届全国道德模范。

▶ **2012 年**

4 月中旬，云南省民族学会怒族学专业委员会在昆明举办了怒族语言资料调查收集骨干培训班，学会会长、副会长及怒族 4 个支系学员共 30 人参加了培训。

8 月中旬，兰坪县怒族学会成立。

11 月 8 日，邓前堆（怒族）医生入选中共十八大主席团，被安排在大会主席台就座。

12 月 20 日至 23 日，云南省省长李纪恒到怒江傈僳族自治州的福贡县、贡山县、泸水市调研。

▶ 2014 年

元旦前夕，云南省贡山独龙族怒族自治县干部群众致信习近平总书记，汇报了当地经济社会发展和人民生活改善情况，重点报告了独龙江公路隧道即将贯通的喜讯。收到来信后，习近平总书记回信表示了祝贺。

4 月 10 日，独龙江隧道全线贯通。

▶ 2015 年

1 月 20 日，习近平总书记在云南考察期间，专门会见了怒江傈僳族自治州的少数民族干部群众代表，与少数民族干部群众代表亲切交谈。

▶ 2017 年

12 月 21 日，为深入开展境外怒族的研究工作，云南省怒族学专业委员会组织成立寻访缅甸怒族的工作组赴缅甸开展相关研究工作。

12 月 28 日，在国家文化部所公布的第五批国家级非物质文化遗产代表性项目传承人名录中，李汉良入选为贡山怒族"仙女节"非遗项目代表性传承人，是怒族的首位国家级非物质文化遗产代表性项目传承人。

▶ 2020 年

3 月 6 日，决战决胜脱贫攻坚座谈会在北京召开，习近平总书记出席会议并发表重要讲话，中共怒江州委书记纳云德同志作了《坚定必胜信心　决胜脱贫攻坚》的汇报发言。

11 月，怒族、傈僳族向全国人民宣布已实现整族脱贫。

▶ 2021 年

6 月 11 日，怒江州乡村振兴局正式挂牌成立，全州四县（市）同步举行挂牌仪式。

深山走出脱贫路

云南人口较少民族脱贫发展之路

立足双江，源远流长

　　怒族是我国56个民族大家庭中的一员，同时也是云南省8个人口较少民族之一。在我国，怒族主要分布在云南省怒江傈僳族自治州（以下简称怒江州或怒江）的泸水市、福贡县、贡山独龙族怒族自治县（以下简称贡山县或贡山）、兰坪白族普米族自治县（以下简称兰坪县或兰坪）。有少量怒族分布在迪庆藏族自治州（以下简称迪庆州或迪庆）的维西傈僳族自治县（以下简称维西县或维西），以及西藏自治区（以下简称西藏）的察隅县。怒族历史悠久，源远流长。学术界根据史料记载，辅以怒族和怒族周边民族民间世代相传的口述迁徙史，结合考古学、语言学、民族学、史学等多学科专家的系统调查，推断怒族先民属于古代氐羌中的一支族群，在先秦至南北朝时期，居住在今甘肃兰州以西、青海西宁以南一带。氐羌族群是游牧民族，喜"随畜迁徙"，善"逐水草而居"，加之为躲避战乱，逐步由北向南转而向西、西北迁徙，怒族先民跟随氐羌族群经四川西部、南部的雅砻江、金沙江逐渐到达了滇西、滇西北（今丽江、大理、保山）一带。入滇后，怒族先民中的一部分向西、西北迁移至怒江、澜沧江流域；另一部分继续远迁进入今缅甸、泰国、印度等国家境内。目前，缅甸北部山区的克钦邦是境外怒族分布最为集中的区域。本部分将主要介绍怒族的历史渊源、人口分布、语言文字、社会文化和风俗民情等。

历史渊源

 **民族起源**

怒族没有文字，因而早期没有留下任何专门记录有怒族历史的文献资料。但是，怒族"怒苏"支系（怒族四大支系中的一支）靠着口耳相传将64代的家谱流传至今。家谱记录了"茂英充"（有的书中记作"孟英充"或"闷叶潮"，意为天或"从天而降的人"）是怒族"怒苏"支系的女始祖。[1] 这是一种以女性为首、男性为主的父母子女混合连名制的谱系，在我国的各民族中实属罕见，是怒族"怒苏"支系由母系社会过渡至父系社会的象征。

与此同时，在"怒苏"群众中流传着一则有关"茂英充"的民间故事[2][3]，这一故事正好讲述了"怒苏"支系由母系社会向父系社会过渡的全过程。相传远古时期，在怒江边上，天降群蜂，蜂与蛇相配（也有说蜂与虎相配的）后生下了一个女孩，这就是"怒苏"的始祖"茂英充"。"茂英充"长大成人后娶了很多男人，生育了众多子女，且氏族中的一切大小事务都由"茂英充"裁决和管理。[4] 那时，氏族中也一直盛行着女娶男的习俗。据说当时一个男人嫁出去的时候，就像被砍了腿、割了肉一样难过。某次，一个女人娶亲，在家高兴地等着却迟迟不见男人嫁进门，跑去男人家一看，只见待嫁的男人抱着屋中的柱子哭泣着喃喃自语："我的房子，我的地，我的牛啊！我怎么舍得离开你们啊！"眼见这副情形，女人也跟着伤心起来，说："得了得了，别再哭了，你嫁我嫁都一样。你舍不得

① 余新、怒江州政协文史资料委员会：《怒江州民族文史资料丛书·怒族》，云南民族出版社，2007，第2页。
② 福贡县文学艺术界联合会：《福贡县民间故事集（上）》，怒江报社印刷有限责任公司印装，2008，第15页。
③ 余新、怒江州政协文史资料委员会：《怒江州民族文史资料丛书·怒族》，云南民族出版社，2007，第148-149页。
④ 还有一种说法："孟英充"是直接从天而降，长大后与虎、蜂、蛇、麂子、鹿等动物相配后繁衍了众多的后代，形成了虎氏族、蜂氏族、蛇氏族、麂子氏族、鹿氏族，因而"孟英充"是以上氏族的女始祖。

离开家，我就嫁来你家好了！"男人一听乐开了花，婚后自愿承担起了家中的体力活。从此，男婚女嫁开始改为女婿男嫁。

另外，在《蛮书》《元史·地理志》《大元混一方舆胜览》等史料中曾有零星记载，提到过"怒江"一词，并记载有怒族先民的活动情况。[1][2]

《蛮书》是最早出现"怒江"一词的典籍。《元史·地理志》记录有，兰州，在澜沧水之东，汉永平中始通博南山道，渡澜沧水，置博南县，唐为庐鹿蛮部。其中，兰州即今兰坪县，唐朝时期，居住在今兰坪县的怒族先民被称为"庐鹿蛮"。据《大元混一方舆胜览》所载，潞江，俗称怒江，出潞蛮，据考证，其中的"潞蛮"是汉文献中对怒族先民的别称。

《百夷传》是首部出现"怒人"一词的古文献，其记载，怒人颇类阿昌、蒲人、阿昌、哈喇、哈杜、怒人皆居山巅，种苦荞为生，余则居平地或水边也，言语皆不相通。清朝时期记载有"怒人"的史籍较多，雍正年间鄂尔泰等人编著的《云南通志》第二十四卷记载有，怒人，男子发用绳束，高七八寸。王菘等人所编纂的《云南通志》第一百八十四卷写道，怒人以怒江甸得名。明永乐年间，改为潞江长官司，其部落在维西边外，过怒江十余日环江而居。乾隆年间，余庆远所著的《维西见闻纪》称，怒子，居怒江之内，界连康普、叶枝、阿墩子之间，迤南地名罗麦基，接缅甸，素号野夷。

有学者认为，按照江名、河名、地名均因人而得名的惯例，应该是先有"怒人"进入怒江地区，之后才开始有怒江之称。但民族学的相关研究仅能证明怒族是生活在怒江和澜沧江两岸的古老民族之一，源于古代氐羌族群。其证据是怒族支系的"怒苏"老人所背诵的家谱采用了父子连名制，与今大小凉山黑彝支系"诺苏"及元阳哈尼族的父子连名制具有相同的特点，即一字连、二字连相互交替。父子连名制反映了"怒苏""诺苏"及彝语支系各族的族源相同，加上怒族在早期所盛行的刀耕火种、火葬等习俗，可判断怒族先民为古代氐羌族群中的一个分支。

14

---

[1] 李月英、张芮婕：《走近中国少数民族丛书·怒族》，辽宁民族出版社，2014，第13-16页。
[2] 云南省民族学会怒族学专业委员会：《怒族研究》，《云南省民族学会怒族学专业委员会会刊》，2018年第11期，第16页。

 **族群构成**

我国的怒族由"阿侬"（Anung）、"怒苏"（Nusu）、"阿怒"（也被称为"阿龙"，Anu/Nnung，因与"阿侬"在历史、文化和语言上的亲缘关系，在一些文献中也写作 Anung）、"若柔"（Zozo）4 个支系组成。在我国境内，"阿侬"主要生活在福贡县的上帕镇、鹿马登乡和架科底乡；"怒苏"主要居住在福贡县的匹河怒族乡、子里甲乡一带；"阿怒"主要分布于贡山县的丙中洛乡、棒当乡、茨开镇及西藏察隅县的察瓦龙乡等；"若柔"主要聚居在兰坪县的兔峨乡和泸水市的鲁掌镇。①

怒族先民在唐朝时期被称为"庐鹿蛮"，随着历史的发展又被冠以"卢蛮""卢""潞蛮""怒夷""野夷"等称谓。经过几次大规模迁徙之后，怒族大多与傈僳族、独龙族、藏族、白族、汉族、纳西族等民族交错杂居，生活在怒族周边的不同民族对怒族的称谓不尽相同，如汉族称呼怒族为"怒子""怒人"；傈僳族称呼怒族为"怒帕""怒嚷"；白族称呼怒族为"侬子""侬波""侬蒿"等；贡山的独龙族称呼怒族为"阿怒"。②

中华人民共和国成立之初，民族学家、史学家对怒族各支系的族源进行了研究，发现贡山县和福贡县的怒族自称中都有一个"怒"或者类似于"怒"的"侬"或者"龙"的发音，国家在征求了怒族代表的意见之后，首先将属于"怒苏""阿侬""阿怒"3 个支系的族名确定为怒族。据考证，"若柔"二字的发音与古代"庐鹿"相近，加上"若柔"支系所处的地理位置临近"怒苏"的居住地，且"若柔"与"怒苏"的部分语言词汇相近，故在 20 世纪 50 年代中叶，"若柔"也相继被划归为怒族。③

怒族是一个跨境民族，我国境外的缅甸、泰国、印度、马来西亚等国家也居住有怒族，其中，缅甸北部山区的克钦邦是境外怒族的主要居住地。根据云南大学何林教授的研究，缅甸怒族和中国怒族之间具有同源关系，可在缅甸找寻到"阿侬""怒苏"和"阿怒"3 个支系的踪迹。但缅甸是东南亚民族情况最

① 李月英、张芮婕：《走近中国少数民族丛书·怒族》，辽宁民族出版社，2014，第 13 页。
② 余新、怒江州政协文史资料委员会：《怒江州民族文史资料丛书·怒族》，云南民族出版社，2007，第 15 页。
③ 李绍恩：《中华民族全书·中国怒族》，宁夏人民出版社，2012，第 5–6 页。

为复杂的国家之一，其民族划分及民族数量一直都没有一种权威而统一的定论，且尚未对怒族进行过任何系统全面的识别，所以也从未将怒族认定为一个单一的民族。因此，缅甸境内的怒族通常被国内学者泛称为"缅甸怒人"或"怒人"，抑或用 Nung 作为"缅甸怒人"的英文表示方法。20 世纪 60 年代，"日旺"（Rawang）获得了缅甸官方的认可成为一个单独的民族，居住在克钦邦北部唐赛（Tangyan）等地的"阿怒"族群被划归为日旺族。20 世纪 70 年代，缅甸的怒族精英曾对"缅甸怒人"的重构作出过努力，极力要求将"缅甸怒人"识别为一个单独的民族（其心愿是将"缅甸怒人"划归为克钦族的又一支系族群），但这一愿望最终落空。根据缅甸于 1983 年进行人口调查时所划定的民族表，缅甸境内的民族被分成了 8 个族系、135 个民族，其中均未包含与中国怒族或"缅甸怒人"相当的"怒"或"侬"（Nung）的族群。"阿侬"（Anung）、"怒苏"（Nusu）往往因与其他民族杂居的事实而被划属其他民族（如傈僳族、日旺族等）。2007 年以后，"阿侬"（Anung）和"怒苏"（Nusu）开始联合组建缅甸怒族（Nung），包括"阿侬"和"怒苏"两个族群，同时自然延伸至中国怒族各支系。①

历史沿革

　　古代怒族先民各氏族、部落游居不定，族群内部曾不断地分裂、聚合，在迁徙的过程中又与其他族群有过一定程度的融合，因此，唐朝以前的历史文献对之记载甚少且含混难考。通过对怒族的语言特征、族称演化、风俗习惯，以及云南古代各部落彼此之间的活动地域、活动情况和迁徙路线等进行综合考察和分析，怒族的发展和演变大致经历了如下过程：②③

　　在先秦至南北朝时期，怒族先民（叟、昆明、鸠僚）作为古代氏羌集团的部落分支，与氏羌其他部落族群共同生活在今甘肃兰州以西、青海西宁以南的地区。后来，叟、昆明、鸠僚陆续跟随氏羌其他族群经四川的雅砻江、金沙江到达了今云南的丽江、大理、保山一带。入滇以后，叟、昆明、鸠僚各部落的迁徙方

---

① 云南省民族学会怒族学专业委员会：《怒族研究》，《云南省民族学会怒族学专业委员会会刊》，2018 年第 11 期，第 86—98 页。
② 云南省民族学会怒族学专业委员会：《怒族研究》，《云南省民族学会怒族学专业委员会会刊》，2018 年第 11 期，第 15—17 页。
③ 当代云南怒族简史编辑委员会、李绍恩：《当代云南怒族简史》，云南人民出版社，2014，第 1—3 页。

向和路线开始出现了变化（历史上怒族先民的第一次大离散）。

到南北朝时期，分布在大理、保山一带的叟、昆明逐步分化并形成了乌蛮、施蛮、顺蛮、和蛮等部落。北朝至隋朝时期，分布在丽江、大理一带的乌蛮又分化形成了庐鹿蛮，并与施蛮、顺蛮等部落共同活动于滇西、滇西北各地。

到隋末唐初时期，部分叟、昆明、鸠僚族人在陆续向西、西北缓慢迁徙的过程中逐渐脱离大部队而率先进入怒江，并逐渐向北、向西迁移，长期与当时生活在怒江流域活动的绣面、寻传、僧耆、裸形、金齿等部落交流，又融合了当地土著百越、濮系族群形成了潞蛮、野夷，即后来的"阿侬"和"阿怒"两个怒族支系。然后慢慢地在今福贡的架科底、鹿马登、上帕和贡山的茨开、棒打、丙中洛和西藏察隅的察瓦龙等地定居下来。

在唐末宋初时期，怒族的主体，即从乌蛮中分离出来的庐鹿蛮（也被称为"卢"），从丽江、大理一带西迁到达今永平、云龙、兰坪、维西的澜沧江两岸（早于怒族支系"若柔"先民到达，即历史上怒族先民的第二次大离散），之后逐渐形成了"怒苏"支系。

"若柔"支系约在宋朝中后期迁徙到澜沧江两岸，"若柔"与"怒苏"同源，进入澜沧江的时间晚于"怒苏"，但又与"怒苏"西迁怒江流域后所遗留的蜂、乔等氏族融合，这即是"若柔"与"怒苏"既有血缘关系又有明显区别的原因。

综上，怒族四大支系的族源关系为：古代氐羌族群→叟、昆明、鸠僚→潞蛮、野夷→阿侬、阿怒；古代氐羌族群→叟、昆明→乌蛮→庐鹿、卢→怒苏；古代氐羌族群→叟、昆明→乌蛮→庐鹿→若柔。[④]

---

④ 李绍恩：《中华民族全书·中国怒族》，宁夏人民出版社，2012，第5-8页。
　　根据汉文献《史记》和《华阳国志·南中志》的相关记载，公元前2世纪，活动在西南地区的许多部落族群，按其居住区域、经济生活、风俗习惯，可分为如下部落集团：夜郎、滇、邛都、嶲（"叟"，出自《华阳国志·南中志》："夷人大种曰昆，小种曰叟"）、昆明、徙、筰都、冉龙、白马。这些部落集团分属氐羌系和濮系，而氐羌系和濮系又与百越系（自南越往西至交趾、夜郎、桐师以南地带的越、西瓯、雒越、夜郎、句町、漏卧、滇越等部落）共同组成了现代云南各少数民族的祖先。唐朝以前，在云南的怒江北部、东北部、东部至南部，分布着吐蕃（藏族）、摩沙（纳西族）、乌蛮（叟、昆明）、白蛮（白族）、苞满（佤族）、鸠僚（傣族）等族群。与当今怒族的分布区域较为接近的部落有：叟、昆明、徙、筰、鸠僚、斯榆、苞满。其中，叟、昆明、鸠僚分布最广，人口最多，也与当今怒族的关系最为密切，可视为怒族先民。

人口分布

 我国境内怒族的人口及其分布

历史上，我国境内的怒族长期聚居于云南省怒江州的泸水市、福贡县、贡山县和兰坪县，迪庆州维西县白济汛乡的碧落村，以及西藏察隅县瓦龙乡的龙普村、松塔村和门工村。

表1　"四普"至"六普"全国、云南、怒江地区怒族人口情况对照

年份	地区（人）			云南怒族人口数量在全国怒族人口数量中的占比（%）	怒江怒族人口数量在全国怒族人口数量中的占比（%）	怒江怒族人口数量在云南怒族人口数量中的占比（%）
	全国	云南	怒江			
1990	27190	25767	25830	95	95	93
2000	28759	27738	26670	96	93	96
2010	37523	31821	31469	85	83	98
2020	36575	34134	31976	93	87	93

注：表中四次人口普查依次为：于1990年开展的第四次全国人口普查、于2000年开展的第五次全国人口普查、于2010年开展的第六次全国人口普查、于2020年开展的第七次全国人口普查，四次人口普查的时间跨度为30年。其中，1990年云南地区怒族人口数据来源：余新主编、怒江州政协文史资料委员会编：《怒江州民族文史资料丛书·怒族》，德宏民族出版社，2007，第1页。其余数据来源于以下统计资料：国务院人口普查办公室、国家统计局人口和就业统计司：《中国2000年全国人口普查资料》，中国统计出版社，2002；国务院人口普查办公室、国家统计局人口和就业统计司：《中国2010年人口普查资料》，中国统计出版社，2012；国务院第七次全国人口普查领导小组办公室：《中国人口普查年鉴（2020）》，中国统计出版社，2022；怒江傈僳族自治州统计局：《怒江傈僳族自治州统计年鉴（2008—2010）》，2016；怒江傈僳族自治州统计局：《怒江傈僳族自治州统计年鉴（2019—2020）》，2022。

从国家于 1990 年至 2020 年所开展的四次全国人口普查数据来看（见表 1），在 1990 年、2000 年、2010 年、2020 年，云南怒族人口数量在全国怒族人口数量中的占比依次为 95%、96%、85%、93%，怒江怒族人口数量在云南怒族人口数量中的占比依次为 93%、96%、98%、93%。由此可知，我国境内的怒族主要生活在云南地区，而云南地区的怒族主要聚居于怒江。

表 2　怒江地区历年怒族人口情况

年份	地区（人）				
	怒江	泸水	福贡	贡山	兰坪
1953	12736	—	2735	3152	1316
1964	14486	69	3779	4144	1333
1982	21959	507	6097	5714	1862
1990	25830	895	16706	6350	1879
1994	25739	775	16973	6114	1877
2000	26670	1298	16783	6513	2076
2008	31469	1202	20095	7000	3172
2009	31890	1234	20320	7137	3199
2010	30492	1300	19581	6956	2655
2011	32256	1292	20654	7092	3218
2012	32429	1404	20704	7054	3267
2013	32809	1457	20956	7076	3320
2014	33093	1489	21168	7073	3363
2015	32886	1513	21101	6958	3314
2016	33444	1571	21529	7009	3335
2017	35087	1669	22926	7120	3372
2018	35822	1770	23459	7164	3429
2020	31976	2677	20296	6355	2648

19

注：数据来源情况如下：1953年、1964年、1982年、1990年、2000年数据来自：李绍恩：《中华民族全书·中国怒族》，宁夏人民出版社，2012，第11页。1994年的数据来自：余新主编、怒江州政协文史资料委员会编：《怒江州民族文史资料丛书·怒族》，德宏民族出版社，2007，第1页。2008—2020年的数据来自：怒江傈僳族自治州统计局：《怒江傈僳族自治州统计年鉴（2008—2010）》，2016；怒江傈僳族自治州统计局：《怒江傈僳族自治州统计年鉴（2011—2014）》，2016；怒江州统计局：《怒江统计年鉴（2015）》，2016；怒江州统计局：《怒江统计年鉴（2016）》，2017；怒江州统计局：《怒江统计年鉴（2017）》，2018；怒江州统计局：《怒江统计年鉴（2018）》，2019；怒江州统计局：《怒江统计年鉴（2019—2020）》，2022。

根据怒江地区历年的怒族人口情况来看（见表2），福贡县、贡山县是怒族的主要聚居地。怒族在怒江地区的分布情况具体如下：[①]

泸水市：鲁掌镇浪坝寨村委会的水利寨，六库镇瓦姑村委会的三家村。

福贡县：匹河怒族乡的果科村、普洛村、知子罗村、老姆登村、沙瓦村、瓦娃村、棉谷村、架究村、托坪村。

贡山县：丙中洛镇（秋那桶村委会的秋那桶，甲生村委会的甲生，丙中洛村委会的丙中洛，双拉村委会的双拉）；棒当乡[②]（迪麻洛村委会的秋麻塘，闪打村委会的闪当，永拉嘎村委会的永拉嘎）；茨开镇（双拉娃村委会的双拉娃、吉速底村委会的慈凌，嘎拉博村委会的黑妈，丹朱村委会的依觉）。

兰坪县：果力村委会的果力村、松灯村；兔峨村委会的兔峨村、小村、吾匹江、碧鸡岚；江末村委会的江末村、青菜坪村。

其中，福贡县的匹河怒族乡是全国唯一的怒族乡，设立于1988年，地处福贡县南部，距县城45千米，离州府六库90千米，东以碧罗雪山山脊为界，与兰坪县接壤，西以高黎贡山主山脊为界，与缅甸联邦相邻，南毗泸水市洛本卓乡，北连福贡县子里甲乡。匹河怒族乡南北纵距14千米，东西跨距不足30千米，总面积401平方千米，境内国境线为16千米，地处"三江"并流区的怒江神秘大峡谷，村寨多分布于碧罗雪山、高黎贡山海拔1500~2000米地带。全乡辖果科、普洛、知子罗、老姆登、沙瓦、瓦娃、棉谷、架究、托坪9个行政村及怒福社区、47个自然村、95个村民小组。

---

① 云南省民族学会怒族学专业委员会：《怒族研究》，《云南省民族学会怒族学专业委员会会刊》，2018年第11期，第103页。
② 棒当乡又称棒打乡。

我国境内怒族人口的流动

从国家统计局所公布的第五次全国人口普查、第六次人口普查、第七次人口普查的分民族、分地区统计数据来看，2000 年、2010 年、2020 年怒族在全国除香港、澳门和台湾以外的 22 个省、5 个自治区、4 个直辖市的分布情况如表 3 所示（暂未查询到我国香港、澳门和台湾的相关数据，故表 3 中未列出以上三地的数据）。

表 3　怒族在全国"五普""六普""七普"中的分地区人口数据 [①]　　　单位：人

地区	2000 年怒族人口数			2010 年怒族人口数			2020 年怒族人口数		
	合计	男	女	合计	男	女	合计	男	女
全国	28759	14857	13902	37523	18907	18616	36575	18412	18163
北京	7	5	2	50	22	28	37	17	20
天津	3	3	—	41	25	16	24	5	19
河北	33	3	30	200	73	127	120	23	97
山西	9	2	7	88	40	48	19	6	13
内蒙古	9	2	7	18	3	15	12	4	6
辽宁	3	1	2	76	20	56	44	9	35
吉林	—	—	—	27	8	19	13	3	10
黑龙江	4	2	2	21	8	13	8	4	4
上海	3	2	1	65	28	37	44	22	22
江苏	66	5	61	356	158	198	129	39	90

[①]　数据来源于以下统计资料：国务院人口普查办公室、国家统计局人口和就业统计司：《中国 2000 年全国人口普查资料》，中国统计出版社，2002；国务院人口普查办公室、国家统计局人口和就业统计司：《中国 2010 年人口普查资料》，中国统计出版社，2012；国务院第七次全国人口普查领导小组办公室：《中国人口普查年鉴（2020）》，中国统计出版社，2022。

续表3

地区	2000 年怒族人口数			2010 年怒族人口数			2020 年怒族人口数		
	合计	男	女	合计	男	女	合计	男	女
浙江	75	17	58	109	40	69	168	60	108
安徽	13	1	12	182	77	105	48	11	37
福建	27	8	19	307	160	147	99	46	53
江西	26	13	13	87	44	43	9	—	9
山东	97	10	87	373	161	212	166	44	122
河南	4	2	2	186	92	94	23	2	21
湖北	4	3	1	156	81	75	51	14	37
湖南	29	18	11	210	103	107	25	5	20
广东	38	15	23	584	277	307	411	237	174
广西	43	21	22	119	65	54	28	8	20
海南	2	1	1	1385	713	672	5	2	3
重庆	10	3	7	28	11	17	38	11	37
四川	57	19	38	312	113	199	163	35	128
贵州	21	9	12	28	8	20	69	28	41
云南	27738	14467	13271	31821	16240	15581	34134	17524	16790
西藏	408	209	199	492	242	250	483	244	239
陕西	1	—	1	31	13	18	12	4	8
甘肃	7	4	3	101	44	57	3	—	3
青海	4	4	—	5	4	1	—	—	—
宁夏	—	—	—	7	3	4	4	2	2
新疆	18	8	10	58	31	27	6	3	3

如表3所示，在2000年的"五普"中，除吉林、宁夏以外，21个省、4个自治区、4个直辖市均有怒族分布。其中，排名前五的是云南（27738人）、西藏（408人）、山东（97人）、浙江（75人）、江苏（66人）。在2010年的"六普"中，22个省、5个自治区、4个直辖市均有怒族分布。其中，排名前五的是云南（31821人）、海南（1385人）、广东（584人）、西藏（492人）、山东（373人）。在2020年的"七普"中，除青海以外，21个省、5个自治区、4个直辖市均有怒族分布。其中，排名前五的是云南（34134人）、西藏（483人）、广东（411人）、浙江（168人）、山东（166人）。由此可见，近20年来，怒族在国内各地之间流动频繁，其居住地不再局限于云南和西藏两地，而是扩大到了全国范围内（除香港、澳门、台湾外）。近10年内，怒族较为集中的居住地为云南、西藏、广东、浙江、山东、四川、海南。在2010年，居住于海南和广东的怒族人口数量均超过了西藏，其中，海南一跃成为怒族除云南以外的第二大居住地，其怒族人口数量（1385人）是西藏（492人）的2倍多，到了2020年，经过10年的时间，海南的怒族人口数量减为5人。

据调查，怒江地区怒族人口向外流动的主要目的是外出务工，其目的地最初是以县城为主，到了20世纪90年代末，陆续开始向州外和省外延伸。进入21世纪以来，人们外出的目的开始变得越来越多样化，除了务工，还有经商、从事运输行业，以及阶段性地参加传统文化的展演活动，也有少部分是因为婚姻嫁娶而移居至外地的，其范围不仅限于本州、本省。到了2010年，怒族人口已遍布全国除香港、澳门和台湾以外的22个省、5个自治区、4个直辖市。

🏔 我国怒族人口向境外的流动

为深入开展境外怒族的研究工作，云南省怒族学专业委员会曾组织成立过一支寻访缅甸怒族的工作组，共有7位成员。其中，福贡怒族学会会长曲路为组长，云南怒族学会常务理事彭义亮、杨兴华为副组长，小组成员包括贡山怒族学会成员李汉良、福贡怒族学会会员怒理普等4人。工作组于2017年12月21日赴缅甸开展相关研究，研究表明，缅甸境内的怒族是在不同历史时期由我国的怒江地区迁入的，目前主要聚居在克钦邦的密支那，部分散居在克钦邦的葡萄县，以及曼德勒、仰光和缅印边境地区。怒族离开怒江大峡谷的时间在一千多年以前，他们翻过高山，穿过丛林，一路狩猎、采摘野果，长途跋涉迁居至缅甸密支那。先到达密支那，且有经商经验的怒族通常都积累下了一定的资本，他们最终会选择生活在地势平坦、交通便利、物流较集中的城市地区，而部分人后来迁居到了缅甸更为发达的曼德勒、仰光等城市。后到达密支那的怒族，因没有能力进入城市生活，而选择继续居住在密支那以东、以北的山区。①

缅甸克钦邦葡萄县的怒族（"阿侬"）文字办公室和密支那的"阿侬""怒苏"精英人士曾对缅甸境内的怒族人口进行过估算。他们认为截至2017年，全缅甸有怒族约20000人（"阿侬""怒苏"），其中"怒苏"约为5000人。但因"阿侬"与日旺各氏族相互杂居，语言文化相近，族际边界模糊，故以上数据有可能存在重复计算或遗漏的情况。并且"怒苏"人口是按父系家庭进行计算的，即娶进门的外族女子算作"怒苏"人，外嫁的女子则计入对方所属民族，因此数据并不十分精确。云南大学何林教授曾对怒族迁徙至缅甸的过程进行过研究，他认为，居住在克钦邦北部唐塞等地的被划归为日旺族的"阿怒"是由怒江贡山的"阿怒"西迁而来的，进入缅甸的历史比较久远，最早可追溯至唐代以前。缅北的"阿侬"源于怒江福贡木古甲一带的"阿侬"，迁徙进入缅甸的时间始于14世纪，在1932年、1958年曾出现过两次大规模的迁徙。目前，除了中国和缅甸，在泰国、美国等一些国家也分布有"阿侬"族人。在1949年以前，已有少量"怒苏"迁居缅甸，但由于数量少、规模小、居住较为分散而最终被同化为傈僳族人、日旺族人或者独龙族人。现居于缅甸的"怒苏"约有5000人，迁移时间为1949

---

① 云南省民族学会怒族学专业委员会：《怒族研究》，《云南省民族学会怒族学专业委员会会刊》，2018年第11期，第51—55页。

年至 1990 年。[1]

有研究认为，从 1949 年中华人民共和国成立前夕开始，怒江地区的怒族支系"阿侬""怒苏"向缅甸迁徙的过程具有如下一些共同特点[2][3]：

1949 年前后，因福贡解放时离开福贡的外国传教士在境外继续操纵福贡的教会，散布"共产党消灭宗教"的谣言，蛊惑群众、煽动教徒外逃，导致怒族群众，特别是信仰基督教的怒族群众，因不明真相而西迁至缅甸；1958 年前后，由于国内开展"大跃进"等政治运动，大批怒族"跑"至缅甸；至 1961 年国内形势稍有缓和后，有些人因在缅甸生存状况不好，或者是想念亲人，又返回国内的家中；1966 年"文化大革命"开始以后，大批怒族由于政治、宗教信仰等原因去到缅甸；在 1980 年以前，也有一批人因为生计等原因进入缅甸；1980 年以后，随着改革开放政策的实施，怒江地区居民的生活有所好转，因为生计原因"跑"到缅甸的群众比例大幅度减少，但由于国内开始实行计划生育政策，部分超生而交不上罚款的怒族群众逃往缅甸，这种现象在计划生育政策执行得比较严格的 1988—1989 年较为突出，但也有在缅甸挣了钱又返回家乡交清罚款的；1990 年以后，同样由于计划生育等原因而出现了怒族向缅甸迁移的高峰，据说这些人中的大部分已经返回怒江，小部分人则辗转到了缅甸北部的密支那及其周边地区。

怒族支系"阿侬""怒苏"向缅甸的迁移是导致怒族聚居地区怒族人口增长率持续走低的一个原因。除此之外，导致怒族聚居地区怒族人口增长缓慢的原因还有如下三个方面：① 1953—1964 年，边疆民族地区的医疗卫生保障水平较低，怒族人口的出生率和新生儿的成活率仍处于缓慢提高阶段。加上这一时间段正是全国经济困难时期，一些怒族群众选择出境谋生。②改革开放以后，国内经济形势一片大好，大量怒族青年外出打工，远嫁外地的怒族女青年也逐渐增多。③随着城市化进程的不断推进，再加上怒族聚居地区的交通条件越来越便利，怒族群众的出行不再受限，流动的区域和范围逐渐扩大至全国境内，至今已遍布全国各地（见表 3）。

---

① 云南省民族学会怒族学专业委员会：《怒族研究》，《云南省民族学会怒族学专业委员会会刊》，2018 年第 11 期，第 86-98 页。

② 《怒族简史》编写组、《怒族简史》修订本编写组：《怒族简史》，民族出版社，2008，第 87-90 页。

③ 李绍恩：《中华民族全书·中国怒族》，宁夏人民出版社，2012，第 4-5 页。

语言文字①②②

在怒族内部，一共使用有 4 种语言，即怒苏语、阿怒语、阿侬语和若柔语。怒族语言属于汉藏语系藏缅语族，据考证，使用藏缅语族的族群源于古代西北地区甘青高原的氐羌部落。从今天怒族的分布情况来看，在地理位置上怒族也主要与使用藏缅语族的族群交错杂居。因此，怒族在语言上与藏缅语族有着共同的渊源，将怒族语言与藏缅语族语言进行比较，虽然各语种之间存在较大差异，但其共同点是各语种均保留了古藏缅语族语言的部分同源词、语言特征和语法特征。但由于历史、地理等原因，不同地区的不同怒族支系所使用的语言分属不同的语支，其中，怒苏语和若柔语属于彝语支，阿怒语和阿侬语属于景颇语支，也有学者主张把阿侬语单独划为一个语支。据统计，截至 2017 年，会使用怒苏语的约有 16000 人，会使用阿怒语的约有 14000 人，会使用阿侬语的不足 200 人，会使用若柔语的约有 4200 人。目前，国家语言保护中心已经启动了对怒族 4 种语言的抢救和保护工作。

 怒苏语

怒苏语主要是居住于福贡县匹河怒族乡自称"怒苏"的怒族使用的语言，怒苏语属藏缅语族彝语支，分南部、中部和北部 3 个方言区。怒苏语共有 60 个声母和 85 个韵母。其中，单辅音声母 45 个，复辅音声母 15 个；单元音韵母 38 个，复合元音韵母 47 个。怒苏语有 4 个声调，即高降、高平、高升、低降，音节一般由声母、韵母加声调构成。怒苏语在语流中有较为丰富的语言变化，其中多数属于条件变音，但也有少数属于自由变读。词汇由固有词和借词构成。怒苏语的词语从构成词的音节的多少来划分，可分为单音节词、双音节词和多音节词。其丰富语言词汇的主要方式是利用本民族语言材料，按一定的方式构成新词，其中最有效的构词方式是合成法和派生法。

26

① 余新、怒江州政协文史资料委员会：《怒江州民族文史资料丛书·怒族》，云南民族出版社，2007，第 103-108 页。
② 《怒族简史》编写组、《怒族简史》修订本编写组：《怒族简史》，民族出版社，2008，第 5-7 页。
③ 李绍恩：《中华民族全书·中国怒族》，宁夏人民出版社，2012，第 26-28 页。

 ## 阿怒语

阿怒语也被称为"阿龙语"，是分布在贡山县的怒族支系"阿怒"人使用的语言，阿怒语和独龙语之间可以互相通话，将二者相比较，其语言词义完全相同的词约占 40%，词义相同、语言相近的约占 33.3%，差异部分约占 26%。在语法方面，贡山阿怒语与独龙语基本相同。国内有学者将阿怒语视为独龙语的一种方言，但也有学者认为二者族源相同，因属于两个不同的部落而分别居住于两个不同的地区，最终形成了两个不同的民族，所以语言相通但有差异。将阿怒语与怒苏语相比，二者的语法大体一致，但词汇差别较大，彼此之间不能通话。

阿侬语

阿侬语是怒族支系自称"阿侬"的怒族所使用的语言，国内主要分布在怒江州福贡县的上帕、鹿马登等乡镇。阿侬语完全不同于怒苏语，与景颇语、独龙语较为接近。目前在缅甸使用阿侬语的人数多达数万，但国内的阿侬语已濒临消亡。在 2012 年左右，仅有福贡县上帕镇的木古甲、阿尼恰、木能 3 个自然村的怒族居民会讲阿侬语，使用人数不超过 500 人，其余乡村自称"阿侬"的人已转用傈僳语作为日常交流用语。到了 2017 年左右，能熟练使用阿侬语的人数已不足 200 人。

若柔语

若柔语是居住在兰坪县兔峨乡和泸水市鲁掌镇自称"若柔"的怒族使用的语言。若柔语有 6 个声调，一共有 23 个声母、79 个韵母。声母只有单辅音，无复辅音，塞音、塞擦音声母清浊对立。韵母中单元音 29 个，复合元音韵母 50 个，没有带辅音的韵母。若柔语地理位置分布集中，各村寨之间仅在语音调值上有差别，无明显的方言现象。

27

由于历史、地理等诸多原因，怒族的 4 种语言有如下一些异同之处：从语言特征来看，声母、韵母数量多少的排序依次为阿怒语、阿侬语、怒苏语、若柔语，其中，阿侬语是藏缅语族各语言中保留古藏缅语言特征较多的语言，与此同时，除了若柔语，其余 3 种语言的复辅音声母和带辅音韵母都保留得比较完整；从声调方面来看，阿怒语、阿侬语、怒苏语只有 3 ~ 4 个声调，在现代藏缅语族中属于声调较少的语种，但若柔语则有 6 个声调，且主要靠声调区分词义；从词

汇的同源程度来看，阿怒语、阿侬语的同源词汇约有35%，怒苏语、若柔语的同源词约有30%，前二者和后二者之间的同源词汇约有15%；从语法方面来看，怒苏语、若柔语的语法结构较为简单，基本与现代藏缅语族彝语支各语言的特征相同，而阿怒语、阿侬语的语法结构比较复杂，其部分特征是现代藏缅语族彝语支所不具有的，如单复数变化由声母变换或者韵母变换，抑或者由带辅音韵尾的变换来实现。基于以上差异，怒族各支系之间很难用自己的语言进行沟通，通常将汉语、傈僳语、独龙语等其他民族语言作为日常交流用语。

　　语言是记录一个民族社会历史发展的重要符号，是识别一个民族的重要标志。一种民族语言通常会随着一个民族的产生和发展而发生变化，具有很大的稳固性。因此，怒族语言所呈现出的相似性、差异性和复杂性均可作为追溯其族源和支系形成的重要线索和依据。对此，学界有两种推论：①根据各支系语言特征来分析，怒族各支系从其远祖族群部落集团中分离出来的时间先后顺序不一。首先到达澜沧江沿岸的是"阿怒"和"阿侬"支系；其次是"怒苏"支系；最后是"若柔"支系。各支系因所处环境不同而彼此之间长期无相互来往，从而导致语言产生隔阂。②怒族的族源可能来自两个不同部落，今福贡匹河怒族乡"怒苏"和兰坪"若柔"来源于古代"庐鹿蛮"中的"诺苏"支系，而贡山县"阿龙"和福贡县木古甲一带"阿侬"则来源于古代怒江北部一带自称"阿龙"或"龙"的古老族群，因他们长期共同居住于怒江、澜沧江一带，在相互影响和融合以后逐渐发展成了现在的怒族。

　　历史上，中国的怒族没有文字，过去常以刻木、结绳等方式做记录，有关怒族早期的历史，仅靠民间的口头相传。在缅甸，怒族中的"阿怒"支系已仿照拉丁字母创造出了怒族文字，这种怒族文字由10个元音字母、29个辅音字母构成，有6个声调、5个标点符号（"！？。、，"），其元音和辅音相拼的音节多达351个。缅甸怒族曾使用这种怒族文字翻译并出版过《旧约全书》《新约全书》《赞美歌》等一些基督教的书籍。在1993年，有缅甸怒族曾到怒江州福贡县怒族"阿怒"支系的聚居地上帕镇木古甲村开办过短期怒文培训班推广怒族文字。经培训之后，该村的王知此和阿南此两人学会了怒文，其余参加培训的学员也掌握了简单的语法，能运用词句并能够诵读简单的怒文书籍。1995年，中国社会科学院的语言学家孙宏开曾到怒江进行怒族语言文字的调查，怒族学者杨兴忠曾利用自身的语言优势，联合孙宏开等专家学者创造出了一种由拉丁字母拼写而成的怒族文字。据说这种怒族文字与汉语拼音相近，拼写简单，易于推广和普及，只要懂怒族语言，无论是大人，还是孩童，都能够在短时间内学会并使用。

社会文化

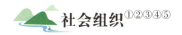

社会组织①②③④⑤

在中华人民共和国成立前夕，怒族聚居地区社会的经济发展极不平衡，经济结构非常复杂，多种经济成分共存，但依然能找寻到原始公有制、地主经济、封建领主制的影子。同时，仍不同程度地存在着原始的家庭、氏族和村社组织，它们共同在怒族社会生活的各个方面发挥着或明或暗的作用，在调解和裁决各种社会纠纷、协调处理各种社会矛盾时，均按家族、氏族或村社约定俗成的民族习惯法来裁决。

婚姻、家庭、继嗣、亲属制度

在中华人民共和国成立前夕，怒族聚居地区的婚姻形式已普遍采取一夫一妻制，但少数怒族头人、富裕户或婚后无子女的家庭还存在着一夫多妻的情况，且人类远古时代的婚姻形态在怒族聚居地区也还留有痕迹。例如，普遍盛行族内婚，其婚配范围大都局限在同一氏族乃至同一家族内部，除了禁止同父母所生的亲兄弟姊妹间婚配，与族内其他具有各种兄弟姊妹关系的男女间或不同辈分的男女间均可成为配偶。有调查显示，直到 20 世纪六七十年代，怒族中的表兄弟姊妹间的通婚现象仍未排除；普遍流行父母包办、抢婚等习俗；普遍保存着"妻兄弟妇"的转房制，即兄亡，寡嫂可转为弟之妻，弟死则弟媳可转为兄之妻；留存有"讨男子"的从妻居婚俗，但被"讨"的男子依然保留和使用自己本家族的姓氏，社会地位也与其他正常娶妻生子的怒族男子一样，故这种"讨男子"习俗也仅仅

① 余新、怒江州政协文史资料委员会：《怒江州民族文史资料丛书·怒族》，云南民族出版社，2007，第 40—55 页。
② 《怒族简史》编写组、《怒族简史》修订本编写组：《怒族简史》，民族出版社，2008，第 105—110、112—114 页。
③ 李月英、张芮婕：《走近中国少数民族丛书·怒族》，辽宁民族出版社，2014，第 56—69 页。
④ 当代云南怒族简史编辑委员会、李绍恩：《当代云南怒族简史》，云南人民出版社，2014，第 13—23 页。
⑤ 李绍恩：《中华民族全书·中国怒族》，宁夏人民出版社，2012，第 112—113、137—142 页。

是母系制的残余；"阿怒""若柔"和"怒苏"支系中存在着赘婿上门婚姻和抱养子的习俗，这是因为家中有女无儿或者已经绝嗣，为了接续香火才存在的。

在家庭的构成上，中华人民共和国成立以前，虽然怒族地区还少量留存有以父系血缘为纽带的家族公社的某些特点，但父系大家庭早已解体，怒族的家庭组织以核心家庭为主，家庭成员主要由父母及其亲生的子女构成。子女成年后，女儿外嫁、男子结婚娶妻之后在父母住房附近另建新房，与父母分开居住，虽然重新建立起了个体小家庭，但在生产生活上仍然与父母及整个家族保持着共同耕作及相互协助的关系；父母跟随幼子居住，主要由幼子履行赡养父母的义务。在传统的怒族家庭中，男主外、女主内的社会分工比较明显，男子是具有主导支配地位的一家之长，主要承担开荒、犁地、砍柴、放牧等重体力劳动活，并参与狩猎、宗教事务等活动。妇女处于从属地位，除了参与一些劳动负荷较轻的田间劳作，主要负责舂米做饭、织布缝补、饲养家畜、生儿育女。

在继嗣方面，男性具有主导权。男子婚后分居时，可从父母那里分到炊具、粮食、生产工具等财产。父母去世后，财产主要由幼子继承。赘婿和养子与亲生儿子有同等的继承权。外嫁的女儿一般没有财产继承权，仅有少数富裕人家在女儿出嫁时会准备一份"陪嫁地"。绝嗣家庭的财产一般由绝嗣者的男性血缘近亲继承和分配。

在亲属的称谓上，怒族社会中仍保留了由等级群婚制过渡到一夫一妻制的痕迹。例如，叔伯父都已有了专门的称谓"扑茂"（意为"大父"）、"扑拉"（意为"中父"）、"扑吞"（也记作"扑通"，意为"幺父"），但在实际生活中仍将叔伯父与生父同称为"奥扑"（原碧江县[①]一区九村一带怒语）。同时，"奥扑"也可以用来称呼母亲之姐妹的丈夫们，但父亲之姐妹的丈夫们却借用白族语称为"古谋"。同样地，怒族母亲的称谓是"奥米"，但也可把父亲兄弟辈的妻

---

① 现为云南省怒江傈僳族自治州福贡县知子罗村。碧江县的历史沿革：1912 年，云南地方政府派遣怒俅殖边队进驻，设知子罗殖边公署；1916 年，改为知子罗行政委员公署；1932 年，改设碧江设治局；从 1954 年开始，为怒江傈僳族自治区区政府所在地；1957 年后，是怒江傈僳族自治州的州府所在地；1974 年，怒江州府迁至六库后，变为碧江县的县城所在地；1986 年，国务院批准撤销原碧江县建制，所辖各区（乡）被划归泸水或者福贡，其中，北部的古登区（乡）、洛本卓区（乡）划归泸水，南部架科底区（乡）、子里甲区（乡），以及碧江怒族（怒苏）主要聚居地匹河区（乡）划入福贡，现知子罗村隶属于福贡县怒族乡。

子们和母亲的姊妹称为"奥米"。区别在于：男性中，把年长于父亲的称为"扑茂"，把小于父亲的称为"扑拉"或"扑吞"；女性中，把年长于母亲的称为"米茂"（意为"大母"），小于母亲的称为"米拉"（意为"中母"）或"米吞"（意为"幺母"）。怒族称自己的子女为"柔"（意为"孩子"），同时，把兄弟的子女和妻子的姊妹们的子女或将四代内的侄子侄女称为"柔得"（意为"我的孩儿们"）。

 ## 以血缘为纽带的氏族

中华人民共和国成立以前的怒族传统社会长期处于原始的父系氏族公社阶段，以血缘为纽带的氏族、家族成为怒族社会团体的主要形式。同一个始祖的后裔都可称为一个氏族，原碧江怒语和兰坪怒语称氏族为"起"，福贡怒语称氏族为"体戚"，贡山怒语称氏族为"那"（也记作"勒"）。如原碧江第九村就分属"别阿起"（蜂）和"拉云起"（虎）两个氏族；福贡普乐、老姆登两个村的怒族有"米黑华"（马鹿）、"米伯华"（麂子）、"亚脚华"（蛇）、"拉伍华"（虎）等几个氏族；贡山怒族有"茸干那勒"（虎）、"习布那勒"（熊）等氏族。

各个氏族都以血缘亲属关系结成一定的聚居村落，并按照山岭、河谷、溪流、森林等自然特点来划定本氏族的区域界线。这种界线的划分，一方面是为了区分各个氏族集团之间的差别；另一方面也是为了防止其他氏族侵犯本氏族的利益。各个氏族区域范围内的山林、土地、猎场均为本氏族公有，只有本氏族成员才享有开荒、狩猎和采集等权利。其他氏族成员在未征得本氏族同意时，不得在本氏族区域内开荒、狩猎和采集。

各个氏族都有自己的头人，碧江、福贡怒语称其为"阿沙"，贡山怒语称其为"路米乘"。碧江怒族的氏族头人在过去是由氏族成员共同推举的，氏族头人和其他成员一样参加各种劳动，对内有义务排解氏族成员之间的纠纷，对外负责收贡、纳贡，指挥作战，缔结盟约。如头人有失职之处，氏族成员在"老人会议"上可提出罢免并另选他人。各个氏族都有祭祀本氏族神灵的"神山"和"神树"，只有氏族头人、巫师和年长的男子才能参加祭祀，妇女一律不能参加。另外，每个氏族都有自己的公共墓地。

由于氏族人口的自然繁衍，以及狩猎、采集等活动流动性较大，一些较大的氏族便分散到了不同的地方居住，重新构成了新的聚落。例如，蜂、虎两个氏族分散到了九村、普乐、老姆登等村落，马鹿、蛇两个氏族分散到了普乐、果科、老姆登等村落。有的氏族由于居住地相近或因共耕、通婚和共同抵抗其他族人，

通过经济、婚姻、政治等关系而联结在了一起，从而形成了氏族间的联合，组成了一个胞族，怒语称为"霍"。如隶属于原碧江县第九村的甲加、罗宜益等村落的"斗霍苏""达霍苏"两个胞族，便是由蜂、虎两个氏族共同组成，他们结成了一种永久性的氏族联盟，其成员共同占有耕地、互通婚姻，共同抵御外敌。

🌽 家族组织和村落公社

中华人民共和国成立以前的私有制的确立和个体家庭的形成是促使氏族组织逐渐瓦解的主要原因，原来由血缘亲族所组成的氏族集团随着公共耕地归转一些个体家庭长期占有使用，而逐渐丧失了维系整个氏族的物质基础。如此一来，氏族便随着人口的增长、迁徙而分裂成了若干个父系家族。这些父系家族一般都包括一二十户个体家庭。由于大家族人口的增长，有的又分裂出小的家族。每个家族都有一二十个族长，碧江怒语称其为"斯欧佳"，福贡怒语称为"阿沙"或"阿沙帕"，一般都由辈分较高的长者担任，其职责与氏族头人相似，许多族长同时也是氏族头人。适应于原始的政教合一的特点，有许多族长和氏族头人同时也是巫师。

家族成员对于整个家族来说，必须尽到以下义务：与其他成员组织共耕，以及其他生活方面的协作，对于贫困户有给予帮助的义务。其中包括帮助生产或者直接赠送粮食的义务；在杀猪、宰牛、煮酒时有互相馈赠食物的义务；在遇到其他民族侵袭时，有共同抵御侵害的义务。为了维护氏族的利益和不被欺侮，各个氏族或家族都还保存着较为古老的"血族复仇"的习惯。

在人口持续增长、个体家庭分离，以及私有制发展的共同作用下，以血缘为纽带的氏族和家族逐渐瓦解，原来由单一的氏族或家族所组成的村落逐渐形成了由若干不同的氏族和家族的一部分成员所共同组成的村落公社。这是一种同时具备社会、经济、政治三种属性的村社组织。各个村落公社基本上构成了一个独立的政治和经济单位，互不隶属。在政治上，单个村落公社由公社内的各个氏族或家族长组成临时性的"村社会议"，共同推选出一个首领担任村落公社的头人，头人的职能与氏族头人或家族长相同，但权力要更多一些。

村落公社具有如下特征：各个村落公社都根据山岭、溪谷等自然特点划定疆界，形成村落公社的自然界线；每个村落公社一般由两个以上的不同氏族和不同家族的成员组成，如有其他成员要迁入村落公社居住，须征得村落公社头人的同意；村落公社成员共同占有耕地，互相协作；村落公社成员享有自由开垦共有荒地、捕猎野兽和采集野菜的权利；村落公社有共同的节日和习惯法准则，祭祀共同的"山灵"和"树神"。

 社会秩序与习惯法

中华人民共和国成立以前，对侵犯个人财产的裁决，主要依靠和沿用"宗教神明"裁判。如有财物失窃，怀疑某人是偷盗者时，由双方当事人请一位"巫师"或者中间人为证。杀一只小鸡，将鸡血注入酒中，双方互相对天发誓，然后将血酒抛洒到地上，以后不论任何人，谁先走过抛血酒的地方，谁就是偷窃者，将被"恶鬼"缠身而死。如偷盗者当场被抓，则交给头人处理，一般是根据偷盗之物的价值进行加倍赔偿，严重者要被割掉一只耳朵。

对争执土地或其他财产的裁决，由头人"阿沙"出面公断。头人手执玉米粒或者竹签听双方当事人陈述理由，用玉米粒或者竹签计数，按双方所陈述理由数量的多少来裁决，以玉米粒或者竹签多者为胜，并由头人刻制两片同样的刻木作为不得翻案的凭证交由双方当事人各自保存。经裁决后不服的，由"阿沙"出面做证，双方举行"捞沸锅"（又称"捞油锅"）、"拔火桩"或者"喝血酒"的"神判"仪式再行裁决。对于怒族而言，"神判"仪式非常严肃和庄重，一般不轻易举行，一旦举行，由头人主持裁判，当事人双方亲属、邻居必须到场。

对侵犯人身的裁决，除"神明判决"外，另一种方式是赔偿实物。若发生命案，必须赔偿命金，其数目为活牛、干牛（已杀好的牛，可换其他实物相抵）各7头，必须全部付清，不得拖欠（无力偿还者一般由家族近亲成员帮助偿还）。按习惯，两三年后死者家属还可通过公证人向对方索取活牛一头作为第二次命金，还清命金时，由责任方宰杀一头猪款待死者家属以表示慰藉，并由公证人安排涉事双方各拉红白二线的两端，从中割断并抛洒血酒，以示双方重归于好。

对婚姻纠纷的裁决，一般是赔偿实物。怒族社会较少有离婚的情况，按习惯，如果是丈夫休妻，由夫家送一头牛给女方"遮羞"。如果是妻子主动离婚，则由女方加倍赔偿男方的聘礼。如有奸情发生，在福贡要罚奸夫一头牛、一头猪、一只铁三脚架和一瓶酒水才能了事。在碧江只要由奸夫赔半开银圆9元给丈夫，由女方赔给奸夫之妻挂珠一串、贝壳一只以"遮羞"即可。如妻拒不承认奸情，可吊打。吊打后用烧辣椒熏呛或将妻子出卖为奴。若妻子与其他男子私奔，由私奔男方的亲友赔偿原夫活牛、干牛各7头，或由女方亲属另找一女子代替并赔偿一头牛即可。

深山走出脱贫路 云南人口较少民族脱贫发展之路

生计方式[1][2][3]

　　中华人民共和国成立以前，怒族的生计方式以农业为主，采集、狩猎、捕捞为辅。同时，纺织、竹编、制陶等家庭手工业也有了一定的发展，但大都没有形成规模。

　　怒江地区的土地资源主要有林地、草地和耕地三大类。在中华人民共和国成立以前，根据垦种方式的不同，耕地可划分为四类：①火山地，怒语叫作"清凉"（意为"荒地"），是实行刀耕火种的轮歇地，由于火山地"不耕不锄不挖"，连续耕作几年后地的肥力自然下降，一般种上1~3年之后就只能抛荒。②锄挖地，怒语叫作"夸凉"（意为"挖地"），坡度在45°~50°，由于坡陡，不便犁耕，只好用锄头挖，一般的锄挖地耕种3~8年后，需有至少5年的休耕期，较平缓的锄挖地也可长期耕种。③牛犁地，在出现犁耕以前，牛犁地实际上是耕作条件比较好、可长期使用的锄挖地，土层较厚，土质比较肥沃，所处位置的坡度在40°以下。④水田，在怒族聚居地区出现的历史较短，虽然产量比旱地稍高，但不是主要的耕地类型，位于沿江两岸坡度平缓、离水源较近的冲积扇区及台地，怒江流域的水田面积不大、梯度较密、分布零散、土层较浅、保水性差。怒族聚居地区所使用的生产工具主要有铁锄、砍刀、点种棒、木锄、竹锄，虽然已使用铁制的生产工具进行耕作，但数量少、质量差，且本民族不会锻制铁器，只能从兰坪、云龙、维西等地的汉族、白族商人那里购买。因怒族的农业生产方式比较原始，加上所使用的生产工具较为落后，农业生产水平长期处于一个比较低的水平，所种植的粮食作物品种比较单一，主要是玉米和荞麦，极少种植蔬菜，难以实现自给自足。

　　怒族聚居地区的植物资源较为丰富，在每年青黄不接的时节，采集植物是怒族维系生存的一大食物来源。通常，不同的季节所能采集的食物品类不同，在春夏之际，可采集植物的嫩芽、枝叶和花（如竹叶菜、竹笋、百合、蕨菜等），其采摘方式是直接以手掐摘。到了秋冬季节，主要采集植物的果实以及块（茎）根类植物（如葛根、山药、董棕等），对于块（茎）根类植物，需借助刀、尖木

34

---

① 《怒族简史》编写组、《怒族简史》修订本编写组：《怒族简史》，民族出版社，2008，第139-141页。

② 李月英、张芮婕：《走近中国少数民族丛书·怒族》，辽宁民族出版社，2014，第29-54页。

③ 李绍恩：《中华民族全书·中国怒族》，宁夏人民出版社，2012，第33-37、64-71页。

棒、锄等工具。另外，根据节令的不同，还会采集一些菌类（如木耳、银耳、树窝，以及鸡枞、牛肝菌等一些野生菌）、野生调味品（如辣椒、漆子、八角等），以及昆虫类小动物食用（以蜂蛹最为典型），有时也会采集一些药材（如黄连、贝母、天麻、三七等）以备不时之需。在怒族的早期社会生活中很重视对孩童的采集教育，从3岁左右，母亲就开始慢慢地向孩子传授采集的知识，一般孩子长到5岁左右就知道在不同的季节有些什么样的植物可以采集，掌握了采集植物茎叶的最佳时机、果实成熟的具体时间，懂得了哪些植物可以生吃，哪些植物应当熟吃，甚至能分辨哪些植物具有药用价值。

　　怒江流域河溪众多，水流量大且急，暗礁岩石多，鱼类资源异常丰富，故捕捞是怒族世代流传的一种生计方式。捕捞的方法主要有：①夹网，适宜在较小的河流或江岸的浅水处捕捞，即在网的两侧拴竿，使用时两根竿的一端放于肩膀上，提网时双臂有夹的动作。②长绳钓鱼，又称"串钓"，其特点是不用钓竿，适用于江水浑浊的汛期。方法是用野麻搓一根长达五六十米的主钓线（又称"拉绳"）。拉绳留出1/3的位置，在其余部分等距离地分别拴上数根或数十根长六市尺[1]的细麻绳（又称"钓绳"），系上鱼钩，鱼钩上套上蚯蚓、螳螂、蟋蟀或其他昆虫。在系有钓绳的拉绳末端绑上一块大小适中的条形石，投掷于沙滩边流速缓慢的江中，把拉绳的另一头绑在岸边的礁石或者木桩上。为把吞钩的鱼钩得紧些，每隔两三个小时拉一拉拉绳，这种钓法一次能钓获数十尾鱼。③单竿长（短）绳钓捕，取一实心竹竿，顶端系约4米长、有铅笔芯粗的粗麻绳（后改用尼龙绳），绑一小石头为坠，根据不同的情况，选择系细、短麻绳，或者系粗、长麻绳，前者适合在浅水河中钓拇指粗的各类小鱼，后者适合在江中钓重达两三千克的大鱼。④渔叉戳刺，用竹子做成渔叉，渔叉竿尾系长绳，在江河水清澈的季节，捕鱼者手持渔叉站在江湾潭或河中凹潭边的石头上，见鱼游近，便瞄准用力投掷出渔叉猛刺，这种方法一般能捕获三四千克重的大鱼。⑤分岔河捕捞，由数十名男子把河的干流分为数岔，变成小溪流，把青核桃树叶或青核桃果皮粉末抛撒入溪中，再用木棒搅拌，鱼被刺激至惊慌跃起时便可动手抓捕，凡参与者，人均有份。除了上面的一些常见的方法，还有长网捕捞、鱼篓捕鱼、撮渔网捕鱼等一些方法，在此不再赘述。

　　在早期的怒族社会，为了维系自身的生存及种族的繁衍，每个怒族男子都必须将主要精力用于狩猎，以此来获得肉食果腹、皮毛御寒。在中华人民共和国成立之前，猎捕野生动物是其实现营养补给的一种重要方式。怒族的狩猎工具有

---

[1] 长度单位，非法定，1市尺≈0.333米，全书特此说明。

大、中、小各型号弩弓，以及黑头毒箭、铁头毒箭、白头毒箭、火药枪、长刀、木柄铁叉、木柄铁矛、麻绳网、各式扣子等。对付不同的动物，应使用不同的捕猎技术手段，主要有地弩射兽、挖陷阱、布网套猎、围猎、扣子捕鸟、石板压兽、打棒捕兽，以及地皮插矛、高处吊饵等方法。集体性的出猎，寨中符合条件的男子都要参加，寨中族长、巫师或者其他有威望的猎手是指挥者，狩猎活动的一切安排都由其负责，出发前要主持"祭猎神"仪式，到达猎场后大家共唱《猎神歌》，之后举行弩弓竞射，即射击用面团做成的各种野兽模型以占卜此次狩猎的结果，若射中，则表示此次狩猎能够顺利，如射不中，要么改期再来，要么再祭一次猎神。凡是"群猎"猎获的野兽，由谁射中，就由谁留下兽头、皮和一只后腿，其余平均分给参与狩猎的人和猎狗。不论"单猎"或"群猎"，如猎获大、中型野兽，都要向本寨各家各户送一块带骨头的肉。怒族对男孩儿的狩猎教育极为重视，同时极其重视传统的传承，父亲在儿子3岁左右就开始向其传授狩猎的常识和技巧，从言传到身教，再到亲自带领儿子上山实践，等儿子长到16岁以后便可独立参与氏族内的一切狩猎活动。

编织是怒族民众的一项传统工艺，其中麻制品的编织技术尤为出众。贡山丙中洛等地的怒族以野生麻为原料纺织麻布，福贡、泸水的怒族多用种植麻为原料进行纺织。在怒族的编织物中，以怒毯、花挎包最为著名。中华人民共和国成立后，怒族妇女除了沿用麻线，还采用棉线、腈纶线或者毛线等材料制作怒毯、花挎包。另外，以竹作为材料所编制的竹器，也是怒族的一大特色，大到作为跨江重要工具的竹篾溜索，小到背箩、篾箩、簸箕、筛子、摇篮、鱼篓、怒碗、转扇等日常生活用具，应有尽有。除了编制，怒族还善于烧制以褐色夹砂陶为主的各种陶器，涉及日常生活所需的锅、碗、桶、罐、炉等品类，一应俱全，其中又以福贡县加车村和西藏察隅县龙普村所烧制的陶具最为出名。

在中华人民共和国成立以前，因原始自然经济在怒族经济中长期处于主导地位，怒族贸易交换方式较为传统，仅停留在较为原始的以物易物阶段。在族内，常以黄牛、铁锅作为计价单位，用于土地买卖、奴隶买卖、债务抵偿，以及婚姻彩礼的商定。在族外，为了换取食盐、铁制农具等生产生活必需品，习惯于用本民族所特有的红纹麻布、手工竹编器具和黄连等药材与外族进行商品互换交易。直到1929年以后，在原碧江县的知子罗、福贡的上帕才出现集市，实行每隔6天一次的定期赶集，货币（如银圆、铜币、纸币等）才开始在怒族聚居地区流通，怒族中也才开始出现一些未脱离农业生产的季节性小商贩，在农闲时节背运当地特产到外地出售，返回时再将一些生活器具和日用百货带回当地销售。中华人民

共和国成立以后，国家大力扶持怒族聚居地区发展民族贸易，设立了供销合作社、民族贸易公司等机构。改革开放以后，随着社会主义市场经济体制的建立与完善，怒族群众慢慢学会了贸易交往，开始出现专门的商贩，其中部分人还建立了企业。

 **族际交往**①②

历史上，怒族与傈僳族、独龙族、藏族、汉族、白族、纳西族、彝族、傣族、景颇族等民族的交往都十分密切，在经济上互通有无，在文化上相互借鉴、吸收和影响。

其中，怒族与傈僳族在长期的杂居共处中相互学习，在许多方面都有共同之处。例如，两个民族在建筑的样式风格方面不相上下；饮食起居、衣着服饰的习俗相差无几；大多数怒族都能说一口熟练的傈僳语，部分人懂傈僳族的文字；傈僳族向怒族学习手工技艺，有许多竹器都冠以"怒的""怒库""怒自""怒斯"等怒族名称。两个民族在长期的交往中形成了患难与共、平等互助、共同发展的友好关系。怒族和独龙族长期互通有无、来往频繁。怒族的小商贩在闲暇时常将小猪、苞谷种子、酒药等日用品背到独龙江一带换取兽皮、生漆、黄连、蜂蜜等土特产。独龙族也常携带货物前往怒江换取日常所需的斧头、怒锄、耳环、针线等生产和生活用品。贡山的怒族，以及怒江上游与西藏地区相连的藏族，双方都有亲朋好友交错杂居在两个地区，所以经常走亲串戚、互送礼物，长此以往，怒族在生活的许多方面都深受藏族的影响。具体表现：在衣着装饰方面，贡山一带的怒族显示出了很多藏族的特点，逢重大节庆或出远门时有些怒族男子会直接穿着藏族服装出行；贡山怒族民居建好以后，要像藏族一样插一面写有梵文的白幡旗；贡山地区怒族基本上都能说藏语，怒族和藏族的民间歌手及艺人进行民族文化交流的方式通常是唱藏歌、跳藏舞、表演藏戏；怒江上游地区的怒族群众仍保留有过去从西藏察瓦龙地区带回来的土锅、土罐等物品。

中华人民共和国成立以后，在中国共产党的决策部署下，汉族干部进入怒江地区访贫问苦，疏通民族关系，支援祖国边疆建设。与此同时，怒江地区还得到了以汉族为主的全国人民在各方面的大力支持与帮助，数不胜数的汉族、白族、纳西族、回族，以及其他民族的大批有志之士相继来到怒江帮助当地民众发展各

① 当代云南怒族简史编辑委员会、李绍恩：《当代云南怒族简史》，云南人民出版社，2014，第143-149页。
② 李绍恩：《中华民族全书·中国怒族》，宁夏人民出版社，2012，第224-234页。

行各业，对促进怒江的政治、经济、社会、文化等各方面的发展起到了巨大作用，各民族在平等、团结、互助、和谐的社会主义民族关系下相依相存、共生共荣，共同推动怒江地区的经济走向繁荣，促进了边疆地区的稳定和发展。

怒族聚居地区与缅甸接壤，中缅两国人民之间的传统友谊源远流长，两国边民往来密切，文化交流和商品贸易从未间断。据考证，现缅甸境内的怒族源于我国怒江地区，其迁徙的历史最早可追溯至唐代以前。早在中华人民共和国成立前夕，在怒江地区所出现的一些季节性的怒族小商贩中，有将黄连、生猪运到缅甸密支那一带出售的，并从密支那购买一些洋杂货品到怒江销售。同一时期，出于对新政权的不了解，怒江地区有大批怒族"怒苏"支系的群众迁往缅甸，但后来仍长期和怒江地区的怒族保持往来、书信不断，有的人在后来因看到怒江地区形势一片大好而又返回国内继续生活。改革开放以来，特别是随着1991年怒江州片马口岸升级为云南省省级口岸，以及福贡亚坪、贡山丹珠等边贸通道的建设完成，中缅两国居民之间的交流更为密切，影响也更为广泛和深远。到2014年左右，贡山、福贡、泸水三县和州府六库市场上已有了许多缅甸的商铺、商品，市场购销两旺，边境贸易红火。未来，怒江州将重点加大片马口岸的建设力度，力争将片马建设成为云南通过缅甸进入印度、巴基斯坦，连接东南亚、南亚的国际大通道，进而也使怒族聚居地区成为云南进入东南亚地区的又一"桥头堡"。

宗教信仰①②③④⑤

怒族信奉的宗教有4种：原始信仰、天主教、基督教、藏传佛教。其中，原始信仰是怒族的传统宗教信仰；天主教、基督教是在近代才由西方传入的。另外，居住在贡山地区的部分怒族，因受藏族的影响也有少部分人信仰藏传佛教。

早期，怒族群众主要信奉原始信仰，崇尚自然，相信万物有灵，认为日月星辰、风雨雷电、山川河流、奇石怪树等都各自具有某种神秘力量。同时，怒族还

① 当代云南怒族简史编辑委员会、李绍恩：《当代云南怒族简史》，云南人民出版社，2014，第145-149页

② 李绍恩：《中华民族全书·中国怒族》，宁夏人民出版社，2012，第142-170页。

③ 李月英、张芮婕：《走近中国少数民族丛书·怒族》，辽宁民族出版社，2014，第121-134页。

④ 《怒族简史》编写组、《怒族简史》修订本编写组：《怒族简史》，民族出版社，2008，第124-130页。

⑤ 怒江州民族事务委员会、怒江州州志编纂委员会：《怒江傈僳族自治州民族志》，云南民族出版社，1993，第109-112页。

信奉以动物为主的氏族图腾，认为他们的祖先是由某种动物变来的，因此，在以蜂、麂子、虎、蛇、熊、鸟等动物名称来命名的氏族中，会相应地对其图腾所对应的物种多加推崇和保护。在怒族各支系中，普遍相信"鬼灵"和"神灵"的存在，但由于各支系之间在语言和居住地域方面有差异，"鬼"和"神"的界限并不十分明确，某一支系所经常祭祀或提防的"鬼灵"，可能正是其他支系所崇拜的"神灵"。怒族民间认为，宇宙之间的各种事物没有什么是无缘无故的，都是由特定的"鬼""神"所为，所以"巫术崇拜"在怒族社会中十分盛行，从耕作、狩猎等生产活动，到婚姻矛盾、社会纠纷、生老病死等社会生活的方方面面都离不开"巫术"，"巫师"作为人与"鬼""神"之间的媒介，其身影随处可见。根据"巫师"所具有的本领的不同，各支系对其的称谓也有所不同，"阿怒"称其为"南木萨"，"阿侬"称其为"尼玛"或"达师"，"怒苏"称其为"秘亚娄"或"隅箍肃"，"若柔"称其为"德西"或"巫箍肃"。其中，"南木萨"深受"阿怒"人敬仰，"南木萨"除为人们"驱鬼治病"、主持氏族村社的大型祭祀活动外，还能熟练背诵本家族、本氏族的谱牒，熟悉本民族的迁徙历史，是怒族传统文化的继承者和传播者。有些年龄较大的"巫师"兼任氏族或村社头人，在喝血酒、捞沸锅、拔火桩等"神判"活动中承担主持者或公证人的角色。

法国天主教神父任安守于 1888 年（清光绪十四年）将天主教传入怒族聚居地区，并于 1888 年（清光绪十四年）在白汉洛修建了一座可容纳 600 余人做弥撒的大教堂。任安守为与藏传佛教争夺教徒，以施舍等手段拉拢民族头人加入天主教，引起了各族群众的不满，在 1908 年（清光绪三十四年）爆发了焚烧白汉洛教堂的"白汉洛教堂"事件。事后，清政府不但镇压了各族人民的反抗，还赔偿任安守 3 万两白银作为建盖教堂的费用，同时赐予任安守三品道台的官衔。在清政府的支持下，天主教的势力在怒江地区得以发展。截至 1924 年，已有教堂 6 所，神父 7 人，信徒有 600 多户共计 1016 人。中华人民共和国成立时，仅贡山就有 5 所教堂，教徒达 900 余人，绝大多数为怒族群众。

继天主教之后，从 1921 年起，一些西方国家的传教士相继来到怒江地区传播基督教。1921 年，美籍牧师杨思慧开始在泸水至碧江的各个村寨传教。1932 年，加拿大人马导民也进入福贡木古甲一带的怒族村寨传教。到 1949 年，碧江、福贡两县怒族信教人数多达 5000 余人，约占当时两县怒族人口总数的 61%。

怒江贡山的部分怒族和藏族信奉藏传佛教，贡山藏传佛教的活动始于乾隆年间，由四川德格八蚌寺喇嘛建功传入，属于藏传佛教噶举派（白教）之噶玛支。1825 年，丙中洛修建了一所喇嘛寺，即普化寺。道光年间，藏传佛教宁玛派（红

教）、格鲁派（黄教）也先后传入贡山怒族聚居地区。清代后期，天主教传入贡山，藏传佛教受到了一定程度的冲击，发展缓慢，信徒人数远远少于基督教和天主教。

在国家宗教信仰自由政策和民族区域自治政策所营造的良好氛围下，怒江地区实现了多种宗教的和平共存，呈现出了一种兼收并蓄的和谐状态。其中，最为典型的是贡山县丙中洛乡，在丙中洛乡居住有独龙族、傈僳族、藏族、白族、纳西族等多种民族，并存有基督教、藏传佛教、天主教等多种宗教。但在丙中洛乡的各民族、各宗教的信徒都互相尊重、互相理解，没有因宗教信仰不同而发生过民族矛盾纠纷。甚至存在同一个家庭中，家庭成员分别属于不同的民族，信仰着不同的宗教信仰的情况，如父亲是怒族，信仰天主教；母亲是藏族，信仰藏传佛教；儿子信仰天主教；儿媳是傈僳族，信仰基督教。但在日常生活中，家庭成员之间互相尊重，没有因为信仰不同而发生过口角。

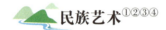 民族艺术①②③④

怒族群众靠着口耳相传的方式创造和传承了大量的民族艺术，其中有讴歌先辈的诗歌，有神奇美丽的古老故事，有发人深省的寓言，有热烈潇洒的民族音乐、舞蹈，更有精美绝伦的绘画、雕刻，以及集使用、观赏和收藏价值于一体的各种手工艺术品。

怒族的民间文学艺术以自然万物为题材，充满了想象力和创造力，其形式有神话传说、故事、诗歌、童话、寓言和谚语等。至今留存最多的是诗歌和故事，神话传说也占了一定的比例。诗歌大多是即兴编唱，具有浓厚的生活气息和民族特点，其中，通过对狩猎活动的描写来叙述怒族历史发展的长篇叙事诗《猎神歌》是诗歌中的典范之作。《大力士阿洪》《茂英充》《猎人与女猎神》《盲人求医》《神仙草》等民间故事流传较广，讴歌了怒族先民与大自然顽强斗争的精神。《高山和平地的由来》《人猴成亲》《腊塞与龙女》等神话传说深受人们喜爱，描述

40

---

① 当代云南怒族简史编辑委员会、李绍恩：《当代云南怒族简史》，云南人民出版社，2014，第163-164页。
② 李绍恩：《中华民族全书·中国怒族》，宁夏人民出版社，2012，第93-103页。
③ 李月英、张芮婕：《走近中国少数民族丛书·怒族》，辽宁民族出版社，2014，第139-154页。
④ 《怒族简史》编写组、《怒族简史》修订本编写组：《怒族简史》，民族出版社，2008，第142-149页。

和阐释了天地万物的起源、怒族的来源等问题，充分反映了怒族人民的聪明才智。中华人民共和国成立后，在党和国家的支持下，怒族的传统民间文学艺术经专业人员的收集、整理后形成《怒族民间故事》《怒族歌谣集成》等书籍而得以出版，并且怒族民间还涌现出了诸多的文学新人和文学创作人才，小说《女岩神祭》、诗歌《唱出最欢乐的歌》、散文《雪山牧场情》等文学作品不断刊出发表。

怒族是一个能歌善舞的民族，他们用音乐、歌声和舞蹈驱赶高山峡谷的险恶和凄凉，创造峡谷的文明和吉祥，描绘生活中的欢乐和幸福。流传于各地怒族中的音乐曲调不尽相同（贡山有 50 多个，福贡有 110 多个，兰坪、泸水有 40 多个），主要靠单人唱、众男唱、众女唱、众男众女唱，以及"达比亚"①、竹笛、二胡、口弦、唢呐等乐器演奏的方式保存和传承。怒族传统民歌内容丰富，有诗歌、情歌、山歌、劳动歌、童谣等类型，其中，较为著名的有《火塘边坐唱》《若登调》《婚礼歌》。另外，《拉船歌》《打麦歌》《打荞歌》等劳动歌，《尼莫》《芒锅卡》等山歌，带有浓厚宗教色彩的《祭猎神调》和《瘟神歌》也深受怒族人民的喜爱。中华人民共和国成立以后，怒江州及各县文艺团队中的创作人员对怒族的一些曲调做了改编，或以民间传统音乐为基调创作了许多歌颂中华人民共和国、歌颂共产党、歌颂民族政策、歌颂新生活的新的曲目，如《碧罗雪山开红花》《幸福全靠共产党》《党的政策好》《我的家乡实在美》等。在 20 世纪 70 年代，由怒族著名音乐家李卫才取材于怒族古老乐器"达比亚"弹奏的曲调元素而创作的著名歌曲《歌声飞出心窝窝》驰名海内外、久唱不衰。怒族传统舞蹈既有独舞，也有集体舞，舞蹈动作粗犷豪放，敏捷有力，节奏强劲，具有浓郁鲜明的民族特色，其类型多达 120 余种。其中包括模仿动物习性的，如《鸡抖脚舞》《母鸡下蛋舞》《乌鸦喝水舞》等；表现狩猎生活的，如《打猎舞》《猎神舞》等；反映生产劳作的，如《第一次找土地》《挖地舞》《割小麦舞》等；反映爱情婚姻的，如《怀念舞》《婚礼舞》《逗趣舞》等；反映民间艺术创作的，如《反弹琵琶舞》《双人琵琶舞》；具有宗教色彩的，如《古战舞》《祭鬼舞》等。怒族在歌舞时用于伴奏的常见乐器有琵琶、口弦、竹笛、竹箫和芦笙。其中，怒语称为"达比亚"的四弦琵琶，以及被称为"几味"的口弦是怒族最具特色的两种弹拨类乐器，是怒族青年男女恋爱时不可或缺的传情表意的工具。

41

---

① "达比亚"原为三弦，经改进后为四弦，其外形类似于琵琶，是怒族舞蹈的主要伴奏乐器之一，只有曲，没有词，演奏者一般是即兴演奏，旋律变化相对较少，但自由发挥的空间很大，有利于真实、细腻地表达出演奏者在当下情景中的感情色彩。

　　怒族民间绘画艺术不甚普及，其代表作有三：①贡山丙中洛普化寺中怒族僧人所作的反映藏传佛教主题的工笔重彩壁画；②福贡匹河怒族乡境内的腊斯底古崖壁画和托平吴符岩画；③民间祭祀活动中所画的"咒符""鬼牌"等。怒族民间的雕塑作品也不多，最具代表性的是丙中洛普化寺内的雕塑群，但大部分作品已被毁坏，现存无几。而雕刻艺术在怒族民间则较为常见，在兰坪兔峨乡一带，有民间墓碑中的人、兽石雕，春节期间制作的片状饵块的木刻模具，房屋门头、窗框、柱子和神龛上的装饰木刻图等。怒族民间的工艺品种类繁多，其取材多为竹、木、草和泥，竹编的手工艺品有饭盒、转扇、怒碗，以及各式篾筐、篓、箩、篮、箕等，草编的手工艺品有囤篓、面篓、甑子，木质的手工艺品有怒桶、怒瓢、怒盆、木碗、首饰盒、烟锅头、怒弩，陶制的手工艺品有锅、碗、桶、罐、炉等。在过去，上述工艺品多数是人们生活中不可或缺的日常用品，随着物质水平的不断提高，有些物品已经悄然退出了人们的日常生活，转而成了家居装饰的工艺品，被重新赋予了观赏、收藏等新价值，有些工艺品还发展为亲友间的馈赠佳品。

风俗民情

人生礼仪①②③

出生、结婚、生子、去世是人生中的四件大事，怒族极为重视，分别都有独特的礼仪，即诞生礼、成年礼、婚礼和丧礼。

诞生礼分为怀孕、生育、坐月子、取名四个阶段。在福贡，早年久婚不育的怒族夫妇，一般会在深夜时分请"巫师"到家中做法，祭祀专管生育的"夜鬼"。在贡山，不孕不育或求子的怒族夫妇会在每年的仙女节着盛装到仙女洞祭拜，饮用象征仙女乳汁的泉水求子或求孕。妇女怀孕后，要着手准备白酒、杵酒，以及婴儿的衣服。丈夫一般不出远门，要提前编织竹篾摇篮，做好分娩前的准备工作。分娩时，一般由婆婆和经验丰富的妇女为产妇接生，不能有男人在场。孩子出生后，通常将胎盘深埋在房前屋后的地里，代表着婴儿长大后出行时会惦记着出生地，如果埋了的胎盘被狗或其他动物叼食，将被认为是不吉之兆，预示着婴儿长大后将不会成器。婴儿出生3天后，丈夫要携带酒肉去亲朋好友家报喜，亲朋好友的主妇们则带着米、酒、小猪、漆油等前来祝贺，一般认为第一个来到家里祝贺的妇女会沾上更多的喜气和福气。一般婴儿出生3天内由家中长者取名，这是婴儿出生后的一个重要礼仪。但因支系的不同，取名的习俗又有所区别，兰坪"若柔"支系在婴儿满月当天宴请宾客时取名，福贡县匹河、普乐、同坪等地的"怒苏"支系，历史上盛行父子连名制，男子一生要经历3次命名，分别是出生时由父亲或祖母、伯父取正名（也称为"奶名"）；长到十四五岁时由同辈间互取青年名，但不许在长辈前提及；结婚时由父亲按父子连名制取名，将父亲名字的最末一字或最末二字冠于儿子的名字之前。

对于孩子长到何时为成年，在怒族民间并没有特别的规定，其中的一个标

---

① 李绍恩：《中华民族全书·中国怒族》，宁夏人民出版社，2012，第114-131页。
② 李月英、张芮婕：《走近中国少数民族丛书·怒族》，辽宁民族出版社，2014，第99-106页。
③ 《怒族简史》编写组、《怒族简史》修订本编写组：《怒族简史》，民族出版社：2008，第132页。

志是孩子长到十三四岁时，无论男女均可进入青年人的社交圈结交异性。在过去，怒族的每个村寨都有专门为年轻人准备的"公房"（怒语为"哦吆"），位于离村寨的不远处。每到夜晚，怒族13岁以上的青年男女可以到"公房"聚会留宿，男孩们可以相互学习制作弩弓竹箭，女孩们则学习捻麻绕线等女红手艺，或者男女青年间共同学习跳舞、弹琵琶等，孩子们可自由选择做自己喜欢做的事，父母不得干涉。圈子里的每个孩子都会接受伙伴们给自己专门取的名字，但这个名字仅可在伙伴间使用，不得在长辈面前提起，不然会被视为冒犯长辈而被谴责。后来，随着年轻人社交活动和社交方式的增多，这种传统的交往方式逐渐被赶集、年节聚会，以及看电视、电影等活动所替代。

怒族从恋爱到结婚要经过定情、提亲、订婚、结婚四个环节。怒族青年在婚前享有恋爱的自由，男女青年在进入社交圈后，经过一段时间的交往和接触，在明确了自己中意的对象，认定对方就是终身相守之人以后，会互赠定情之物。定情之后，男方要主动请媒人择吉日向女方父母提亲，媒人提亲时要带一缸自酿的米酒，是为"开口酒"，如果女方同意婚事便将酒留下。订婚前，男女双方都要尽量争取亲戚的一致同意，女方需征得舅舅的认可。订婚仪式在女方家中举办，由男方亲友团带去四坛或六坛好酒与女方亲友团共饮共庆，然后双方共同商讨聘礼及婚期，订婚后如有任何一方反悔，都需向对方赔偿双倍的订婚费。婚礼一般在订婚后的一至两个月内择吉日举办，一般是选属龙或者属蛇的日子，而且必须避开逢七、逢九，以及属猪、属狗之日。各地怒族的婚礼虽有差异，但都举办得隆重盛大。结婚当天，男方携带酒和彩礼，邀约一些能歌善舞的人组成迎亲队伍前往女方家接新娘，新娘由送亲队伍护送至男方家，男方负责招待女方的送亲队伍和前来祝贺的亲友邻居，宾客用餐过后围在火塘边弹琵琶、吹口琴、跳琵琶舞、锅庄舞，男歌手们对唱《婚礼歌》，共同祝福新人婚后幸福吉祥、子孙满堂。婚后新娘"不落夫家"，要等到怀孕后才到夫家长住。

不同时期、不同地区、不同支系的怒族有着不同的丧葬习俗。历史上怒族曾盛行火葬，兼有棺木土葬、悬棺葬，明清以来多以棺木土葬为主，男性为仰身直肢葬，女性为侧身屈肢葬。福贡怒族的丧葬仪式一般包括鸣竹号或竹片响器报丧、亲友携酒吊丧、祭歌祭舞悼念亡灵、抛掷木棍定墓地、出殡送魂、掘土入墓等环节，死者安葬之后没有长期对坟地进行祭扫和护理的习俗。兰坪怒族的丧葬仪式包括为死者放置口含银、房顶悬挂白纸条报丧、洗尸入殓、设灵祭奠、出殡入葬等环节。兰坪怒族已经形成了家族公共墓地，凡正常死亡的家族成员，都集中埋葬在公共墓地中，每年定期祭扫。贡山怒族生前不做棺材，人死后有

迁坟的习俗。随着天主教、基督教和藏传佛教的传入，在怒族的丧葬习俗中开始出现以信仰为界线的现象，相同信仰的人死亡之后埋葬在同一葬区，不同信仰的人丧葬仪式有所不同。例如，信奉藏传佛教的怒族去世后实行火葬，葬时请喇嘛超度，并在死者坟前立数面麻布幡；信奉天主教的怒族去世后由神父作祈祷，埋葬后垒坟，在坟前立一个十字架。

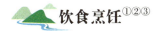 **饮食烹饪**①②③

  过去怒族习惯于每日仅吃两餐，以玉米、荞麦为主粮，搭配少量的稻谷和旱谷。贡山一带的怒族因受藏族影响，也种青稞、燕麦，食用青稞面和酥油米糌粑。兰坪一带的怒族则主要种植水稻，主食为玉米和大米，也食用麦类、旱谷、小红米、稗子、高粱等粮食。肉类以鸡、猪、牛、羊等家禽为主。在中华人民共和国成立以前，每逢春季青黄不接的时候，各地怒族会到怒江两岸的山林中捕猎野牛、野猪、山鼠、麂子、岩羊、山鸡等野生动物作为补充，并常在山林中采集木耳、竹笋、野生菌、野百合和各类块根类、蕨类植物作为辅食。在过去，怒族人民群众经常缺盐和油，盐是稀罕之物，需从外地买入，食用油主要是以自产的漆蜡（也称为漆油）为主。酒是家家户户常备的饮品，每家每户都会用土法制酒，根据所使用原料的不同，有苞谷酒（苞谷即玉米）、小米酒、高粱酒、杵酒等，其中苞谷酒、小米酒、高粱酒都是烧制的酒，酒的度数都在四五十度，口感爽辣。

  中华人民共和国成立以后，怒族聚居地区人民群众的生活有了很大的改善，基本常年不缺油、盐，饮食的种类也开始变得丰富多样，逢年过节，家家户户都能准备上七八个菜。到了改革开放以后，怒族种植和食用的食物种类日渐增多，主食类有大麦、小麦、高粱、籼米、小米和薯类，副食类有青菜、白菜、萝卜、瓜豆等蔬菜瓜果，同时还栽种辣椒、花椒、姜、葱、蒜等作为佐料。

  随着时代的发展和人们见识的增长，怒族民间的烹饪方式已由历史上的只会煮、熬、烧，发展为煎、炒、烹等各种常见的烹饪技艺都能熟练掌握并使用，并在菜品上较过去有了很大的创新。存续至今的较为经典的怒族民间传统饮食种类繁多，数不胜数。远近闻名的有贡山怒族"阿怒"支系的石板粑粑、石锅粑粑、

① 李月英、张芮婕：《走近中国少数民族丛书·怒族》，辽宁民族出版社，2014，第 72–78 页。
② 当代云南怒族简史编辑委员会、李绍恩：《当代云南怒族简史》，云南人民出版社，2014，第 152–153 页。
③ 李绍恩：《中华民族全书·中国怒族》，宁夏人民出版社，2012，第 37–42 页。

琵琶肉、咕嘟酒、酥油茶、漆油茶、霞拉；兰坪和泸水"若柔"支系的鸡肉丸子、鸡汤泡荞饭、羊肉、红糖白酒羹等；福贡"怒苏"支系的肉拌饭、菜拌饭、苦荞面拌蜂蜜、什锦焖饭等。

在饮食用餐方面，怒族遵从一定的礼仪。捕获猎物时，除头、四肢、皮需要留给主人以外，其余部分大家见者有份，讲求平均分配。在用餐的过程中，饭前、饭后不能将碗倒扣在桌了上，儿女应该主动给父母长辈盛饭并用双手呈上。如食用家禽，需把内脏及营养价值较高的部位让给老人享用，小孩不能食用动物内脏。无论是在家中用餐还是在外用餐，吃饭时都要讲究餐桌礼仪，吃东西时不能发出响声，更不能醉酒，孕妇不能吃肚中有子的动物的肉。除祭祀活动外，平时不随便杀生，但怒族非常珍视友谊，一旦有亲朋好友来访，便会宰杀猪（普遍有宰杀仔猪的习惯）、鸡、羊来款待。用餐时，会不断地给客人盛饭夹肉，盛饭时不能把筷子斜插在饭上。怒族有与情投意合的客人喝"同心酒""鸡血酒"的习俗，但不同辈分的客人、亲兄弟姊妹间忌饮"同心酒"。怒族在招待客人时劝酒往往较为频繁，但又不喜欢来客酗酒闹事，如是自己外出做客，也特别忌讳自己酒后失德。特别要好的客人在离开时还要馈赠其礼物，一般是日常食用的一些腊味、小吃和酱菜等一些土特产，如香肠、豆腐肠、荞面肠、糯米肠、猪肝杂、饵块、糍粑、荞糕、豆腐、豆芽、豆豉、酸菜、辣酱、牛肉干、鱼肉干、野味干巴、果脯、瓜子等。平日一旦得知亲友患病，怒族会带上鸡或小猪，以及自己熬制的酒前去探望。

衣着服饰①②③④

依据居住地域和着装款式特点，怒江地区的怒族服饰可分为贡山怒族服饰、福贡怒族服饰和兰坪怒族服饰三种大的类型。每种类型又有童装、青年装、日常装、节日盛装、婚礼装、丧服之分。中华人民共和国成立以前，怒族聚居地区普遍种植麻，怒族的服饰、垫盖用品主要采用麻为原料。福贡、贡山一带怒族男子

① 李月英、张芮婕：《走近中国少数民族丛书·怒族》，辽宁民族出版社，2014，第12-13、79-84页。
② 当代云南怒族简史编辑委员会、李绍恩：《当代云南怒族简史》，云南人民出版社，2014，第153页。
③ 李绍恩：《中华民族全书·中国怒族》，宁夏人民出版社，2012，第42-44页。
④ 余新、怒江州政协文史资料委员会：《怒江州民族文史资料丛书·怒族》，德宏民族出版社，2007，第2页。

的传统服饰基本相同，且均蓄长发，或编辫，或披发。上身着对襟衣，穿长衫，下身着裤，腰上系麻布长条或者藤条，小腿裹布绑腿或者用竹片绑腿，以便在山林中劳作或者狩猎。成年男子习惯右腰佩长刀或砍刀，左肩扛弩弓和挎箭包。基本上常年赤足，少数人穿自己编制的草鞋。兰坪的怒族男子服饰深受当地白族和汉商的影响，均头缠黑布包头或戴圆顶小帽，身着对襟棉布长衫，有的还外套马褂，下穿长裤，脚穿布底鞋、草鞋或者赤足，服饰和装扮通常因经济收入不同而各有差异。

早期怒族男子的服饰（左图来源：李绍恩《中华民族全书中国怒族》；
右图来源：李月英、张芮婕《走近中国少数民族丛书·怒族》）

　　怒江各地怒族妇女的服饰风格迥异，款式各不相同。贡山怒族妇女服饰受藏族服饰影响较大，头顶方形麻布帕或者五彩怒毯帕，用发辫或辫形物紧箍在头上，上身穿贴身麻制长衫，外穿深色坎肩，胸部挂红、绿串珠，下身着长裤，裤外围一块长及脚踝的怒毯，腰上系约 10 厘米宽的竖条彩色腰带。年轻女子喜欢在腰前围一块彩色氆氇围裙，用精致的竹管穿两耳为饰品。福贡怒族妇女头部佩戴用玛瑙、珊瑚、料珠、贝壳、银币等串成的"吾普都阿"头饰，外罩深红色、黑色或者深蓝色镶花边的夹袄，下身着深色的大摆长裙。已婚妇女在衣裙上镶坠花边，胸前佩戴用彩色珠子串成的项圈和俗称"勒呗"的贝带，耳戴垂耳的大铜环或银环，肩挎自己缝制的背包。福贡怒族妇女服饰与傈僳族妇女服饰之间相互影响和借鉴，二者较为相似，其不同点仅在于已婚妇女装饰上的微小差别：

傈僳族妇女喜欢在胸口用多个大贝壳作为装饰，而怒族只用一个；傈僳族妇女长裙下摆的右侧边镶有一个方框纹样，而怒族的没有。兰坪怒族妇女头缠包头，生活宽裕的人家打大包头，上身着前襟短而后襟过膝的蓝色粗土布衣，下身穿裤子，系围腰，围腰的厚薄、长短及花色的多少由主人的经济状况决定。富裕人家的妇女戴玉镯、耳环或耳坠，穿花布鞋。普通人家的妇女平时穿草鞋，节日穿掺杂布条的草鞋。兰坪怒族服饰方面有一些特别的习俗：父母健在时，晚辈腰间不能系麻绳或白色绳索，不能翻戴帽子、翻穿衣裤，不能穿白色裤子，不能留胡须，在室内不能戴草帽、披蓑衣。

随着禁种大麻政策的实施，因失去了原材料麻，怒族聚居地区的衣着服饰发生了较大的变化，以麻制品为主、黑色为主的服饰（如麻布毯子、麻布衣裤、麻布拷包、麻布口袋等）已悄无声息地退出了历史舞台。取而代之的是花色各异，

贡山县"阿怒"支系的服饰

兰坪"若柔"支系的服饰

福贡县"怒苏"支系的服饰

福贡"阿侬"支系的服饰

怒族各支系女子服饰（图片来源：李月英、张芮婕《走近中国少数民族丛书·怒族》）

款式、造型多样的衣物饰品。随着经济生活条件的提高，怒族妇女开始佩戴金、银、玉等材质的首饰。渐渐地，牛仔裤、T恤衫开始在怒族群众中广泛流行开来，传统民族服饰慢慢成了收藏品，或者仅在节庆场合偶尔穿戴一下。近些年，为了在节庆活动时充分展示怒族的传统文化，部分地区结合自身的一些特点，抓取了一些能反映怒族整体民族文化特征的元素，再结合现代的流行趋势，重新设计了款式新颖的民族服饰。

贡山县丙中洛镇双拉村的怒族群众（摄影：陈春艳）

居宅建筑①②③④

有研究认为，原始时期的怒族先民，最原始的居住形式是洞居，其证据是贡山怒族的"阿怒"支系至今仍保留着"灵洞崇拜"的习俗，其传统节日"仙女节"的所有活动，均围绕灵洞展开。查阅历史典籍，曾出现过有关怒族房屋建筑情况的描述。其中，《百夷传》记载：怒人皆居山巅。《维西见闻纪》记载：覆竹为屋，编竹为垣。从怒江地区传统怒族建筑的历史遗存情况来看，因怒族各支系居住地的自然环境各不相同，加上各支系生活习俗存在差异，以及房屋的材料、结构、布局等方面不尽相同，最终房屋的形式呈现出了不同的风格。

在福贡县匹河怒族乡，长期以来怒族群众的居所主要是茅草屋，这种屋子一般以茅草覆顶，以竹篾为墙，就地建盖。居住于怒江峡谷南端的福贡怒族居所则综合使用木、竹、草建造，楼板用长约 600 厘米、宽 40~50 厘米、厚约 4 厘米的长木板铺就，房屋的四周用木板或篾笆围住，房顶用木板或茅草覆盖，房子底部由许多大小不等的木桩支撑，俗称千脚落地房。贡山怒族建造房屋多以木、石为基本材料，房子四墙用木楞垒成，俗称木楞房（当地称垛木房），因房头主要用石板覆盖，也叫石板房。兰坪和泸水的怒族建盖房屋的用材基本接近，多为木质材料，是典型的下层关畜、上层人居、顶部以木板覆盖的人畜混合居住的板顶木楞房，这一形式的民居应是由古代先民的干栏式建筑形式演变而来。根据用料和构成方式上的不同，怒江地区的木楞房可分为两类。一类是"井干—土墙"式住房，适用于在坡地上建盖，为避免大挖大填，建房时房屋的长边尽量与等高线平行，在上坡一侧定出房屋内高度，并在下坡一侧夯筑一段土墙，其顶与在上坡处定出的高度相应，然后继续在其上垛木建屋。另一类是"平座式"垛木房，适用于在起伏的坡地上建盖，先搭配使用短柱、梁、板搭成一个能够支撑房屋的平座，然后再在平座上建垛木房，这种房屋的特点在于层层摞叠的不是圆木，而是厚枋。早期，在怒族中曾存在过"季节性游动的双宅式"居住模式，即一家有两个宅子，一宅主要是满足基本的家庭居住生活需求；另一宅是为了适

50

---

① 段伶:《民族知识丛书·怒族》，民族出版社，1991，第43-45页。

② 李月英、张芮婕:《走近中国少数民族丛书·怒族》，辽宁民族出版社，2014，第84-90页。

③ 当代云南怒族简史编辑委员会、李绍恩:《当代云南怒族简史》，云南人民出版社，2014，第154-155页。

④ 李绍恩:《中华民族全书·中国怒族》，宁夏人民出版社，2012，第44-46页。

应耕种需要而建的，会随地块的变动而变动。通常在作物播种后，家庭成员会视需求而全部或者部分移居至田间地头的住宅，秋收后再搬回，这是一种从游徙不定到定居生活的过渡。

怒族在建房居住方面，需要遵从如下习俗：①建房选址。在盖房之前，先在地基的四个角落挖坑埋下各种粮食作物的种子，每个角落埋四粒种子。三天后挖出，看有无被虫子、野兽糟蹋遗失的情况，只有埋下的种子完好无损，才会开始动工建房。如果种子有遗失，就代表所选地基不适宜建房，否则人丁不昌、五谷不收、六畜不旺。②门要朝南开，且要对准山峰。"阿怒"有句俗话，门向日出方向，开门靠山，吃穿不愁。与此同时，他们还认为门向对准雄伟的山峰，象征兴旺发达，若门向与江水的流向一致，则粮食就会像江水一样流走，

泸水市维拉坝珠海社区内所展示的怒江州传统民居（摄影：陈春艳）

全家将年年挨饿。③粮仓由主妇专管。怒族每家每户的粮仓都只能由主妇专管，其他任何人不能乱动，并且怒族人的粮仓绝对不能让外人看，据说，粮仓如让人看了之后，来年的粮食就不够吃。

怒族的传统民居具有冬暖夏凉的特点，但缺点是矮小、狭窄、采光不好，且材质容易老化、腐朽，使用年限短，极易引发火患，在遇到泥石流等自然灾害时难以保障居民的人身和财产安全。中华人民共和国成立以后，特别是改革开放以后，随着人民群众经济收入水平的不断提高，昔日的传统民居逐渐被更适宜于居住的其他类型的建筑所取代，怒族群众的住房条件也不断地得到改善，曾经的茅草房、千脚楼、木楞房已然成为历史。

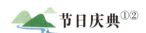 ## 节日庆典①②

怒族的部分节日庆典和自然、生产有关，他们认为是各位掌管自然的神明在保佑每年都有好的气候，保佑他们每年都有好的收成，使他们得以世代繁衍生息，所以怒族节日庆典的内容主要是祭祀神明，祈求风调雨顺、人寿年丰、六畜兴旺。其中比较有影响的有祭谷神节、求雨节、祭山林节、尝新节等。

祭谷神节是原碧江县一带怒族的传统节日，当地称为"茹蔚"（也写作"汝为"）。时间在农历腊月二十九。参加祭祀活动的人仅限于村社的成年男性，妇女和儿童都不得旁观或介入。当天凌晨鸡叫第一遍之后，主祭者及其助手绕村一圈，叫大家起床，同时，祈请现任的魂灵和谷神前来受祭。众人聚齐后，主祭者安排人杀猪、做饭、煮酒，同时，派三人砍来金竹、芦苇、青冈栎各一根插到祭祀场所的中心。一切准备就绪后，主祭者及助手各饮下一碗酒，然后主祭者一手持一个盛有酒的竹筒，另一手拿一根小棍子放进竹筒内搅动，边搅边祝颂，祈求谷神保佑来年村寨物阜民丰、心想事成。

求雨节是福贡匹河怒族乡一带怒族的传统节日，怒语称为"夸白"（意为"敲犁头"）。时间为年农历每年的年末，即腊月三十，紧跟着祭谷神节，举办完祭谷神节的第二天即是求雨节，这足以说明农业在怒族社会中的重要地位。节日当天一大早，头人或者"巫师"先派两个男青年到各家各户收集大家预先准

① 李月英、张芮婕：《走近中国少数民族丛书·怒族》，辽宁民族出版社，2014，第107-120页。
②《怒族简史》编写组、《怒族简史》修订本编写组：《怒族简史》，民族出版社，2008，第132-134页。

备的一盅酒和一把苞谷沙。太阳升起之后，村社的成年男子集中在一起，主祭者用鸡、酒和苞谷沙献祭，之后将鸡切成若干份分给村里的寡妇及其他家中无人打猎的人家，又将苞谷沙平均分给各家带回喂食禽畜，据说禽畜吃完后膘肥体壮、不害瘟病。然后，参加祭祀的所有人一起会餐。饭后，先由主祭者带头去敲犁头，然后大家跟着轮流去敲，这一仪式的目的是祈求风调雨顺、庄稼丰收、年景饶足、灾病不侵。

祭山林节是兰坪兔峨乡一带怒族的传统节日，时间一般定在农历正月初四或初五，部分村社定在清明节前后，节期一天。节日当天以村社为单位，用黑山羊向山林之神献祭，以祈求村社及林木免于火灾、人畜平安、狩猎采集及其他生产活动获得丰收。与此同时，人们还杀鸡祭拜祖先及其他神灵。

尝新节又称新米节，是兰坪一带怒族"若柔"支系的传统节日，在每年稻谷成熟的季节举行。节日当天，各家各户从田地里割些即将成熟的稻谷回来，舂成米，煮成干饭，同时杀一只鸡。有传说认为谷种是由狗带来的，所以在饭做好后，一定要先将鸡肉和米饭盛给狗吃，等狗尝新后，全家人才聚在一起共吃当年的第一顿新米饭。

在怒江地区，因怒族与傈僳族、独龙族、藏族、白族、汉族、纳西族等民族交错杂居，所以，有一些节日庆典是各民族所共有的，有一些是怒族所特有的。但因各地怒族支系之间存在差异，节日庆典也因地域分布而有所不同。然而，随着社会不断地发展和进步，各类节日庆典的形式、内容和所涉及的地域范围不断发生变化，原本仅属于某个地区某个怒族支系的节日，慢慢被所有怒族支系所接纳，进而发展成为怒族共同的节日，有的甚至成了各民族共同的节日，其中最典型的代表是年节和仙女节。

年节原本是福贡怒族最为隆重的节日，过去每隔 3 年过一次，每次节期为12 天，后来因受周边民族的影响，有了每年都要过年节的习俗。慢慢地，各地怒族也有了过年节的习俗，其热闹程度和汉族的春节差不多，日期一般在农历腊月初五至翌年正月初十，但各地互不统一，有的在元旦期间，有的在春节前后。节期最短 3 天，长者可达 10 余天。每年即将过年节时，各村各寨呈现出一派欢乐繁忙的景象，各家各户要做大扫除，同时也要预先准备好过年节所需的吃穿用度。除夕之夜，要邀请家族或村社中的长者及近亲到家中吃年饭，饭前要先向代表家宅之神的"三脚架"献祭各色餐食。饭后，一家人围坐在火塘边聊天，年轻人可以自由选择留在家中或出门和朋友相聚。当听到凌晨的第一声鸡叫后，年轻人要背着水桶去井边打"祖先水"，据说打"祖先水"可保阖家吉祥如意，

53

越先到达井边越有福气。在初一至初三，有一些禁忌：各家各户自己吃喝，不串门，不请客；吃饭不喝汤，喝汤会造成灾害，影响庄稼收成。新年的第七日被认为是女性的命日，不能劳动，须休息一天，所有家务由男性操持。新年的第九日则是男性的命日，换成妇女们操持家务。到后来，歌咏、球类、棋类等比赛项目被引入了怒族民间过年的活动内容当中。与此同时，各级政府也会在怒族年节期间组织各种文化下乡活动，基层社会团体也会带来青年团员自编自演的文艺节目，深受怒族群众的欢迎。

仙女节又称"乃热节（乃仍节）"、鲜花节和朝山节，是贡山县丙中洛怒族的传统节日之一，为纪念怒族少女阿茸而举行，传说阿茸架起了怒江第一条溜索，并开凿山洞引来清泉，后来为了保护泉眼而被头人乱箭射死。阿茸死后化作石像，石像渗出的泉水，甘甜清纯，能治百病。过去，丙中洛一带的怒族民众于每年农历三月十五，身穿节日盛装，扎上一束鲜花，带上粑粑、炒面，背上酒，在"仙人洞"举行祈祷仪式。仪式结束后人们进入洞中，向阿茸献鲜花和粮种，喝钟乳石上滴落的"神水"，相互祝福、载歌载舞祈求丰收和平安。离开时，人们会带走一些"神水"，到家后洒入种子中，祈愿来年粮食丰收；倒入醋或酒中饮用，以求身体安康无碍。有些年轻的姑娘会在回来的路上摘些鲜花戴在头上，该节也因此得名鲜花节、仙女节。原来仙女节的节期为3天，后来，由于政府的宣传和引导，仙女节逐渐成了当地许多民族共同欢庆的节日，因节日正值"五一"前后，大量游客慕名前往观看节日盛况，随着影响日益扩大，各地节期相应延长，时间长短不一。

另外，根据宗教信仰的不同，还有一些是宗教类的祭祀性节日，如佛诞节、跳神节、度戒节、圣诞节。其中，前三个是信奉藏传佛教的怒族民众所过的节日。佛诞节时间与仙女节相同，都是农历三月十五。由于贡山有部分怒族信仰藏传佛

教，所以人们把鲜花节和纪念佛祖诞辰的两个节庆组合到了一起，过节时除了要到溶洞祭祀仙女，还有喇嘛所主持的颂经弘法活动。跳神节的时间为腊月下旬，各地的节期长短不一，有三天三夜、五天五夜、七天七夜不等。丙中洛的普化寺是节庆的中心，其重要标志之一是广场中央以面粉为原料所竖起的一根柱子。节日期间，喇嘛集中到寺中打鼓、颂经、跳神，周围的群众前来布施酥油、粮食及其他财物，并观看法事，在最后一天接近尾声时，将面柱烧塌以宣告节日结束。度戒节是每年的农历腊月二十五，按藏传佛教的规定，教徒家中凡有两个以上的儿子，都应将其中一名送入寺院为僧。因此，到腊月二十五这天，那些符合条件的家庭会邀约亲友一起把孩子送到寺院去接受度戒仪式。受戒后，家长将孩子领回请人授经，取得"扎巴"资格后便可入寺当喇嘛。圣诞节本来是基督教纪念耶稣诞辰的节日，但怒族基督教徒所过的圣诞节实际上是基督教文化外衣所包装的怒族春节，只不过是将年节与圣诞节嫁接在了一起，节日期间，除了通常的宗教礼拜活动以外，怒族群众一般都要杀猪宰羊，并举办各种节庆活动。

深山走出脱贫路

云南人口较少民族脱贫发展之路

党旗高展，
红遍怒江

在中华人民共和国成立以前的漫长历史岁月中，怒族人民曾长期遭受着统治阶级的剥削和压迫，生活困苦不堪。在中国共产党的领导下，怒族群众和各族人民一起为保卫祖国边疆和解除阶级压迫作出了应有的贡献，最终迎来了全国革命的伟大胜利与怒族聚居地区的和平解放。中华人民共和国成立后，党和国家十分关心怒族人民的生活，投入了大量人力、财力、物力以支持怒族在政治、经济、社会、文化等方面的均衡发展。

和平解放

中华人民共和国成立前的黑暗岁月

清朝末年，怒族居住的怒江地区隶属于丽江府和大理府。由于怒江地区毗邻缅甸，英国占领缅甸以后，曾多次密派人员到滇缅边境地区策划阴谋活动，企图以缅甸为据点，不断向云南怒江地区侵略扩张。虽然清政府已觉察到了西方殖民者有意利用缅甸问题对怒江及整个云南图谋不轨，并采取了一些应对措施，但是受实力限制，难以有效地遏制和阻击侵略者。但怒江人民没有屈服，为了保卫祖国领土，捍卫自己的家园，在傈僳族头人（土司管事）的带领下，怒族人民挺身而出参加了抗英队伍，给英国侵略者以沉重打击，取得了片马抗英斗争的胜利。1905 年，贡山爆发了藏族、怒族、独龙族等各族人民参加反对白汉洛天主教法国传教士横行霸道的斗争。[1]

57

---

① 当代云南怒族简史编辑委员会、李绍恩：《当代云南怒族简史》，云南人民出版社，2014，第 25 页。

1911年10月，武昌起义成功的消息传开后，立即得到全国各地的响应和支持。随着清王朝被推翻和辛亥革命的胜利，云南成立了都督府。[①]面对帝国主义长期在滇缅边界地区频繁活动的复杂形势，怒族和全省各族人民都迫切要求政府采取积极行动抵御殖民者的侵略。当时，迤西陆防各军总司令兼第一师师长李根源在了解了怒江的情况后向云南都督蔡锷提出要注意解决怒江问题，得到了蔡锷的支持后，李根源迅速抽调120余名士兵筹建了3个"怒俅殖边队"。1912年5月，殖边队进入怒江地区，在经过历时4个多月的多次战斗之后，云南都督府控制了怒江地区，粉碎了英殖民者的阴谋。殖边队进驻怒江地区，不仅加强了边疆的统一，还对怒族社会的发展起着积极的促进作用。过去西藏察瓦龙的封建主每年都要到贡山丙中洛掠走大批怒族人民为奴，当时怒族奴隶是各种劳动的主要承担者，但每日只有两餐可食，每人每餐只有一木勺玉米面糊糊，一年只有一双草鞋穿，并且随时都可能被农奴主打骂、买卖、转让或处死，生命毫无保障。自从殖边队来了以后，察瓦龙的封建主就再不敢轻易南下。与此同时，随着殖边队的进驻，内地汉族、白族、纳西族等民族的部分群众也陆续迁移进入怒江生活，他们在生产、生活的过程中，不断地将自己的先进生产经验、技术（如水稻、蔬菜的种植，铁器的加工等）传授给了怒族人民。一些内地的商人于这一时期开始进入怒江地区从事经商活动，活跃了怒江地区的经济。此外，殖边队来了以后，逐渐开始在怒族聚居地区兴办教育。

在殖边队稳定住了怒江地区的局势之后，云南督军府于1912年9月分别在菖蒲桶（贡山）、上帕（福贡）、知子罗（碧江）设立殖边公署，这是云南地方政府直接在怒江设治所的开始。从1916年起，各殖边公署改称行政公署。从1928年起，龙云掌握云南地方政权，同年，将行政公署改为设治局，其中，上帕公署改为康乐设治局，知子罗改为碧江设治局，菖蒲桶改为贡山设治局，团政改为区长，下辖保长、甲长。从1940年起，国民党在怒江各设治局都设立了党部，在土司、头人中发展国民党员，以增加控制力量。"党费"要人民出，每区每年50元。1941年，碧江设治局将全县分为四个乡，每个乡下面又划分出相应的保或甲，委任当地头人为乡长、保长或甲长，每个乡长一年有60元办公费。1942年，国民党先后在福贡、碧江县成立了参议会，吸收商人和流士成为议长，逐步加强对怒江地区的统治。在官商联手以后，怒族和怒江地区的各族人民所

---

① 《怒族简史》编写组、《怒族简史》修订本编写组：《怒族简史》，民族出版社，2008，第38页。

遭受的剥削也日益加重，除了要向国民党政府缴纳名目繁多的各类苛捐杂税，还要接受官商合资所办商号的层层盘剥，一方面，官商合资所办商号靠着商品交换从百姓手中攫取着高额利润；另一方面，又用所得钱财向百姓发放高利贷，对百姓进行二次剥削。据说当年知子罗的行政委员董廷芳与其从鹤庆带来的两名商人合资设立了天宝号，最开始主要经营布匹和酒，他们能用一升玉米煮出六碗酒，但当地群众要拿一升粮食才能换他们一碗酒，靠着高额利润他们又扩大经营，从当地低价收购黄连、贝母、水獭皮等特产后运到内地以高价出卖赚取大量钱财，之后又向当地百姓放高利贷，百姓借1两银子（3元半开银圆），每3个月的利息相当于5升粮食，如果满一二年后不还钱，仅利息就能超过本金好几倍，到期还不上钱，债主会派人上门强行取走家中的饭锅等生活必需品。为了还债，有的人家不得不卖掉自己的孩子，有的人家则选择为商人背运货物抵债，由于饥寒交迫，许多人在翻越雪山的路途中不幸身亡。[①]

喜迎和平解放

　　在英殖民者蓄意对怒族聚居地区图谋不轨之时，怒族人民曾和其他各族群众一起不断地同外国侵略者展开斗争，多次掀起了反对外国牧师霸占土地及收"上帝粮""收获节献礼"等搜刮活动的抗争浪潮，上帕的怒族及傈僳族群众曾因不堪传教士杨雨楼的奴役而捣毁了木古甲教堂。国民党势力进入怒江地区后，为反抗国民党的反动统治与剥削，怒江地区多次爆发了以傈僳族为首的农民起义和反抗斗争，怒族人民积极支持并广泛参与到了斗争当中。在抗日战争中，怒族人民也作出了突出的贡献，当日军侵占泸水西岸时，怒族、傈僳族民众奋起抵抗，抵御侵略。在后来的侨民归乡、远征军归国行动中，怒族人民又积极地捐物带路、运输护送。

　　在中国共产党的正确领导下，在包括怒族在内的全国各族人民的艰苦奋斗之下，全国上下终于迎来了革命形势节节胜利的大好局面。1948年，中共云南省工委先是派黄平到剑川、丽江一带建立和发展中共地下组织，成立了中共滇西北工作委员会。接着，又派出一批党员到兰坪和维西地区建立党组织并吸收纳西族、白族、傈僳族和怒族青年参加农抗会、妇女会、民兵组织等进步组织，

59

---

① 《怒族简史》编写组、《怒族简史》修订本编写组：《怒族简史》，民族出版社，2008，第41页。

为日后解放怒江，以及民族干部队伍的培养和配备做好了准备。^①1948 年 8 月，王北光进入兰坪，在东部的马登、上兰、通甸片区组织建立起农抗会、妇女会等群众组织开展反封建斗争，同时，吸收学生和农村先进分子入党，建立党小组，并以此为领导核心武装夺取了民国通甸乡政府，打响了解放兰坪的第一枪，建立了通兰人民自卫军（兰坪兔峨怒族聚居地区的怒族青年李郁文被吸收加入其中）。^②

1949 年，中国共产党领导的全国革命获得了胜利，同年 4 月 2 日，共产党领导的游击队解放了剑川，在胜利形势的推动下，丽江各族人民发动了"五一大示威"。同一时期，通兰人民自卫军以东部地区为根据地与国民党进行斗争，并逐步深入兰坪腹地积极开展统战工作，派人向国民党官员宣传全国的革命形势及和平解放政策。在人民武装包围和统战工作的强大攻势下，兰坪县于 5 月 10 日宣布和平解放。6 月中旬，中国共产党接受了丽江旧政府和军队。7 月 1 日，各界人士约 5 万人隆重集会宣布丽江和平解放。^③之后，游击队解放了华坪、永胜、维西、中甸，又扫荡了活动在滇西北的"共革盟"，为怒江地区的全面解放创造了条件。

为全面解放怒江地区，滇西北工委派代表进入怒江与地方官员、土司和各族上层人士联络，当时滇桂黔边区纵队第七支队也派人与泸水、六库各土司联系，在各个土司中，六库土司段承经表示愿意接受和平解放，而手中握有武装力量的大兴土司段承恭、鲁掌土司茶光周则派人与设治局局长李春培联合，让设治局自卫团和土司兵士数百人进攻泸水称戛村并杀害了第七支队派来的数名联络员。尽管当时形势严峻，但中国共产党仍然竭尽全力地争取以和平的方式解放怒江地区，委派张旭同志进入怒江负责相关事宜。为了消除过去历代统治者所造成的民族隔阂，张旭拿出拉井盐场所存的盐巴分发给从碧江、福贡来银盘街赶街的怒族、傈僳族、白族等族群众，并用傈僳文写了一份告傈僳族、怒族、白族等族人民书，宣传中国共产党的民族平等政策，号召怒江各族群众迎接解放，同时还公布了"三大纪律八项注意"，积极争取各族群众的支持，大大孤立了国民党的残余势力。逐渐地，泸水六库土司段承经，原碧江及福贡上层人士裴阿欠、傅阿伯等人也转

① 《怒族简史》编写组、《怒族简史》修订本编写组：《怒族简史》，民族出版社，2008，第 44 页。
② 当代云南怒族简史编辑委员会、李绍恩：《当代云南怒族简史》，云南人民出版社，2014，第 27 页。
③ 《怒族简史》编写组、《怒族简史》修订本编写组：《怒族简史》，民族出版社，2008，第 44 页。

向了革命。在做了大量艰苦细致的工作、为和平解放怒江铺平了道路之后，中国共产党于1949年6月9日派和耕到碧江与两名设治局局长谈判，当时泸水"共革盟"反动武装已被歼灭，紧邻碧江北部的福贡设治局内部发生政变，设治局参议长霜耐冬联络了包括怒族上层人士富禄、约阿木、路阿朵在内的当地民族、宗教上层人士及亲近他们的设治局军政人员，发动起义，并与设治局局长姚国宝进行谈判，迫使其交出政权、离开福贡。1949年6月1日，正式宣布福贡和平解放。在碧江，和耕在宣传党的政策的同时，告知对方应认清形势，在答应了会将两名设治局局长安全送至当时还未解放的昆明后，双方达成了和平解放的协议，碧江于1949年6月10日正式宣布和平解放，之后张旭等人率领部队进驻怒江，成立了碧江县临时人民政府。

在南部的福贡、碧江和东面的维西等县先后和平解放后，地处怒江北部贡山的国民党设治局已处在革命政权的包围之中，设治局局长陆双积经过反复思考后，做出了主动向共产党交权的明智选择，虽然中间经历了一些波折，但经后来的和平谈判，由和文龙为代表接收了贡山设治局，1949年8月25日，正式宣布贡山和平解放。当时，位于怒江南部的泸水，形势较为复杂，反动势力比北部三县顽固，其境内有4个土司，国民党设治局管土司，土司又管乡镇，设治局和土司都有自卫武装。在中华人民共和国成立前夕，又有国民党残余势力和内地逃亡地霸流窜至泸水，并怂恿土司头人抵制解放，共产党派出代表规劝后未果，碧江工作队派出干部十余人和多名随队农民前去做宣传工作时遭到设治局所指使的武装袭击，有3名工作队员和4名随队的怒族农民身亡。直到云南省主席卢汉通电起义后，泸水当局才认清形势，函请怒江特区工委书记张旭率工作人员杨俊璋、窦桂生前往泸水谈判。经谈判后，于1950年1月13日宣布泸水和平解放，这也意味着怒江地区全部获得解放，消息传到西藏察瓦龙后，许多怒族群众相约逃到怒江居住，有人还央求人民解放军早日解放他们的家乡。

区域自治

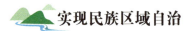

实现民族区域自治

历史上，福贡、原碧江及泸水的怒族曾被傈僳族蓄奴主掠夺为家庭奴隶，贡山丙中洛等地怒族曾受到西藏察隅县察瓦龙藏族头人、土司的压迫。中华人民共和国成立以后，推翻了旧制度，怒族人民翻身作了主人，中国共产党和人民政府以"搞好团结、消除隔阂"为工作的中心任务，疏通民族关系，调解民族历史上的纠纷，有效制止了抢掠欺压行为，消除了怒族与傈僳族、藏族之间的矛盾，化解了历史遗留下来的民族隔阂。与此同时，中国共产党和人民政府采取措施积极扶植怒族民众，无偿发放救济粮款、铁制农具和耕牛，帮助怒族人民克服生产生活上的种种困难，逐步摆脱贫困和饥饿。[1]为切实保障少数民族当家作主的权利，国家依据《中国人民政治协商会议共同纲领》的相关规定在民族聚居区实行区域自治。1952年9月，经过调查研究，丽江专署认为泸水县（时属保山专区）宜与碧江、福贡、贡山3县合并组建怒江傈僳族自治区。为了保障和维护怒族、独龙族（当时被称为"俅族""都龙族"等）、白族等民族的利益，各县根据上述民族的聚居情况，分别成立民族乡。

1954年8月，怒江傈僳族自治区成立，自治区政府及协商委员会均有怒族人士担任领导职务，由他们代表怒族管理本民族事务。例如，李政才担任副州长，和世生担任中级人民法院院长。1955年，怒江边工委建议怒江傈僳族自治区政府根据怒族人口数量及所占比例在各县政府中选派怒族干部担任副县长。其中，贡山县县长及第一副县长分别由独龙族、怒族干部担任，碧江县县长及第二副县长分别由怒族、傈僳族干部担任，福贡县县长及第二副县长由傈僳族干部担任，第三副县长由怒族干部担任。同时，在福贡县的木古甲和固泉建立了怒族民族乡。

62

---

① 《怒族简史》编写组、《怒族简史》修订本编写组：《怒族简史》，民族出版社，2008，第78—79页。

1956年，怒江傈僳族自治区改设为怒江傈僳族自治州。

为了落实《中华人民共和国宪法》中关于实行民族区域自治的要求，1956年9月，云南省人民委员会第十三次会议通过了同意怒江州政府请求建立贡山怒族独龙族自治县的议案，议案通过后，怒江州部分民族代表经过充分协商后，认为虽然贡山县怒族人口比独龙族人口多，但从政治影响、对居住在边境地区未定界的独龙族等方面考虑，应将县名中两个民族的位置加以调整，独龙族放前，怒族放后，改为贡山独龙族怒族自治县。1956年9月24日，经国务院同意，贡山独龙族怒族自治县宣布成立，独龙族干部孔志清担任县长，怒族干部彭恩德担任第一副县长。1986年，碧江县被撤销，该县的主要怒族聚居区并入福贡县，福贡成为我国最大的怒族聚居县，怒族人口主要聚居在该县的匹河区。20世纪80年代后期，国家撤区并乡，县属的区域行政级别从三级变为二级。为切实保障怒族人民的合法权利，怒江州坚持在怒族聚居的部分县、乡配置其本民族干部担任相关领导职务。此外，还成立了匹河怒族民族乡，下辖果科、普洛、知子罗、老姆登、沙瓦、架究、托平、瓦娃和棉谷9个行政村。

培养怒族干部

中国共产党进入怒江地区以后，就开始着手在怒族民众中物色积极分子，并采取措施对其进行教育、锻炼和重点培养。以碧江为例，在和平解放以前，碧江县省立小学曾保送李政才、和汝英、窦桂生、下扒才、张王生5名怒族毕业生到丽江国立师范就读。1949年6月10日，碧江宣布和平解放后，怒江特区工委又吸收李政才、窦桂生、下扒才、张王生，以及碧江县省立小学校长和世俊、村小教员和世生参加工作，组织他们到内地各大城市参观，保送他们到云南民族学院学习。[1]这些培养使他们开阔眼界、提高觉悟，党组织根据他们的能力和表现在政府机关安排适当岗位，把他们逐渐培养成为民族干部，担任领导职务，及时反映怒族人民的意愿，代表怒族人民管理本民族相关事务，保障怒族人民当家作主的权利。

据怒江边工委统计，1953年，全区有772名干部（部队除外），其中怒族干部有55名。1954年，怒族干部数量进一步增加，达到了73名。他们分别担任副州长、县长以及局长、科长等不同的领导职务。1955年，怒江傈僳族自治

63

---

① 李绍恩：《当代云南怒族简史》，云南人民出版社，2014，第50页。

区开始农村建团、建党试点工作，在42个乡共发展了48名党员，其中包含怒族14人，他们分别担任了各级乡村基层政权的领导。后来，云南省丽江专区及怒江州党政部门继续加大了选拔、培养和使用怒族干部的力度，怒族各级领导干部队伍迅速发展壮大。1960年，在怒江州担任州、县、区及公社领导的怒族干部超过百人，其中区级以上的干部有60余名。1978年，怒江州有怒族干部270余人，仅县级机关干部就有135人。2000年左右，怒江州有怒族干部800余人，怒族从国家到省、州、县都有本民族的政协委员，其中在省政协有1名厅级干部，州内有3名副厅级干部、17名处级干部。同时，在怒江州及各县的学校、医疗机构、文艺团体以及企业、商界等也有一定数量的怒族干部、知识分子和管理人才。①

---

① 《怒族简史》编写组、《怒族简史》修订本编写组：《怒族简史》，民族出版社，2008，第81-82页。

民族识别

社会调查

  1949 年，中共怒江特区工委成立后，特区工委书记张旭向在怒江地区工作的干部提出了进行社会调查的请求，经过半年多的调查，于 1950 年 4 月完成了《怒江特区社会经济综合情况报告》并上报给上级党委。该调查报告真实客观地反映了怒江地区怒族人民群众的贫困和落后，其中提到怒族是一个流动迁徙的民族，家中几乎没有固定资产，民族内部阶级分化不明显，尚未出现封建地主经济。①

  1952 年起，怒江地区的边工委等单位开始对部分怒族村寨展开调查。1956 年，全国人民代表大会民族委员会派出以费孝通为首，由中国科学院民族研究所云南调查组、中央民族学院等单位抽调人员所组成的云南少数民族调查组，对怒族、傈僳族等民族的社会形态、经济发展、宗教文化等情况进行了详细调查，此次调查确认了各地的怒族虽然存在较为明显的差异，但属于同一民族。当时，有关怒族的部分调查情况被编入了全国人民代表大会民族委员会所印刷的资料中：《云南省怒江傈僳族自治州社会调查》（1956 年）、调查材料之一——《云南省怒江傈僳族自治州社会概况》（1957 年）、调查材料之二——《云南省怒江傈僳族自治州社会情况》（1958 年）、调查材料之三——《云南省怒江傈僳族自治州的怒族社会经济调查报告》（1958 年）、调查材料之四——《云南省碧江县傈僳族社会经济调查总结报告》（1958 年）、调查材料之五——《云南省泸水县傈僳族社会经济调查总结报告》（1958 年）。在 1958 年至 1962 年，中国科学院云南调查组继续进行调查，于 1963 年编印完成《怒族简史简志合编》，并于 1964 年编印完成调查材料之六——《云南省傈僳族社会调查》。②

  1963 年，中山大学梁钊韬等人曾在云南西部进行过一次为期 5 个月、行程万里以上的民族专题调查，有关碧江、福贡等地怒族的历史、社会组织、婚姻家

---

① 李绍恩：《当代云南怒族简史》，云南人民出版社，2014，第 44 页。

② 《怒族简史》编写组、《怒族简史》修订本编写组：《怒族简史》，民族出版社，2008，第 83-85 页。

庭和民族关系等情况被记录于后期编印完成的《滇西民族原始社会史调查资料》
（1979 年）和《滇西民族原始社会史论文集》，以及《怒江傈僳族和怒族的历史发展及其相互关系》等调研报告中。[①]

1979 年，宋恩常将自己在 20 世纪五六十年代对贡山怒族的调查资料进行整理之后，交由云南省历史研究所在内部印刷发行为《云南省贡山县怒族独龙族社会调查》。

在 20 世纪 80 年代，20 世纪 50 年代的调查资料被重新整理，形成合编资料《傈僳族、怒族、勒墨人（白族支系）社会历史调查资料》，并将怒族的相关调查资料单独编写成册，其名称为《怒族社会历史调查》，于 1981 年由云南人民出版社出版发行。[②]

民族识别

在中华人民共和国成立以前，由于存在民族压迫和民族歧视，许多少数民族的民族成份不能确定。对于怒族而言，因生活环境较为封闭，人们对其认识严重不足，加上怒族各支系的聚居地间隔数百公里，彼此之间语言不通，且各支系有不同的称谓、服饰和生活习俗。相反，各地怒族与周边的其他民族之间的区别较小，其族属关系难以辨别。例如，部分怒族与独龙族毗邻而居、习俗相近、语言相通，容易与独龙族相混淆；福贡、泸水等地怒族的服装首饰同傈僳族相似，兰坪怒族服饰与周围白族相近。

中华人民共和国成立以后，为改变旧中国民族成份和族称混乱的状况，并保障少数民族的平等权利，自 1950 年起，由中央及地方民族事务机关组织科研队伍，对全国提出的 400 多个民族名称进行识别，到 1983 年，我国共确认了 55 个少数民族成份。其中，云南省于 1954 年 5 月确定了怒族等 21 个需要进一步识别的民族并报请中央正式列入民族识别之列。

1958 年，云南省民委等机构下达《关于进行我省民族族体识别工作的通知》，要求对怒族、独龙族进行以下方面的调查：一是了解两族在怒江地区的分布状况、历史关系、社会经济关系、政治及婚姻制度、物质文化和精神文化关

---

① 余新、怒江州政协文史资料委员会：《怒江州民族文史资料丛书·怒族》，云南民族出版社，2007，第 12 页。

② 《怒族简史》编写组、《怒族简史》修订本编写组：《怒族简史》，民族出版社，2008，第 85 页。

语言学、社会学、历史学方面的专家学者在综合考察了怒族的历史来源、社会形态、亲属制度等方面的内容以后，又按照民族识别的相关标准，收集和采纳了怒族领导干部、上层人士和群众的意见，最终认为虽然怒族各支系之间存在较多差别，但从唐代开始，怒族便被历朝文献所记载并一直延续至今，应被识别为单一民族。因当时有关怒族的民族识别工作主要在福贡、碧江、贡山三地开展，所以"怒苏""阿侬""阿怒"三个支系最先被识别为怒族，"若柔"被识别为怒族的时间晚于其他三个支系。

① 《怒族简史》编写组、《怒族简史》修订本编写组：《怒族简史》，民族出版社，2008，第86—87页。

直接过渡

"直接过渡"方针的提出

　　中华人民共和国成立前夕，怒族社会发展在总体上仍处于原始社会末期向阶级社会过渡阶段，但由于受纳西族、藏族封建领主经济和白族、汉族地主经济，以及傈僳族家长奴隶制等一些因素的影响，怒族社会经济的发展极不平衡，经济结构较为复杂，同时存在着多种经济成分，既有原始公有制，也有地主经济的影子，还有封建领主制的残余。

　　中华人民共和国成立以后，为了充分掌握包括怒族在内的少数民族的社会形态和发展阶段，以制定出适宜民族地区的社会改造方针，云南省委、丽江地委、怒江边工委对怒江州四县的社会、经济、政治、文化等方面的情况进行了大量调查研究，结果显示，泸水的六库、上江、鲁掌地区已经进入封建社会，但在碧江、福贡、贡山和泸水县北部等许多民族地区，生产力水平低下，生产资料私有制已基本确立，但土地占有不集中，阶级分化不明显。在这些地区，存在个体私有制，但生产资料占有不平衡，存在着贫富悬殊、雇工、高利贷等剥削现象，富农和地主阶层占总户数的 1% 左右。与此同时，共耕的土地占总耕地面积的 30%，保持原始共耕协作关系的农户占总户数的 50%~70%。①

　　基于以上认识，1950 年 10 月，云南省委召开少数民族工作会议，认为类似怒族这样土地占有不集中、阶级分化不明显且保留原始残留成分的民族，在政治上获得解放之后的首要任务是大力发展生产、解决贫困和落后问题。该会议决定福贡、贡山、碧江等县不实行减租退押，即不在怒族聚居地区开展土地改革运动，而采取在党的领导下，坚持以"团结、生产、进步"作为长期的工作方针，坚决依靠贫苦农民，团结一切劳动人民，团结和改造一切与群众有联系的民族上层人士。在国家的大力扶持和先进民族的帮助下，通过互助合作，大力发展生产，以及加强与生产有关的经济、文化等方面的工作，增加社会主义因素，消灭剥削

---

① 余新、怒江州政协文史资料委员会：《怒江州民族文史资料丛书·怒族》，德宏民族出版社，2007，第 52 页。

因素和原始落后因素，直接但是逐步地过渡到社会主义社会。即在无产阶级专政的条件下，超越一个或几个社会发展阶段，"直接过渡"到社会主义社会。①

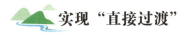 ## 实现"直接过渡"

为了实行"直接过渡"方针，1954年，怒族聚居地区开展了以发展农业生产为中心的山区生产改造运动，所采取的措施有如下几条。②③

大力发展生产，改善人民生活；发动群众，组织各种不同形式的互助组，总结经验，树立榜样，培养骨干，推动生产；大批培养当地少数民族干部和农村青年积极分子，改造基层政权；在存在土地相对集中于少数富户问题的地区进行了土地调整。在山区生产改造运动中，各级干部从实际出发，亲自示范，注意特点，重点扶植，分类指导。指导民众改变旧习，积肥施肥；放弃抛荒轮作制，逐步固定耕地，提倡兴修灌渠，引水浇灌，修建梯田；开垦荒地，扩大面积，增加产量；引导民众保护、利用森林资源，收割生漆、种植黄连等药用植物，实施补贴，提高农副产品的收购价格，加快商品流通，促进物流，增加民众收入，改善生活。

1954年初，当地政府开始引导民众在自愿互利、民主管理的基础上，利用怒族传统的换工互助习惯（怒语为"棉白""棉博"），从建立季节性的换工互助着手，在怒族聚居地分批建立了200多个临时互助组以发展生产，并注意从中发现、锻炼和培养积极分子带领民众搞生产。接着，为了发挥集体优势以进一步发展生产，再将临时互助合作变为常年性互助合作。截至1955年秋，参加互助组的怒族群众达到了80%以上。

1956年春，中共怒江边工委根据"团结、生产、进步"的工作方针，选择福贡知子罗、老姆登、普罗及木古甲等地作为试点，以自然村为单位，试办了9个以土地入股、统一经营、按劳取酬的初级合作社。接着，当地政府又因势利导地陆续创建了第二批、第三批合作社，截至1958年春，入社的怒族农户达到了80%以上，合作社成为怒族农村的基本生产单位。由于采取土地共同入社、

69

① 《怒族简史》编写组、《怒族简史》修订本编写组：《怒族简史》，民族出版社，2008，第90—91页。

② 《怒族简史》编写组、《怒族简史》修订本编写组：《怒族简史》，民族出版社，2008，第91—94页。

③ 余新、怒江州政协文史资料委员会：《怒江州民族文史资料丛书·怒族》，德宏民族出版社，2007，第53—54页。

互相调换、赠送或隔开等措施，原始公有土地制在合作化运动中得到了改造，逐步变成社会主义的集体所有制，基本上完成了所有制形态的更换；传统的社会组织亦因合作社的建立，拓展了生产范围、扩大了人际交往而发生变化，地域联系及领导归属替代了先前的血缘纽带，怒族社会逐步实现了由前资本主义的不同发展阶段"直接过渡"到了社会主义社会的转变。

从 1957 年下半年起，党在怒族聚居地区的工作路线发生了失误，违背了实事求是的指导思想，忽视了经济发展的客观规律，以及怒族聚居地区社会发展落后的实际情况，急于求成，过度夸大了主观意志和主观努力的作用，力求多快好省的高速度、"大跃进"式地发展生产，同时片面强调社会阶级矛盾，大搞"民族革命补课"、社会肃反、阶级划分，扩大阶级斗争，导致人民群众恐慌不安，致使中华人民共和国成立初期党在怒族聚居地区所建立起来的经济秩序遭到了严重破坏，人民群众生活困难。自 1959 年上半年起，云南省委、省政府开始纠正先前的一些错误思想和行动，逐步安定了民心，稳定了形势，社会经济得到了一定程度的恢复。但是，在 1966 年 5 月至 1976 年 10 月长达 10 年里，党否定了在边疆民族地区所实行的直接过渡、逐步地进入社会主义社会的方针，包括怒族在内的少数民族被卷入了"以阶级斗争为纲"的浪潮，人民群众的生活节奏被打乱，社会经济的发展遭受到了重创。

改革开放

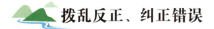

拨乱反正、纠正错误

1978 年 12 月 18 日至 22 日，中国共产党召开了党的十一届三中全会，纠正了"文化大革命"中的一些错误思想和行动路线，重新确立了马克思主义实事求是的思想路线，淡化了"阶级斗争为纲"这个不适用于当下社会主义社会的口号，决定把全党工作的重点转移到社会主义现代化建设上来。云南怒族聚居地区的各级党组织非常重视对党的十一届三中全会精神的学习贯彻，把它作为各级党组织的重要政治任务来抓。中共怒江州委和各县县委召开会议专题研究和部署学习贯彻党的十一届三中全会精神，并开展了"实践是检验真理的唯一标准"的大讨论，批判了"两个凡是"的错误主张。在真理标准大讨论之后，怒族聚居地区开始着手平反冤假错案，一大批被错误处理的干部得以平反昭雪，重新回到了工作岗位。1985 年 12 月，中共怒江州委向中共云南省委呈报了《关于否定我州"直接过渡"地区划分阶级成分的报告》，提出在"直接过渡"地区划分阶级成分是"文化大革命"的产物，应予以否定。1986 年 4 月，中共云南省委作出《对怒江州否定"直接过渡"地区划分阶级成分的批复》，指出"50 年代边疆民族地区实行'直接过渡'不划分阶级成分的方针政策是正确的。过去在'左'的思想影响下，对'直接过渡'地区几次划分阶级成分，特别是'文化大革命'中在这些地区重新划分阶级和复查审定阶段（包括所划的地主、富农）都应予以否定，并予以宣布"。[1]

积极扶植、全面发展

党的十一届三中全会之后，我国开始实行改革开放的政策。对内，在坚持社会主义制度的前提下，自觉调整和改革生产关系同生产力、上层建筑同经济基础之间不相适应的方面和环节，促进生产力的发展和各项事业的全面进步，以更好地实现广大人民群众的根本利益。对外，为了加快我国现代化建设，也为了顺

71

---

[1] 李绍恩：《当代云南怒族简史》，云南人民出版社，2014，第 82-97 页。

应时代特征和世界发展的大趋势，实施对外开放的基本国策。从1978年底开始，怒江州根据党中央的政策改革农村生产关系，从包产到组、包产到户，再到家庭联产承包责任制，发展个体户、专业户，以及组建经济联合体，使怒族聚居地区的经济社会发展重新焕发出了生机和活力，民众的劳动积极性和效率大幅度提高，收入增长明显，多年来困扰地方政府和人民群众的温饱问题基本得到解决。

与此同时，怒族聚居地区还以市场为导向、以发展为目的、以增收为目标，及时调整产业结构，积极引导民众发展畜牧、养殖、交通运输、餐饮等副业，以多种经营模式持续发展商品经济。与此同时，党和政府不断加大对怒族聚居地区资金及科技的投入力度，指导民众利用培育良种、地膜覆盖等高科技种田，并建立和完善农业社会化服务体系。逐渐地，在怒族群众中开始涌现出一批专业户，人民的收入日益增加，怒族聚居地区的粮、林、牧、渔等各行各业的结构日渐趋于合理化，实现了总产值的持续增长。在1990年至2000年的10年间，怒族农、林、牧、渔业劳动者的比例从91.3%下降到88.46%，专业技术人员的比例从3.3%上升到4.23%，商业及服务性工作人员的比例从1.1%上升到2.78%。怒族聚居区从改革开放到2000年，在社会经济的发展上取得了可喜的成绩，在种植业继续稳步发展的同时，林业、畜牧业的发展也呈现出突飞猛进之势，收入水平得到大幅度的提升。其中，与1978年相较，匹河及丙中洛的经济总收入增加了约20倍，农村人均所得（怒族农民的人均所得）增长了10余倍。改革开放以来，怒族农村经济在结构调整、资源配置上取得了积极的成效。

在上述基础上，怒江州委、州政府于2000年左右提出了"以边贸旅游民族文化活州、矿电经济强州、生物经济富州、科技教育兴州"的口号，利用当地独有的自然环境和人文景观，积极发展旅游业，因旅游业的升温又同时带动了餐饮、运输等行业的快速发展，产业结构的发展日益趋向多元化，各行各业齐头并进、共同发展，怒族民众的收入持续增加，生活水平逐步得到提高。①

① 《怒族简史》编写组、《怒族简史》修订本编写组：《怒族简史》，民族出版社，2008，第96—98页。

深山走出脱贫路

云南人口较少民族脱贫发展之路

山高水远，
发展路难

　　怒族的主要聚居地在怒江州，怒江州东邻迪庆、丽江、大理，南连保山市隆阳区，西与缅甸毗邻，北靠西藏察隅县。怒江州地处被称为"地球褶皱"的中国西南的横断山区，地势北高南低，整个地貌由巍峨高耸的山脉与深邃湍急的江河构成，担当力卡山、高黎贡山、碧罗雪山、云岭山脉四座大山南北逶迤，东西对峙；独龙江、怒江、澜沧江三江由北向南并流于四座大山之间，形成了"四山夹三江"的独特地貌。于峡谷地带环顾四周，可谓是江与山南北蜿蜒，千峰林立，万壑鳞栉，景观雄险奇秀，实属罕见。独特的地理位置和地形地貌使怒江地区拥有丰富的矿产、水能和动植物资源，但由于怒江和澜沧江的主断裂带贯穿怒族分布地，且两江的两侧还有许多派生的纵横小断裂，导致怒族聚居地区的土层瘠薄、耕地稀少。长期以来，怒族在同恶劣的自然环境作斗争的过程中不断繁衍生息。然而，受险峻地理环境所限，怒族聚居地的交通情况一直难以改善，严重影响了群众的正常生产和生活。自中华人民共和国成立以来，党和国家为怒族聚居地区的发展倾注了大量的精力和心血。到 2000 年左右，怒族聚居地区在政治、经济、社会、文化等方面的发展都已取得了巨大的进步，但与先进地区的其他民族相比还有较大的差距，未来的发展之路依然面临着重重困难。

自然环境条件恶劣

　　怒族群众主要居住在海拔 2000 米以上的怒江峡谷深处，两面陡坡夹一条险江及头顶一线天是怒族聚居地区较为常见的自然景观，当地群众常以"猴子爬我们这里的坡都会掉眼泪"来形容所处环境的险恶和地势的陡峭。与此同时，怒族聚居地区土地瘠薄，气温偏低，日照不足，植被生长周期长，生态十分脆弱，极易发生泥石流、山体滑坡等自然灾害，使耕地面积逐渐减少。曾有长期在怒江地区从事扶贫工作的地方干部将怒江流域的生活环境概括为："望天簸箕大，看地一条缝。地无三尺平，出门就爬坡。既忧肚子饿，又怕石头滚。土地挂在墙壁上，水田建在沙石上。施肥肥流走，灌田水渗尽。晴天沙石流，雨天泥石流。日晒禾苗死，降雨禾苗走。苗高六尺（指玉米）被风吹，九黄十收（指九十月份收获季节）连雨天。"[①]在如此恶劣的环境下，以传统产业为生的怒族群众终日劳顿却难以实现温饱，要想走上富裕之路更是难上加难。

于知子罗村怒族博物馆俯视怒江大峡谷（摄影：陈春艳）

---

① 《中国人口较少民族发展研究丛书》编委会：《中国人口较少民族经济和社会发展调查报告》，民族出版社，2017，第 482 页。

泸水市片马风雪丫口俯视图（摄影：陈春艳）

怒江第一湾（摄影：陈春艳）

生态脆弱

历史上，怒族聚居地区群众的主要收入来源是农业生产，因耕作水平低、管理简单粗放、生产技术粗糙，基本上处于靠天吃饭的状态，依赖自然的程度很大。在农业生产之外，因怒江流域动植物资源极为丰富，怒族聚居地区的群众也养成了"靠山吃山"的习惯，采摘野果（菜）、捕猎动物、入林伐木是群众日常收入的重要来源。但怒江流域山高坡陡，树木生长非常不易，且生长周期较长，群众长期砍伐树木造成了水源消失和水土流失。随着人口的不断增长，自然环境的承载压力逐渐增大，传统资源因过度开发而加剧了耗损，自然生态的自我修复能力日益减弱。虽然后来在国家政策的指导下，实行了封山育林、退耕还林等生态养护政策，使怒江流域的生态环境得到了有效的改善，但生态保护与发展之间仍存在着一定的矛盾。

灾害频发

怒族聚居地区独特的峡谷风光作为旅游资源确实有非常大的发展潜力，但其复杂的地形、极端的气候条件，再加上脆弱的生态环境导致各类灾害频发，对当地居民的生产、生活造成了较大的影响。例如，贡山县地处欧亚板块和印度洋板块碰撞挤压地带，受印度洋暖流和西伯利亚寒流交汇的影响，形成冬暖夏凉、气温年差小、多雨的海洋性气候，春寒、洪灾、泥石流、山体滑坡及病虫害、鼠害等自然灾害频发，严重影响了怒族群众的正常生产和生活。再如，福贡县，境内山高谷深，地形复杂，主要有江边台地、河流冲积扇、半山台地、缓坡地、高山缓地草地及山峰 6 种类型，地势陡峭，地形破碎，平缓地少。受复杂的地形影响，境内气候的垂直变化和区域变化大，有 6 个不同的气候带，年均气温 16.9℃，每年有两个雨季，分别是 3 月至 5 月和 9 月至 11 月，平均降雨量 1394 毫米，年均相对湿度在 80% 左右，每逢雨季到来，极易发生山体滑坡和泥石流[1]。一旦发生自然灾害，群众利益必然受损。

---

[1] 杨筑慧：《中国人口较少民族经济社会发展追踪调研报告》，学苑出版社，2016，第 263 页。

耕地稀少

从土地资源来看，整个怒江流域的宜农资源严重不足，几乎没有后备土地资源，绝大部分耕地分布在坡度超过35°的山体上，泥石流、山体滑坡等自然灾害的频繁发生又导致耕地面积进一步减少。以福贡县为例，耕地分旱地、水田两大类，旱地含火烧地、轮歇地、手挖地、牛犁地四种。火烧地即以刀耕火种方式耕作的土地，坡度一般在45°以上，每隔四五年垦殖一次，其余年份轮闲。轮歇地则隔年种植，种一年歇一年，经多年轮种后形成固定的手挖地。前三种耕地一般石头多、土层浅、水土流失严重，坡度在30°~45°，牛犁地的坡度为25°~30°。水田分有效灌溉面积、雷响田和冷浸田。其中，有效灌溉面积常因山洪、泥石流暴发而被冲毁或埋覆，后又再次开垦，多次反复，导致土壤层次重复，总面积不稳定。1952年，福贡县全县总耕地面积为54533亩[①]，人均2亩。其中，旱地27324亩，人均1亩，水田的有效灌溉面积为62905亩，人均0.23亩（1952年，福贡县的人口数为2735人）。1953年后，党和人民政府向当地人民群众发放了大量的铁制农具，并组织人民群众开展"旱改田、坡改梯"行动，兴修水利，引导人民群众改变耕作习惯，提高了耕地利用率，截至1986年，水田的有效灌溉面积扩大到了12007亩。[②]后来，由于人口自然增长，以及退耕还林等生态环境保护政策的实施，到2009年左右，福贡县人均水田面积不到0.1亩[③]。在福贡县匹河怒族乡的老姆登村，到2012年，耕地总面积为1010.5亩。其中，旱地675.6亩，水田334.9亩，全村有效灌溉面积为85亩，其中高稳产农田地面积仅为65亩，人均高稳产农田仅为0.06亩。[④]

---

① 亩：土地面积单位（非法定），1亩≈666.7平方米，全书特此说明。
② 福贡县地方志办公室：《中华人民共和国地方志丛书·福贡县志（1912—1986）》，德宏民族出版社，2018，第159–160页。
③ 2009年，福贡县的人口数为99893人。数据来源：怒江傈僳族自治州统计局：《怒江傈僳族自治州统计年鉴（2008—2010）》，2016，第3页。
④ 罗明军：《云南特有七个人口较少民族扶贫绩效调查研究》，中国社会科学出版社，2015，第254页。

基础设施建设滞后

怒族聚居地区由于受经济发展、地理环境等条件限制，基础设施建设严重滞后，成为制约怒族人民发展生产、改善生活的"瓶颈"因素。

交通闭塞

怒族聚居地区发展交通面临着两大困难：①怒江峡谷地理条件特殊，怒江河道落差大、险滩多、巨石密布，夏季暴雨成灾、洪水滔滔，江流回旋于巨石之间，无法行船，而春秋季降雨较少，河道干枯，所以河运无法发展，运输只能依靠路和桥。②怒江峡谷无法支撑大型聚落，怒族群众分散居住于怒江峡谷两岸，形成了上百个小型聚落，并且耕地、林场等劳动场所远近不一、毫无规则地分布在聚落周边，其间穿插分布有湍急的河流、深邃的溪谷，以及悬崖峭壁和陡坡密林。因此，要全面改善怒族聚居地区的交通状况，代价巨大，难度可想而知。截至 2000 年左右，人背马驮依然是农村最主要的运输方式，交通运输方式的落后严重影响了劳动生产率的提高，也使粗放的生产、生活方式难以改变。

缺水少电

截至 2000 年左右，仅有一半左右的居民点基本解决了人畜饮水问题，仍有 60% 左右的怒族人口饮水存在困难。农田灌溉资源紧缺，需修复、加固、促畅的灌溉工程约有 20 万米，需新修的灌溉工程约有 30 万米，由于灌溉工程施工条件复杂、难度大、造价高，地方政府无力独自承担相关费用。因灌溉不足，怒族聚居地区耕地的 95% 以上是旱地，且每年仍有大量水田退化为旱地，其中有千余亩耕地可以改造成水田，但因缺乏灌溉设施而导致改造计划迟迟不能实施。

另外，由于怒族聚居地区未能充分开发丰富的水能资源，电站数量少，且都是小型电站，造成城乡居民生产、生活用电供给严重不足，仅有 75% 的人口基本解决了照明用电问题。[1]

79

---

[1] 《中国人口较少民族发展研究丛书》编委会：《中国人口较少民族经济和社会发展调查报告》，民族出版社，2017，第 478 页。

 **缺医少药**

在 2000 年左右，从病疫防治设施和条件而言，怒族群众的生命财产安全依然无法得到有效保障。乡村医疗网络虽然已经建立，但乡级卫生院基本不具备做较复杂手术的医务人员和设备。近 75% 的村级卫生站无专用场所，因缺乏必要的经费支持，且时有群众拖欠医药费，卫生站常常短缺药品，无法满足群众日常看病需求。与此同时，乡村医生只能接受县乡一级医疗机构的短期培训，业务素质和水平不高。加上交通不便、群众经济状况拮据，农村普遍存在"小病不治、大病等死"的情况。①

① 《中国人口较少民族发展研究丛书》编委会：《中国人口较少民族经济和社会发展调查报告》，民族出版社，2017，第 476 页。

民族教育发展缓慢

　　发展教育，能够为怒族聚居地区今后的发展培养和输送人才，为怒族劳动者日后走出深山峡谷去到外面的世界参与市场竞争提供必要的知识和技能。但是，在怒族聚居地区，截至 2000 年左右，教育教学条件依然相当艰苦，具体表现为：一是校舍数量少、危房比例高。因怒族群众居住较为分散，为满足群众受教育的需求，怒族聚居地区所设的教学点比较多，其中一师一校的占比较高。但由于长期投入和供给不足，大多教学点校舍的数量不足，学生合班上课、一室多用的情况仍然存在，并且校舍材料主要以土木结构为主，容易损坏，许多校舍年久失修，不能遮风挡雨，属于危房。在"六普"检查的推动之下，危房得到了修复，但返危概率仍然较大。二是缺少教学用品、器具和图书资料。一般只有中心村小的情况稍好，大部分的村小难以配备齐全必要的教学器具，一师一校的教学点情况更为严重。三是缺乏文体设施。70% 以上的教学点没有场地和器材可供学生开展文体活动，学校生活单调乏味，学生上学的积极性在一定程度上受到了影响，不能有效地开发学生的文体潜能。[1]与此同时，普通民众尚未意识到教育的重要性，未认识到教育才是脱贫致富的根本所在，因经济困难、大学毕业生就业前景不乐观等因素而产生诸如"读书无用"之类想法的群众不在少数，致使民族教育发展缓慢。

群众不重视教育

　　教育是一个民族实现社会经济发展的关键所在，同样也是一个家庭改写命运的最佳途径。但由于学生、家长观念陈旧，加上大学毕业生就业压力大，群众普遍不重视教育，认为即使读再多的书也找不到一份好工作，还不如随便读点书就外出打工。所以，在怒族聚居地区，从小学阶段开始，就不断有学生辍学，能顺利完成初中学业的学生比例不高，有条件继续接受教育的人则更少。在 2000

---

① 《中国人口较少民族发展研究丛书》编委会：《中国人口较少民族经济和社会发展调查报告》，民族出版社，2017，第 475-476 页。

年初的"六普"检查中，怒族主要分布的三县五乡镇都已达标，但达标的水平非常低。1998年，福贡县匹河怒族乡适龄儿童入学率为92%，巩固率仅为88%；1997年，贡山县全县（独龙族除外）的适龄儿童入学率为88.69%，年辍学率为3.48%，完学率为36%，毕业率为44.38%。中等教育的普及情况也不乐观，2000年，福贡怒族初中升学率仅为76%，而辍学率高达28.1%，高中升学率低至16.7%；兰坪县兔峨乡怒族初中升学率只有71%，高中升学率约为18%；贡山县丙中洛乡初中升学率为70%，高中升学率约为25%。[①]

 ## 普通家庭难以支撑孩子学业

为了鼓励适龄儿童入学，各级政府已经采取了相关的费用减免和补助政策，但围绕着孩子上学所产生的花销对于一部分经济状况不好的家庭来说也是一笔不小的费用。例如，需要给孩子提供零花钱、添置换洗衣物和日常用具；跟老师和学校联系会产生通信费；接送和探望孩子需要交通费；等等。一个家庭好不容易坚持供孩子念到高中毕业考上了大学，又开始为大学学费发愁。为保证孩子能够继续完成学业，很多家庭会选择贷款，而贷款又必须在大学毕业两年内还清，不少怒族大学毕业生缺乏闯劲，毕业后无法找到理想的工作，只能选择延长还款期限，最后还款压力就转嫁到了家庭中去，导致整个家庭因学致贫。

 ## 民族教育未能适应当地实际需求

学校教育在现代社会中扮演着越来越重要的角色，多年来，各级政府在怒族聚居地区大力发展教育，怒族聚居地区的师资配置、学校的硬件条件有了很大的改观，学龄人口的入学率、升学率、巩固率已明显提高。但人民群众更关心的是学校所培养出来的人才能否学以致用？能否真正地改变一个家庭的命运？能否承担起家乡建设的大任？在怒族聚居地区的一些矿产公司中，员工的学历层

---

① 《中国人口较少民族发展研究丛书》编委会：《中国人口较少民族经济和社会发展调查报告》，民族出版社，2017，第473-474页。

次不同，多半是初中毕业生，但也不乏大学毕业生。部分怒族大学毕业生在进入当地的矿产行业工作以后，发现自己的收入还不如初中毕业生的高，所以就会在心理上产生一种落差感，认为读书并不能带来什么实质性的好处，久而久之，在群众心目中就慢慢形成一种"书读得多并没有什么用，时间浪费了，最后还不如没怎么读过书的人赚得多"的刻板印象。对于怒族群众而言，能切合当地实际，并服务当地发展的教育才是好的教育。比起整体素质的提高，当地群众更需要的是能够直接运用于生活、生产，能够学以致用，并可以带来实际经济效益的技能性知识。

人民群众生活困苦

由于经济发展历史起点低，缺乏主导性资源，且不具备改变贫困状况的主客观条件，到 2000 年左右，怒族聚居地区的经济形势依然严峻，人民群众的生活质量难以提高，物质生活极度匮乏，精神生活单调乏味，思想封闭保守。

 ## 物质生活匮乏

1999 年，怒族的人均纯收入是 720 元，人均存粮 350 千克，虽然已是怒族历史最高水平，但仍低于全怒江州的平均水平，更远远低于全省和全国的平均水平。如果再将怒族群众食物结构单一、粮食消费远高于一般地区，以及怒族聚居地区物价指数高于交通较便利地区的情况考虑在内，怒族的收入增长速度和水平是极不乐观的。在衣、食、住、行方面，约有 15% 的怒族群众仍居住于简陋狭小的茅草屋中，有条件建盖石棉瓦房或毛毡房的群众不足 5%，约 50% 的群众存在人畜混居的情况。在海拔 2000 米以上的怒族居住区，群众无鞋无袜，缺垫少盖，着短袖、单衣，靠围炉取暖过冬的情形较为普遍。一般家庭除了锅、碗、瓢、盆、缸、桶、凳以外再无他物，电视、录音机等文化娱乐商品是绝大多数怒族群众可望而不可即的奢侈品。群众的饮食结构单一，一年四季以粥为食，米饭和肉是到了年节才舍得吃的奢侈食物。因营养不良，绝大多数群众身体单薄、面黄肌瘦。①

精神生活单调

群众的文体娱乐活动内容非常单调，90% 的村社没有公共娱乐场所和适宜的文体设施，群众的文体活动难以开展，大部分群众的文化生活主要是参加教堂活动。在怒族聚居地区电视尚未普及，夜间的火塘聚会仍然是农村群众典型的社

---

① 《中国人口较少民族发展研究丛书》编委会：《中国人口较少民族经济和社会发展调查报告》，民族出版社，2017，第 478-479 页。

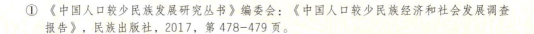

交和休闲方式，节庆活动往往局限于敬神祭祖、访亲聚友和饮酒作乐。①

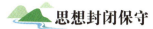 **思想封闭保守**

　　由于交通不便、生活条件艰苦等原因，怒族群众与外界的沟通交流较少，习惯日出而作、日落而息，没法了解自己生活圈以外的世界，无从获得除早已熟稔的家长里短和经验之谈以外的更多知识。相较于同一时期内地的农村青年来说，外出打工已成为实现致富梦想的重要途径，但怒族青年自发向外地进行劳务输出的比例还不足1%②，而怒江流域的农业资源又因人口自然增长而日渐萎缩和枯竭，当地政府短期内无力培植新型产业来分担人口增长所带来的巨大压力，如果青年不愿走出怒江流域去寻求自身更好的发展，就会坐吃山空，免不了要走到山穷水尽的地步。

---

① 《中国人口较少民族发展研究丛书》编委会：《中国人口较少民族经济和社会发展调查报告》，民族出版社，2017，第472-473页。
② 《中国人口较少民族发展研究丛书》编委会：《中国人口较少民族经济和社会发展调查报告》，民族出版社，2017，第483页。

 ## 传统生计转型困难

怒族的传统生计是农耕和林猎，林猎曾是怒族群众的主要收入来源。20 世纪 90 年代后，随着国家对自然生态保护力度的不断加大，怒族的传统生计萎缩为单一的种植业。但由于怒江流域的耕地开发已到达极限，加上国家在后来又进一步实施了退耕还林政策，怒族群众可耕种土地的面积进一步缩减，传统产业的发展陷入了进退两难的境地。虽然当地政府可利用怒族聚居地区的资源优势寻求产业的升级和改造，但又因不具备完善的交通运输条件、缺乏必要的资金支持而举步维艰。

 ### 产业单一

截至 2000 年左右，怒族群众的生计来源主要是种植业和养殖业，其在家庭收入中占到了 90% 以上的比例，大部分家庭的收入全部依靠种植业和养殖业。种植业主要是种植粮食作物，管理方式较为粗放，还存在着刀耕火种现象，大量耕地不施肥，粮食单产低，玉米单产一般仅为每亩 200 千克，水稻单产在每亩 270 千克左右。[①] 此外，也种植一些经济作物，如板栗、核桃、橘子等，但产量低、规模小。养殖业主要是饲养猪、鸡、牛、羊等家畜，基本是放养。对于农作物病虫害和禽畜瘟疫防治而言，农村基本无法应对，因无法有效防治病虫害，单个家庭粮食绝收的情况时有发生。所以怒族聚居地区也尚未出现养殖专业户，甚至为了规避养殖禽畜时出现瘟疫而造成损失，有些村寨干脆就不饲养禽畜。因此，在怒族聚居地区，普遍存在着"种地为吃粮，养猪为过年，养鸡换油盐"的情况，种植农作物和养殖家畜的目的多是自给自足，很难有富余的农产品能够被当作商品拿去出售。

 ### 传统产业的发展遭遇"瓶颈"

在 2000 年左右，怒江流域种植业的发展面临着这样一种困境[②]：一方面，

---

① 《中国人口较少民族发展研究丛书》编委会：《中国人口较少民族经济和社会发展调查报告》，民族出版社，2017，第 471 页。

② 《中国人口较少民族发展研究丛书》编委会：《中国人口较少民族经济和社会发展调查报告》，民族出版社，2017，第 480 页。

由于基本没有其他收入来源，种植业不仅要满足当地群众粮食自给之需，还肩负着群众增加收入的希望，所以扩大耕地面积以求增收就成了群众求生存的必然选择。但如果按照传统的方式利用土地，怒江流域耕地的开发已经接近极限，几乎没有土地资源可供挖掘和利用。另一方面，根据当时的退耕还林政策，怒江流域的耕地至少有 50% 在弃耕范围之内，这就意味着退耕还林政策正式实施以后怒江流域的可耕地面积将减少 50% 以上。由此可见，种植业的未来发展形势已非常严峻，亟须寻求传统产业的升级和改造，或者快速地培育和开发出能够有效增加人民群众收入的新兴产业。

产业转型困难重重

怒江地区具有得天独厚的林、畜牧、矿产、水电、旅游等资源，综合考量，怒江的发展有以下途径[1]：①适度引导地方人民群众改变自给自足的小农观念，对具备灌溉条件的耕地进行改造，将坡改梯、旱改水，增加水田面积。在不具备灌溉条件的坡地、林地进行农作物优化，将经济效益差的粮食作物换为中草药、茶叶和水果等经济作物。②可利用怒江地区特殊的地理条件发展旅游业，一旦旅游业形成一定规模以后，不仅可以带动劳动密集型的服务业发展，也可以促进民族艺术、民族手工艺制造等文化产业的共同发展，但如果交通条件不完备，旅游业的发展就难以形成规模化。③怒江地区丰富的矿产资源可成为未来各民族发展的重要依托和支柱产业，但地方政府缺乏必要的启动资金和技术支持，并且，要开发和利用矿产资源也需要完善的交通运输系统作为先决条件。但以怒江州一己之力暂时无法培植新产业，无力扭转经济发展迟缓、人民生活贫困的局面，需要国家出面为怒族改造传统产业提供必要的启动资金和技术支持，以及为怒江流域产业转换创造必要的交通、能源和人才条件。[2]

① 《中国人口较少民族发展研究丛书》编委会：《中国人口较少民族经济和社会发展调查报告》，民族出版社，2017，第 480 页。
② 《中国人口较少民族发展研究丛书》编委会：《中国人口较少民族经济和社会发展调查报告》，民族出版社，2017，第 478-479 页。

深山走出脱贫路

云南人口较少民族脱贫发展之路

精准帮扶，

脱贫致富

从 2000 年起，国家开始重点关注包括怒族在内的人口较少民族的发展问题，研究和制定了专项帮扶人口较少民族发展的相关政策。作为人口较少民族最多的省份，云南省紧跟形势，因地制宜地推行了一系列符合云南人口较少民族发展特色的政策和措施。从国家到省的相关政策制定和实施的脉络大致如下：2000 年，国家民委组织专家、学者开展了"中国人口较少民族的经济和社会发展调查研究"，对人口在 10 万人以下的 22 个人口较少民族的经济社会发展状况进行了全面调研，建议国家把人口较少民族发展问题列入国家"十一五"规划。同年，国家民委在国家西部大开发的背景下倡议发起了兴边富民行动，并相继制定和实施了《全国兴边富民行动规划纲要（2001—2010 年）》和《中国农村扶贫开发纲要（2001—2010 年）》。2001 年 8 月，国务院办公厅批复国家民委的《关于扶持人口较少民族发展问题的复函》，正式将人口较少民族的发展问题提上了中央的议事日程。2002 年，云南在全国率先出台了《关于采取特殊措施加快我省 7 个人口较少特有民族脱贫发展步伐的通知》，确定实施"温饱、基础设施、科教、民族文化、人才培养"五项扶贫工程，以实现"四通五有一消除"[1]为目标，力争五年内解决温饱问题，到 2010 年全部脱贫。2004 年，云南颁布实施了《云南省实施〈中华人民共和国民族区域自治法〉办法》，率先在全国免除了所有人口较少民族中小学生的教科书费、杂费、文具费，基本解决了七个人口较少民族适龄儿童上学难的问题。2005 年，国务院通过了《扶持人口较少民族发展规划（2005—2010 年）》，[2]正式将我国人口在 10 万人以下的 22 个少数民族界定为人口较少民族，[3]首次开始有计划、有步骤地科学组织推进人口较少民族发展的

---

① 即村村通路、通电、通水、通广播电视，覆盖人口 85% 以上；所有农户和群众有房住、有衣穿、有饭吃、有钱用、有书读，基本消除农户和学校的茅草房及危房。

② 国家民委、国家发展改革委、财政部、中国人民银行、国务院扶贫办：《扶持人口较少民族发展规划（2005—2010 年）》，国务院第 90 次常务会议审议通过，2005 年 8 月 18 日。

③ 2005 年 8 月 18 日，国务院召开常务会议讨论通过了《扶持人口较少民族发展规划（2005—2010 年）》，该规划的前言部分写道，在我国 55 个少数民族当中，有 22 个少数民族的人口在 10 万人以下，总人口 63 万人（2000 年，第五次全国人口普查数），统称人口较少民族。这 22 个人口较少民族分别是毛南族、撒拉族、布朗族、塔吉克族、阿昌族、普米族、鄂温克族、怒族、京族、基诺族、德昂族、保安族、俄罗斯族、裕固族、乌孜别克族、门巴族、鄂伦春族、独龙族、塔塔尔族、赫哲族、高山族、珞巴族。

扶持工作。2006 年，云南率先在全国通过了《云南省扶持人口较少民族发展规划（2006—2010 年）》，①对省内七个人口较少民族实施专项扶持。②2011 年，国务院在上一个人口较少民族五年发展规划的基础上，通过了《扶持人口较少民族发展规划（2011—2015 年）》，③进一步对人口较少民族做出新的界定，将人口数量的标准提高至 30 万人，由此，全国人口较少民族的数量调整为 28 个。④2011 年，云南积极响应中央号召，编制了《云南省扶持人口较少民族发展规划（2011—2015 年）》，⑤将扶持范围扩大至民族总人口在 30 万人以下的民族，将景颇族列入人口较少民族专项扶持规划。⑥与此同时，在 2011 年 12 月，为进一步加快贫困地区发展，促进共同富裕，实现到 2020 年全面建成小康社会的奋斗目标，中共中央、国务院印发《中国农村扶贫开发纲要（2011—2020 年）》，提出了全国扶贫开发的总体目标，到 2020 年，稳定实现扶贫对象不愁吃、不愁穿，保障其义务教育、基本医疗和住房安全（"两不愁三保障"）。贫困地区农民人均纯收入增长幅度高于全国平均水平，基本公共服务主要领域指标接近全国平均水平，扭转发展差距扩大趋势。⑦

2013 年 11 月，习近平总书记在湘西考察时提出了"精准扶贫"的思想。2013 年 12 月，中央有关部门提出要建立"精准扶贫工作机制"，其目标是通过对贫困户和贫困村进行精准识别、精准帮扶、精准管理和精准考核，优化扶贫资

---

① 云南省民委、省发改委、省财政厅、人行昆明中心支行和省扶贫办：《云南省扶持人口较少民族发展规划（2006—2010 年）》，云族联发〔2006〕10 号，2006 年。

② 按照《扶持人口较少民族发展规划（2005—2010 年）》所提出的"人口在 10 万人以下"的认定标准，云南省印发的《云南省扶持人口较少民族发展规划（2006—2010 年）》指出云南省有独龙族、德昂族、基诺族、怒族、阿昌族、普米族、布朗族 7 个人口较少民族。

③ 国家民族事务委员会、财政部、中国人民银行等：《关于印发扶持人口较少民族发展规划 2011—2015 年的通知》，民委发〔2011〕70 号，2011 年 6 月 20 日。

④ 即在《扶持人口较少民族发展规划（2005—2010 年）》所认定的 22 个人口较少民族的基础上增加了景颇族、达斡尔族、柯尔克孜族、锡伯族、仫佬族、土族。

⑤ 云南省民委、省发改委、省财政厅、人行昆明中心支行和省扶贫办：《云南省扶持人口较少民族发展规划（2011—2015 年）》，云族联发〔2011〕8 号，2011 年 9 月 7 日。

⑥ 按照《扶持人口较少民族发展规划（2011—2015 年）》所重新提出的"总人口在 30 万人以下的"认定标准，在 2011 年，云南省人口较少民族的数量由 7 个增加为 8 个，即新增了景颇族。

⑦ 中共中央、国务院印发：《中国农村扶贫开发纲要（2011—2020 年）》，中华人民共和国中央人民政府网站，国务院公报 2011 年第 35 号，2011。

源配置，逐渐建立长效机制。2015 年，中共中央、国务院印发了《关于打赢脱贫攻坚战的决定》，提出"到 2020 年，我国现行标准下农村贫困人口实现脱贫，贫困县全部摘帽，解决区域性贫困"的目标任务，全面实施精准扶贫、精准脱贫方略。2016 年 12 月，国务院印发了《"十三五"促进民族地区和人口较少民族发展规划》，明确了"十三五"时期少数民族和民族地区发展的主要目标是经济持续较快发展，社会事业稳步提升，民族文化繁荣发展，生态环境明显改善，民族团结更加巩固，确保到 2020 年实现与全国同步全面建成小康社会。脱贫攻坚战全面打响后，云南优先把包括怒族在内的人口较少民族列入脱贫攻坚先行计划，于 2016 年制定了《云南省全面打赢"直过民族"脱贫攻坚战行动计划（2016—2020 年）》，分别对 11 个"直过民族"和人口较少民族制定了精准脱贫方案，探索出了"一个民族聚居区一个行动计划、一个集团帮扶"的攻坚模式。其中，怒族的主要聚居地怒江州是全国深度贫困"三区三州"之一，脱贫攻坚对于怒江州而言无疑是一场硬仗，但包括怒族在内的各族人民没有退缩，毅然决然地在中国共产党百折不挠精神的引领之下，积极协同各级政府顽强拼搏、共克时艰。

2020 年 11 月，怒族、傈僳族向全国人民宣布实现整族脱贫。从脱贫的时间来看，怒族是云南省人口较少民族中最后一个实现脱贫摘帽的民族，同时也是怒江地区最后实现脱贫摘帽的民族之一。怒族、傈僳族的整族脱贫，代表着怒江州已全面完成了脱贫攻坚任务，终于彻底挖掉了千百年来压在各族人民头上的贫困大山。怒江州之所以能够带领全州各族人民打赢脱贫攻坚这场硬仗，其做法主要有如下几点。①②③④⑤⑥⑦

① 中共怒江州委、怒江州人民政府：《提供中外媒体——怒江州脱贫攻坚工作情况简介》，2020 年 12 月 5 日。
② 董烨：《匹河怒族乡第十一届人民代表大会第四次会议 匹河怒族乡人民政府工作报告》，2020 年 5 月 30 日。
③ 中共匹河怒族乡委员会、匹河怒族乡人民政府：《匹河怒族乡 2020 年脱贫攻坚工作汇报材料》，2020 年 10 月 22 日。
④ 中共怒江州委、怒江州人民政府：《100 篇脱贫攻坚典型案例》，云南新华印刷实业总公司，2020。
⑤ 中共怒江州委、怒江州人民政府：《提供中外媒体——珠海市对口怒江州东西部扶贫协作情况简介》，2020。
⑥ 怒江州人民政府扶贫开发办公室：《三峡集团精准帮扶怒江州脱贫攻坚工作总结》，2020 年 7 月 10 日。
⑦ 怒江大峡谷网：《中交集团倾力帮扶怒江》，怒江傈僳族自治州人民政府网站，2020 年 3 月 19 日。

落实责任，知人善用

 ## 落实"市县抓落实"工作机制

　　怒江州建立了"州有领导小组、县（市）有指挥部、乡（镇）有工作大队长、村有工作队、户有帮扶人"的脱贫攻坚指挥作战体系，落实"党政一把手负总责、四级书记抓扶贫"工作责任制，州委、州政府主要领导担任第一责任人，每人挂联一个县（市），每月驻村两天以上，带头深入最偏远的乡（镇）和贫困村调研，每月定期研究推进脱贫攻坚工作。其他州级领导每人挂联一个乡（镇），县级领导每人挂联一个村。坚持每月召开脱贫攻坚视频调度会，在各级干部中开展"盯项目、转作风，抓落实、促脱贫"主题实践活动。

　　在匹河怒族乡，全面履行脱贫攻坚主体责任和认真落实"五级书记抓扶贫、党政同责促攻坚"的扶贫责任机制。其主要做法是：

　　（1）强化组织领导。成立了以乡党委书记、乡长为双组长的脱贫攻坚工作领导小组，抽调7名业务骨干组建脱贫攻坚作战室，健全完善党政领导班子成员包村制度和工作组包村制度，全面统筹抓好挂联村脱贫攻坚工作，既分兵阻击，又协同作战、整体推进。

　　（2）精心谋划部署。认真研究脱贫攻坚的机制、方法和路径，细化帮扶措施和办法，按照县委、县政府每月重点工作任务，按月度制定《脱贫攻坚责任清单》，及时召开乡党委会、党委扩大会、领导小组会、工作推进调度会等会议，研究解决脱贫攻坚工作推进过程中的具体问题，扎实有力地推进脱贫攻坚各项工作。

　　（3）进行专项整治。树立一切工作到支部的鲜明导向，以持续深入开展基层党组织软弱涣散问题专项整治行动为重要抓手，不断增强基层党组织的凝聚力和战斗力。组织摸底排查、分析研判、分类定级、转化提升等专项整治工作，在2019年共转化提升软弱涣散党组织3个，调整撤换不胜任、不合格、不尽责的村党组织书记5名，并选优下派村党总支书记3名，进一步夯实了抓党建、促脱贫基础。

　　（4）做实"党建+"文章。以"党支部+合作社"发展模式，把党组织建在产业链上，促基层治理，促脱贫攻坚。通过购买铺面出租、自主经营、入股分红、

资产租赁等措施，截至 2020 年，全乡各村集体经济年收益均达到 5 万元以上。

选拔干部下沉至基层一线

在怒江州，每年从州、县（市）机关和事业单位中抽调 1/3 的干部，深入基层一线，开展"万名干部下基层，进村住户攻脱贫"行动。从 2020 年开始又从州、县（市）机关选派一半以上干部下沉一线，深入开展脱贫攻坚"下沉作战、全面总攻"专项行动，建立到基层一线"发现问题、分析问题、解决问题"机制。选派县委常委下沉乡（镇）担任第一书记，选派处级干部担任乡（镇）扶贫工作队大队长、科级以上优秀干部担任驻村第一书记、1.44 万名干部挂联帮扶 6.9 万建档立卡贫困户。在脱贫攻坚的主战场，广大党员干部苦干、实干、亲自干，无怨无悔地用自己的辛苦甚至生命换来了群众的幸福。自脱贫攻坚开始至 2020 年底，全州共有 29 名扶贫干部牺牲在脱贫攻坚战场上。

在匹河怒族乡，党政领导班子成员坚持下沉一线、靠前指挥、既督又战，真正形成一级抓一级、一级带一级、层层抓落实的脱贫攻坚工作格局。全乡 9 个贫困村共有 18 个挂联单位，共下派了 50 名驻村工作队员，各村均配备 1 名第一书记、1 个驻村工作队和 1 个乡级包村工作组。同时，建立了完善的帮扶机制，每名帮扶责任人结对帮扶 2~9 户贫困户，465 名帮扶责任人全面覆盖所有贫困村和贫困户，真正构建了横向到边、纵向到底的脱贫攻坚责任体系，营造了齐心协力谋脱贫的浓厚氛围。在工作中，严格按照县委、县政府脱贫攻坚总体部署，制订年度工作计划，围绕年度减贫目标任务，针对不同贫困区域环境、不同贫困群众状况，运用科学有效的程序对扶贫对象实施精确识别、精确帮扶、精确管理的治贫方式，确保了工作质量和效果，扎实推进各项政策落实。所开展的具体工作有如下方面：

（1）严格程序，精准推进。严格遵循贫困识别和退出基本程序，坚决杜绝漏评、错评、错退，确保对象精准、措施精准、成效精准。对照"两不愁三保障"标准，逐户核实、综合研判，精准识别帮扶对象及致贫原因，不搞规模控制，防止"一刀切"。坚持因地制宜、分类指导、综合施策的工作原则，经过贫情分析、入户调查、民主评议、村"两委"初定、村民表大代会议定、乡级审定及公示、县级确定公告程序精准识别帮扶对象。

（2）动态管理，不漏一人。组建扶贫数据信息中心，安排乡村两级专人管理、各站所部门协同负责，切实加强扶贫基础数据管理。对全乡扶贫数据信息工作开

展筛查、比对、核准、清洗等工作，统筹各挂联单位、帮扶责任人，持续开展了"大走访大排查"、脱贫人口"回头看"和年度贫困对象动态管理等工作，对建档立卡人口及时进行动态调整，做到应纳尽纳、应清尽清，确保"不漏一户、不漏一人"。

（3）项目引领，增强后劲。围绕"两不愁三保障"和贫困退出标准，编制完成《匹河怒族乡精准脱贫三年行动实施方案（2018—2020年）》，规划实施十一大工程，涉及154个子项目，计划总投资55659.79万元。这一系列项目的精准落地，为打赢脱贫攻坚和深入实施乡村振兴战略奠定了坚实的基础。

（4）抓实整改，力促精准。乡党委政府成立了自查问题整改工作小组，由乡党政主要领导担任双组长，乡工作组组长（乡党政班子成员）为小组长，9个行政村"两委"班子、驻村工作队、乡工作组成员、乡各站所（中心、办）主要负责同志为成员，层层压实责任，狠抓落实。对标对表、举一反三，严格按时限要求进行整改和举证，并建立了对整改成效进行长期监测的工作机制。

（5）关注重点，防止返贫。精准监测和帮扶"两类"人员，①对贫困户、已脱贫户、非贫困户、重病、重残、无劳力和因灾导致收入下降等重点对象，组织村"两委"、驻村工作队及各级帮扶责任人逐户逐人排查梳理，报乡级审核把关，针对"两类"人员、重点对象的不同情况，制定"一户一方案"，确保"两类"人员、重点户有持续稳定的收入，实现稳定脱贫。

在上述基础上，为确保人民群众高质量脱贫摘帽，匹河怒族乡通过"五看"聚焦"两不愁三保障"达标情况和群众满意度、认可度。①看底子清不清，查看基础台账不全、不精准、不规范、更新不及时的问题是否整改到位；②看收入达不达标，对贫困户及档外户的收入再核算，看是否已解决经济基础薄弱、收入较低且不稳定的问题；③看住房稳不稳固，主要查看排查出的疑似危房整改情况、未完成农危改的住户施工进度，确保按时完成农危改任务；④看饮水达不达标，回访排查中排查出的饮水不方便、饮水供应不正常的住户，看饮水问题是否已解决；⑤看有无辍学、失学学生，以"回头看"为契机再一次排查，保证该上学的一个不能少，已入学的一个不能走。

---

①　"两类"人员是指脱贫监测户和边缘贫困户。脱贫监测户指的是已经脱贫的建档立卡贫困户。边缘贫困户指的是未被纳入建档立卡贫困户。"两类"家庭人均纯收入暂时高于建档立卡贫困户标准。

提振干部群众精气神

在怒江的脱贫攻坚工作中，为了提振干部群众的精气神，主要做了如下工作：

（1）提升干部攻坚能力。狠抓干部能力素质提升，采取专题研讨、干部轮训、外出学习等形式，全覆盖抓实扶贫干部培训教育。在全州开展争当"有情怀、有血性、有担当"的怒江脱贫攻坚干部研讨实践活动。每年初，在全州各级干部中全覆盖开展"对党忠诚、履职尽责、攻坚克难"的廉政谈话活动，激励广大干部勇于担当作为，忠诚履职尽责。

（2）激发群众内生动力。坚持"智、志"双扶，深入开展"自强、诚信、感恩"主题活动和每周一"升国旗唱国歌"活动。组建了覆盖县（市）、乡（镇）、村和易地扶贫搬迁安置点的新时代文明实践中心，用群众喜闻乐见的方式，宣讲习近平新时代中国特色社会主义思想，宣传党的路线、方针、政策，培养健康文明的生活方式，提升文明素质。推进"乡村能人"培养、"脱贫能手"竞赛。

（3）关心、关爱一线干部。组织开展扶贫暖心慰问，全覆盖走访慰问村干部、驻村扶贫工作队、易地扶贫搬迁驻点干部、乡（镇）干部及驻村工作队员家属。落实脱贫攻坚一线干部定期体检、心理疏导等工作举措，创立"怒江扶贫暖心基金"，募集资金3018万元，定期开展对在脱贫攻坚一线牺牲、受伤人员及家属的抚恤、救助和关爱活动。发放关爱慰问金138万元，慰问和关爱78名扶贫干部家庭和个人。

在匹河怒族乡，为提振干部群众的精气神，所采取的做法有：

（1）凝聚思想共识。通过开展乡党委理论学习中心组集中学习、干部职工例会学习和持续推进"三会一课""两学一做"常态化与制度化教育、"不忘初心、牢记使命"主题教育、"5+1"菜单式主题党日，深入学习贯彻习近平总书记关于扶贫工作的重要论述和系列重要讲话精神，夯实理论基础，统一思想认识，坚决贯彻落实中央、省、州、县关于脱贫攻坚各项决策部署，确保全乡脱贫攻坚沿着正确的方向纵深推进。

（2）抓好素质提升。以《云南省脱贫攻坚政策干部读本》为重点，及时传达学习脱贫攻坚各类政策文件，不定期对乡、村两级干部在乡情、村情、联系户情况熟悉度及政策知识掌握情况方面进行随机抽查，推动乡（镇）、村两级干部学好、用好、宣传好政策知识；持续开展"万名党员进党校"培训活动，积极组织全乡党员参加全县和全乡各项培训，着力提升党员"双带"能力，进一步发挥

党员先锋模范作用。

（3）突出作风引领。始终坚持把作风建设贯穿于脱贫攻坚工作始终，持续深入开展了"对党忠诚、履职尽责、攻坚克难"专题谈话活动，将作风建设促脱贫攻坚引向深入。从严监督执纪，强化问责力度，推动了乡（镇）、村两级干部谋实招、干实事、求实效，在脱贫攻坚中锤炼了过硬作风，用实际行动展示了扶贫干部扑下身子、倾心为民、真抓实干、合力攻坚的作风面貌，有力地推动了脱贫攻坚工作，切实增强了群众认同感、满意度。

（4）扶贫扶志，激发内生动力。结合新时代农民讲习所、"万名党员进党校"等活动，加强向贫困群众宣传党和国家的政策法规，帮助他们分析致贫原因，引导他们牢固树立自强自立、艰苦奋斗、不等不靠的信心；持续开展"三讲三评"活动，抓实乡村能人培养工程，加强先进典型宣传，用身边人、身边事帮助贫困群众摆脱思想贫困、精神贫困；根据贫困人口的实际需求，有针对性地加强科普知识和工农实用技术的培训，积极协调、组织行业部门专业技术人员和乡农技员到各村开展种植养殖技能培训，着力提升群众自我发展能力；同时以易地搬迁群众为重点，持续提供技能培训和精准对接岗位信息，使每个有脱贫能力的贫困人口至少掌握一门劳动技能，实现就业一人，脱贫一户。

易地搬迁，安居乐业

开展"背包上山、牵手进城"行动

　　为了彻底改善贫困群众的生产生活质量，怒江州实施了惠及 10.2 万群众的易地扶贫搬迁工程。为了确保所有搬迁人员按时搬迁到安置点，2020 年 2 月，怒江州全面整合州、县（市）、乡（镇）、村四级工作力量，选拔熟悉民族语言、有驻村工作经历、善于做群众工作的 1006 名党员干部组成 15 支"背包工作队"，深入怒江州高山峡谷，入户未摘帽贫困村，开展易地搬迁动员工作。"背包工作队"，背包上山、吃住在组、进村入户，牢牢聚焦"搬得出、能入住"目标，全覆盖深入易地扶贫搬迁任务未完成的村组，点对点攻坚、逐村逐户攻克，手把手帮助贫困群众"搬出大山、迁入新居"。

行走在怒江山间的"背包工作队"（图片来源：云岭先锋网）

在匹河怒族乡，自"背包工作队"成立以来，在乡党委的领导下，紧紧围绕着"搬得出、稳得住、能致富"的目标，有序、高效地顺利开展了易地扶贫搬迁工作。

（1）"搬得出"。匹河怒族乡在2017年至2018年建设完成了3个易地扶贫搬迁安置点，共计有27栋安置楼和619套安置房，搬迁群众覆盖2乡11村（匹河怒族乡9个村、子里甲乡2个村）。截至2020年下半年，全乡856户3016人搬迁任务全面完成，搬迁人口约占全乡贫困人口的40%，实现了"搬得出"的目标。

（2）"稳得住"。严格按照"规模适宜、功能合理、经济安全、环境整洁、宜居宜业"的工作原则，相继配套建设完成水、电、路、信、幼儿园、卫生室、公共厕所等基础设施及公共服务配套设施。同时，以安置点基层党组织建设为核心，抽调了州、县（市）、乡（镇）、村四级21名干部组建管委会，积极探索以"党组织+"的服务与管理模式，建立了管理制度、党员楼栋长制度、干部职工挂楼包户制度等，持续开展"扶贫暖心"行动，帮助搬迁群众排忧解难，设立了综治中心和警务室，全面加强安置点社区综合治理和日常服务管理工作；以人居环境提升为重点，持续开展文明素质提升行动，选聘保洁员138人，开展日常卫生清理工作，实施了"美化、绿化、亮化"工程，营造了干净、整洁、有序的居住环境；通过"党支部+合作社"，整合安置点闲置土地，实施了"微菜园"项目，有效缓解群众蔬菜供需矛盾，降低日常支出生活成本；组建了妇女之家、青年之家、民兵之家和民族文化队、篮球队等群团组织，丰富搬迁群众的精神文化需求，确保了群众"融得进、稳得住"。

（3）"能致富"。按照州委、州政府和县委、县政府关于易地扶贫搬迁后续扶持工作要求，多措并举，力促搬迁群众稳定脱贫。以草果、茶叶、花椒、中药材、漆树等种植和中华蜂、生态土鸡等养殖为重点，因地制宜扶持发展迁出地特色农业产业；扎实开展就业扶贫，组建就业创业服务中心，持续开展就业技能培训，协调提供就业信息和岗位。同时，在安置点配套建设棒球加工、民族服饰制作、竹编、草编等扶贫车间8个，有效带动158名搬迁群众稳定就近就业，人均增收2000元以上。

开展"扶贫暖心"行动

怒江州依托易地扶贫搬迁安置点工作人员和挂联干部，在每个安置点组建扶贫"暖心团"，开展"面对面、心连心"服务，集中遍访搬迁群众，及时了解发现搬迁群众最急、最忧、最盼的问题并加以解决。扎实推进就业帮扶激励群众创业，动员搬迁群众到省外、州内等地就业，支持贫困户利用小额扶贫信贷政策创业就业。稳妥推进社区公共管理与物业管理服务"一体化"建设，帮助群众适应新环境、新生活。加强"留守"老人和儿童关爱工作，为无人照看的老人、儿童开展暖心服务。

在福贡县，组织党员、待业大学生、社区能人共300多人组成"扶贫暖心团"，以发现和解决搬迁群众实际困难为导向，以推进完善社区服务为重点，从引导搬迁入住、发放爱心物资、教授家电家具屋内设施使用、就医、就学、就业到社会保障、法律法规宣传、安全管理等方面，及时帮助搬迁群众解决日常生活中的操心事、烦心事、揪心事，并开展"同吃一顿饭"活动1000余次、"周末志愿服务"10场300余人次，进一步增进干部与群众的感情，确保全方位开展好安置点社区暖心服务和志愿服务。为进一步提升群众满意度，匹河怒族乡积极开展"三问"感恩教育。一问近年来享受了哪些国家政策、谁帮扶、哪个单位挂联，让群众知道自己享受的政策、得到的帮扶，树立感恩之心，发扬奋斗精神，将感恩化为前进的动力，努力为自己的幸福生活奋斗；二问对乡党委政府、驻村工作队员、帮扶责任人、村干部的帮扶是否满意，帮扶实不实、精不精准、识别退出是否公平公正，进一步提高群众认可度；三问群众的烦恼和困难，主动帮助群众排忧解难，进一步增强群众幸福感、获得感。

做好"后半篇文章"

为做好易地搬迁的"后半篇文章"，确保搬迁群众"能脱贫、能致富"，怒江州制定了《怒江州易地扶贫搬迁后续保障20条措施》，在全州易地扶贫搬迁集中安置点配套新建幼儿园，新（扩）建中小学、卫生室、村史馆、文化活动场所、公共厕所、污水处理和垃圾清运设施等。深入推进后续扶持，建设扶贫车间、暖心食堂、微菜园，设立就业创业服务站（点），推动易地搬迁点劳动力转移就业4.8万人，实现户均1.85人就业。促进社会管理不断健全，社区治理不断加强，设立基层党组织、社区管理机构和综治中心，成立专业合作社，覆盖带动搬迁群众6653人。

在匹河怒族乡托坪易地扶贫搬迁安置点，居住着汉族、怒族、傈僳族、景颇族 4 种民族，共计 160 户 598 人。为切实做好易地搬迁的"后半篇文章"，匹河怒族乡围绕《怒江州易地扶贫搬迁规范化建设 18 条标准》要求，聚焦"两不愁三保障"脱贫目标，坚持搬迁与脱贫同步、安居与乐业并重，全面落实到户到人的后续帮扶措施。在社会保障方面，配套建设一所标准化幼儿园，共能容纳学生 120 人，截至 2020 年 5 月，在校学生有 33 人，配有幼师 3 人。搬迁群众全部缴纳医疗保险和大病保险，符合条件的全部缴纳新型农村养老保险；共纳入农村低保 377 人。在就业扶持方面，常态化开展厨艺及产业种植、管理等培训指导，安排 165 人到公益性岗位就业。截至 2020 年 5 月，共建立棒球、竹编、草果编 3 个扶贫车间，帮助 53 人实现就近就业；实现外出务工就业 66 人，占总劳动力人数的 21.3%，其中有 20 人到珠海务工。在产业发展方面，截至 2020 年 5 月，已累计种植草果 988 亩、茶叶 476 亩、汉源贡椒 443 亩、核桃 226 亩、养殖中华蜂 62 箱。

发展产业，稳定就业

发展产业

怒江州大力发展以草果、花椒为主的绿色香料产业，全州香料种植面积达144万亩，其中，草果种植面积达111万亩，年产量4万吨，产值5亿元，带动4万户农户增收。怒江州已成为我国草果的核心产区，草果成为群众脱贫致富的“金果果”。与此同时，怒江州致力于完善带贫益贫机制，大力推广“龙头企业+合作社+贫困农户”等方式，组织化推进蔬菜、水果、中药材、生猪、肉牛等高原特色种养业和旅游文化产业，实施百万亩草果、百万亩核桃提质增效，有产业发展条件的建档立卡人口25.69万人，实现了100%产业扶持全覆盖。

在匹河怒族乡，坚持将产业发展作为群众稳步致富的根本途径，围绕怒江绿色香料产业发展和“治伤疤、保生态、防返贫”生态建设巩固拓展脱贫攻坚成果行动，按照“江西草果、江东茶叶、江边特色水果”的绿色产业发展总体布局，持续推进产业结构优化调整工作。截至2020年10月，全乡共种植草果15667亩、核桃13550亩、黄连8681亩、茶叶8505亩、花椒4913亩、柑橘2296亩。

生态扶贫

劳作中的匹河怒族乡护林员（图片来源：福贡石月亮网）

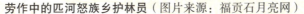

怒江州聚焦建档立卡贫困人口，选聘 3.06 万名生态护林员，涉及的贫困家庭人均收入增加 1905 元，有效解决了贫困群众就业无门、增收无路、脱贫乏力的突出问题。实施"保生态、防返贫"生态建设巩固拓展脱贫攻坚成果行动，组建 187 个生态扶贫专业合作社，2 万余名贫困人口参与推进怒江、澜沧江两岸生态修复治理，植树造林成为群众增收就业的新渠道。

截至 2020 年 10 月，在匹河怒族乡，针对有劳动力但无条件外出务工的贫困群众，通过选聘安排生态护林员 1368 人、乡村公共服务岗 497 人、护边员 78 人等公益性岗位，实现稳定就业 1943 人，每月工资不低于 800 元，为贫困群众提供稳定增收渠道。

转移就业

2020 年以来，全州共培训农村劳动力 3.72 万人次，其中建档立卡贫困劳动力 3.36 万人；农村劳动力转移就业 19.3 万人次，其中建档立卡贫困劳动力 11.71 万人，建档立卡贫困家庭实现了至少 1 人就业的目标。

在匹河怒族乡，积极组织开展劳动技能培训，不断提高劳动力的素质，把提升劳动力素质与扩大劳务输出有机结合起来，充分调动群众参加职业技能培训的积极性和主动性。通过抓培训、促就业，创岗位、促就业，政策激励、促就业等措施，截至 2020 年 10 月，全乡共有劳动力 6709 人，其中建档立卡户有 4740 人；已实现转移就业 5930 人，其中建档立卡户有 4360 人。

改善民生，为民谋利

把发展教育扶贫作为治本之策

2016年至2020年，怒江州累计投入教育经费77.64亿元，全面改善了全州教育教学条件。义务教育阶段学校办学条件全部达到了"20条底线"，从学前教育到大学教育的学生资助政策体系全面落实，4县（市）通过国家级义务教育均衡发展评估验收。强化控辍保学，率先探索"官告民"控辍保学"流动法庭"。制定"两后生"送学10条措施，与云南省27所职业院校建立合作关系。完成了40596人的"直过民族"和人口较少民族群众普通话培训，创建了113个"普及普通话示范村"，4县（市）全部通过国家三类城市语言文字规范化达标创建和普通话基本普及县验收。

开展精准扶贫工作以来，为带领群众打好教育扶贫攻坚战，匹河怒族乡开展了以下几项工作：

（1）聚焦义务教育均衡发展，实施了"全面改薄"工程，有效改善全乡小学、中学2所学校基本办学条件，持续加强教师业务能力和"直过民族"普通话培训，顺利完成了义务教育均衡发展验收工作。到2020年，全乡2所义务教育学校办学条件"20条底线"已全部达标。

（2）聚焦控辍保学，研究制定《义务教育控辍保学工作实施方案》《控辍保学总攻工作实施方案》《控辍保学"N对1"责任包保工作方案》等，严格落实控辍保学"三线四级"责任制[1]、"七长"[2]负责制和"八个一批"[3]措施，持

---

[1] 即县委、县政府、教育三条线，县委、县政府统筹领导，乡（镇）、部门具体推进，村（居）委会、学校分头落实，人民群众积极配合的四级联动机制。

[2] 即县（区）长、县（区）教育局局长、乡（镇）长、村委会主任、校长、家长、师长。

[3] 即控辍保学八项制度：适龄儿童摸底登记制度、学生入学司法公证制度、学生变动即时报告制度、辍学学生劝返制度、学困生帮扶制度、学校入籍核查制度、学校和行政村联防联控保学工作制度、控辍保学工作奖惩制度。

续加强义务教育法治宣传，紧盯漏报率和"四步法"[①]执行率两个关键指标，依法向县人民法院起诉并结案"官告民"1件，确保全乡无辍学学生。

（3）聚焦关爱学生。认真落实义务教育"两免一补"、[②]学生营养改善计划等惠民政策，通过实施"两后生送学"[③]、"雨露计划"、[④]农村大学生资助、生源地贷款等措施，加大贫困家庭学生资助力度，确保不让任何一个学生因家庭经济困难而辍学失学。

着力补齐健康扶贫短板

怒江州不断完善州、县（市）、乡（镇）、村四级医疗设施，加强医疗机构能力建设。截至2020年底，村村都建有标准化卫生室，配备了村医。全州26.78万建档立卡贫困人口100%参加城乡医保和大病保险，严格落实"先诊疗，后付费"和"一站式一单式结算"制度，实际报销比例达90%以上。扎实开展大病、慢病、重病集中救治，家庭医生签约实现"应签尽签"。强化健康政策宣传，推动群众做好疾病预防，加强重点传染性疾病防控。

在匹河怒族乡，通过认真落实《云南省健康扶贫30条措施》，强化医疗卫生知识宣传，加强村级卫生室管理和人才队伍建设，进一步提升了农村医疗服务水平。截至2020年10月，全乡9个行政村标准化卫生室全部建成，配备26名合格乡村医生，配齐药品85种以上，基本满足当地群众就医需求；持续巩固推广基本医疗保险和大病保险，全乡符合参保条件的建档立卡贫困人口7863人已100%参保；切实抓好重病、慢病家庭医生签约服务工作，共有2820名重点人群签约家庭医生，履约率达100%；对36种大病患者集中治疗，做到"一人一档一方案"，累计救治128人，救治率100%，全面落实"先诊疗，后付费"及"一站式"结报政策，农村卫生服务体系逐步完善。

---

① 即控辍保学四步法，有以下四个步骤：第一，宣传教育；第二，责令改正；第三，行政处罚；第四，申请强制执行或提起诉讼。按照云南省人民政府办公厅所印发的《关于印发云南省义务教育控辍保学工作管理规定（试行）的通知》（云政办规〔2022〕5号），开展此项工作的责任主体是各乡镇人民政府（街道办事处）。

② 国家向农村义务教育阶段（小学和初中）的贫困家庭学生免费提供教科书、免除杂费，并给寄宿生补助一定生活费的一项资助政策，简称"两免一补"。

③ "两后生"即初中、高中毕业后未考取大、中专院校的学生。

④ "雨露计划"是一项由扶贫部门通过资助、引导农村建档立卡贫困户初中、高中毕业生和青壮年劳动力接受学历教育和技能培训，提高扶贫对象的素质，增强就业创业能力，实现脱贫致富的扶贫培训计划。

大力改善农村基础设施

怒江州全面完成了农村饮水安全巩固提升工程，农村人畜饮水水量、水质、用水方便程度和供水保证率全面达标，实现农村饮水安全有保障。截至 2020 年 12 月，怒江州已实现所有行政村全部通动力电，均有公共服务和活动场所，广播电视信号实现全覆盖，村委会、学校和卫生室 100% 通宽带；通村公路硬化率达 100%，且危险路段有必要的安防措施，通客、通邮率达 100%。

在匹河怒族乡，全面开展了农村饮水安全现状排查和认定工作，同时对各村都实施了饮水安全巩固提升工程。截至 2020 年 10 月，建设完成取水池 23 个、蓄水池 25 个、安装管道 154.64 千米、安装一体化净水设备 41 套。全乡 9 个村饮水安全巩固提升项目已出具水质检测报告，水管已全部架接完毕，水箱全部安装并投入使用，水池中蓄水量充足，所有村组没有出现不通水的现象，全乡 9 个村饮水安全都已达标。

加强社会保障兜底

怒江州持续加大对重点人群的救助力度，用社会保障兜住失去劳动能力人口的基本生活，实现"应兜尽兜、应保尽保"。

在匹河怒族乡，为推进农村低保制度和脱贫攻坚政策有效衔接，实行精准施保、分类施保、应保尽保。结合建档立卡精准识别，同步开展农村低保动态调整，截至 2020 年 10 月，全乡纳入农村低保对象 407 户 906 人；持续加大"救急难"工作，积极落实困境儿童和孤儿救助政策，精准实施贫困残疾人特惠政策，开展残疾人技能培训。目前，全乡共有持证残疾人 279 人，均享受"两项补贴"资金；针对兜底 244 户投入 488 万元，购置政策兜底性资产，进一步将兜底保障网做实做密，确保兜住脱贫底线。

众志成城，合力攻坚

 东西部扶贫协作

　　广东省珠海市与云南省怒江州的直线距离有 2000 多千米，相隔万水千山，而在波澜壮阔的脱贫攻坚战役中，珠海以"东西部扶贫协作"之名，秉持"怒江所需、珠海所能"之爱，江海相聚成海纳百川的磅礴伟力，助力怒江实现从区域性深度贫困到区域性整体脱贫的历史"蝶变"。自 2016 年 9 月对口帮扶怒江州以来，珠海紧紧围绕组织领导、人才支援、资金支持、产业合作、劳务协作、携手奔小康等重点任务，精准帮扶、精准脱贫，推动怒江加快脱贫步伐，取得了脱贫攻坚的决定性成效。

　　①组织领导。珠海市历任党政主要领导和分管领导都把"东西部扶贫协作"作为重要的政治任务，每年都到怒江州开展"东西部扶贫协作"调研对接，双方共召开联席会议 18 次，各类专题研究部署扶贫协作工作会议 39 次。②资金支持。珠海市累计向怒江州投入财政、社会帮扶资金 14.343 亿元。③人才支援。珠海市先后选派 461 名干部、教师、医生等到怒江州开展扶贫和教育医疗帮扶。④住房保障。先后投入 2.452 亿元援建怒江州 6 个易地扶贫搬迁点和 4 个危房改造点，解决了 2618 户 8530 名困难群众的住房问题。⑤产业合作。累计已投入 2.645 亿元，实施了 166 个产业帮扶项目，涉及香料、水果、蔬菜、中药材种植和畜禽、蜜蜂养殖等，使近 8 万名建档立卡户受益。⑥消费扶贫。采购、销售怒江州农畜牧产品的规模逐年递增，到目前为止，共计采购、销售怒江州农畜牧产品 1.404 亿元，带动贫困人口数 22309 人。⑦劳务协作。5 年间共支持帮助怒江农村劳动力转移就业 35177 人（其中贫困劳动力 27064 人），转移到珠海市就业 12531 人（其中贫困劳动力 7419 人）。⑧携手奔小康。珠海市的 8 个区（含经济功能区）、20 个乡（镇）、21 个村（社区）、207 家企业、70 家社会组织、66 所学校、18 家医院与怒江州的县（市）、乡（镇）、村（社区）、大型易地扶贫搬迁安置点、学校、医院进行结对帮扶。

中央定点扶贫

从 1995 年开始，中交集团积极参与怒江州扶贫开发工作，与怒江人民心手相连、守望相助，结下了深情厚谊。脱贫攻坚以来，中交集团更是把助力怒江傈僳族自治州脱贫攻坚作为头等政治任务和义不容辞的社会责任，主要领导带头赴怒江帮扶一线调研，顶层设计，高位推动，构建起总部、二级单位和驻怒江帮扶工作队三级立体帮扶模式，创新建立集帮扶、投资、商业运营于一体的长效帮扶机制，聚力于交通、产业、教育、就业等领域开展了卓有成效的工作。

（1）强基础、促发展，修路建桥助力解决出行难。以交通为代表的基础设施薄弱，是制约怒江州发展的最大"瓶颈"。中交集团结合怒江所需，提供交通基础设施建设"中交方案"，出资 2.5 亿元援建中交怒江连心桥和福贡县木尼玛大桥。中交怒江连心桥建成后，极大地缓解了州府六库的交通压力，有效改善了群众的生产生活条件，更好地促进了六库地区经济社会的发展。福贡县木尼玛大桥建成后，解决了 3 万多易地扶贫搬迁群众过江难、出行难的问题。同时，由中交集团出资修建的福贡县上帕镇腊吐底村通村连户水泥公路，带活了该村的产业发展，让该村脱贫攻坚进入了"快车道"。

（2）挪穷屋、斩穷根，"志智双扶"，助力解决就学难。投入 1400 万元援助怒江州 2 个易地扶贫搬迁安置点建设，实现了 741 户 3000 多名贫困群众挪穷屋、斩穷根。出资 1.5 亿元，援建兰坪新时代希望学校，解决了易地扶贫搬迁安置点 3000 多名学生入学难题。援建俄嘎希望小学，改造和建设了怒江部分校舍，极大地改善了师生的学习生活环境。设立"用心浇筑峡谷求学路"助学金，帮助 1600 多名困难学生圆了上学梦；设立职业教育扶持基金，帮助贫困"两后生"学习职业技能；设立"中交情系怒江·农村教师专业成长计划"，提高农村学校管理水平和教育教学质量，有力推动了怒江民族教育健康发展，有效阻断了贫困代际传递。对口帮扶怒江新时代农民讲习所，对 3193 名贫困群众开展安保、建筑、电工、汽修、烹饪、电商、竹编等技能培训，使其学技能、转观念、提素质，实现创业、就业梦想。

107

（3）稳脱贫、强后劲，就业产业助力解决致富难。开展有针对性的劳务输出，截至 2020 年 3 月，实现定向转移就业 1500 多人，录用怒江籍应届和往届大学生 81 人。结合怒江资源禀赋，依托中交品牌，于 2019 年 5 月成立中交怒江产业扶贫开发公司，与怒江州结成命运共同体，构建属地化投资、建设、运营一体化平台，推进怒江香料产业园、旅游特色小镇建设，形成企地合作的"怒江模式"，

为怒江州开发式扶贫注入持久强劲动力。实施火龙果种植、饲草加工及肉牛养殖、中华蜜蜂等产业扶贫项目,直接带动630户贫困群众脱贫。支持怒江州举办两届"中国交建杯"中国怒江皮划艇野水国际公开赛,提高了怒江知名度、美誉度。加大消费扶贫力度,购买贫困地区农产品432万元,帮助销售贫困地区农产品136万元。

集团帮扶

三峡集团自2016年帮扶怒江州以来,累计投入资金8.9亿元,共帮扶福贡、贡山、兰坪3个县15个乡(镇)56个怒族、普米族聚居村人口24490户888818人(其中,包括建档立卡14608户55909人)。为助推怒江打赢脱贫攻坚战,三峡集团协助怒江实施了六大工程。

(1)实施"素质能力提升"工程,助力贫困群众"志智双扶"。三峡集团把提升教育作为帮扶的重点之一,自2016年至2019年累计投入5851万元,通过贫困村教育基础设施修建、爱心扶贫超市推广、乡村医技人员培训等"软件""硬件"支持,帮助少数民族贫困群众摆脱思想贫困、精神贫困。

(2)实施"易地搬迁和危房改造"工程,解决贫困群众住房安全保障问题。三峡集团将建设和推进"安居工程"确定为集团帮扶怒族、普米族精准脱贫攻坚的首要任务。2016年至2019年,三峡集团累计投入26818万元,用于怒族、普米族村寨贫困群众的住房建设;累计投入9825.47万元,用于推进易地搬迁住房环境配套工程。

(3)实施"改善基础设施"工程,立足民生提升公共服务保障条件。三峡集团充分结合怒江州怒族、普米族聚居区脱贫攻坚实际,细致调研考证,精准实施贫困群众迫切期盼的民生工程。2016年至2019年,三峡集团累计投入24158万元,用于实施基础设施和公共服务配套设施项目,极大地提升了怒族、普米族聚居区公共服务保障条件。

(4)实施做好"培育特色产业"工程,引导有劳动能力的贫困群众自力更生。发展产业是实现贫困群众可持续脱贫的主要措施,也是重要抓手。2016年至2019年,三峡集团累计投入帮扶资金10816万元,用于发展地方特色产业。

(5)实施"劳动力培训和劳务输出"工程,切实提高个人技能,有效缓解劳动力输出的压力。三峡集团投入帮扶资金98万元,用于开展各类职业技能培训,其中包括开展福贡县怒族贫困党员技能培训及怒族村寨专项旅游职业培训,累计

培训 248 人次，开展新时代农民讲习所焊工技能培训共计 97 人次，开展贡山县汽车驾驶培训 50 人。组织 40 名怒族、普米族贫困人口劳动力转移到三峡集团下属子公司就业，确保参训对象和劳动力输出，力争实现培训输出一人，脱贫一户。

（6）实施"生态环境保护"工程，通过生态扶贫，改善贫困地区的人居环境。建设完成防洪减灾工程 2 千米，太阳能路灯 2089 个，乡镇污水处理工程 1 个，乡镇垃圾处理工程 339 个，村庄环境整治 314 个，农村卫生公厕 204 个，农村畜圈改造 1330 户，雨污分流项目 5 件，人居环境提升 1591 户，通过实施环境改造工程，怒族、普米族聚居区的村容村貌焕然一新。

深山走出脱贫路

云南人口较少民族脱贫发展之路

一步千年，共赴小康

　　中华人民共和国成立之初，怒族社会整体上直接从原始社会末期过渡到社会主义社会，实现了社会形态的历史性跨越，这是一次政治意义的跨越，是怒族的第一次跨越。中华人民共和国成立以后，怒族站在了新的历史起点上，在认清了人口少、资源优，但发展落后的实际情况以后，在党的民族政策的光辉照耀下，在党和政府的帮助关怀下，怒族人民和其他各族群众一起，团结互助、艰苦奋斗，坚定不移地实施"二次跨越"的发展战略，用自己勤劳的双手和聪明才智努力建设着怒江这块神奇、美丽的土地，为怒江的社会经济发展作出了不可估量的贡献。特别是随着脱贫攻坚任务的全面完成，怒江州干部带领各族群众解决了许多长期想解决而没有解决的难题，办成了许多过去想办而没有办成的大事，成功化解了困扰怒江千年的贫困难题，与人民群众生活息息相关的社会、经济、生态、环境、交通、住房、教育、医疗等方面都发生了天翻地覆的变化，实现了思想观念的跨越、经济发展水平的跨越、民族素质的跨越及各族人民共同团结奋斗、共同繁荣发展的跨越，在真正意义上完成了社会形态和物质形态的两个"千年跨越"。

社会经济

 人民群众逐步摆脱贫困

　　怒族聚居地区的扶贫工作始于 20 世纪 80 年代中叶，从 1986 年开始，怒江州委、州政府认真执行党中央、国务院关于尽快解决贫困地区大多数群众温饱问题的战略部署，贯彻落实开发经济扶贫的方针，把开发经济扶贫、解决群众温饱作为州、县的工作重点和中心任务。为进一步发挥上级机关各部门在扶贫工作中的带动示范作用，州级机关 32 个部门分别到各县 10 个贫困乡（镇）建立扶贫联系点。县（市）、乡（镇）、村也把扶贫工作列入重要议事日程，制定了目标措施，建立了不同形式的部门、干部、党员联系或承包制度。

　　在"九五"期间，逐步形成了怒族聚居地区社会各界积极参与扶贫开发，坚持实施州、县（市）、乡（镇）领导挂钩联系贫困乡（镇）、村，党政机关、（企）事业单位、人民团体、解放军、武警部队定点挂钩贫困乡帮扶贫困村，党员、干部结对帮扶贫困户的社会扶贫机制。

　　2001 年，怒江州委、州政府制定了《关于各级机关干部挂乡、联村、包户扶贫责任制》，使挂钩帮扶工作常态化、制度化。与此同时，在省委、省政府的安排下，省政府办公厅开始挂钩帮扶福贡县的子里甲乡。

　　在 2001 年至 2010 年的 10 年间，省政府办公厅相继协调和投入资金 2000 多万元，进行以教育扶贫为龙头的全方位扶贫，推动了子里甲乡各项事业的蓬勃发展。

　　2006 年，怒江州社会帮扶措施和帮扶力度有了新突破。挂钩怒族聚居地区的中央和省级单位主动到怒族聚居地区各县（市）、乡（镇）、村进行调研，帮助贫困乡村研究和制定经济发展和脱贫思路，为贫困乡村的扶贫开发提供资金、技术服务。

　　2007 年，在怒江州定点挂钩扶贫的 18 个中央和省级单位在怒江所投入的资金达 1643 万元，实施帮扶项目 24 个，帮扶覆盖面达 21 个乡镇、46 个村民委员会，受益群众达 6.8 万人，其中怒族受益群众达 2.1 万人。[①]同时，为积极响应党中央、

---

① 当代云南怒族简史编辑委员会、李绍恩：《当代云南怒族简史》，云南人民出版社，2014，第 112-114 页。

国务院做出的"集中扶持人口较少民族加快发展"的号召，怒江州于2007制定了《怒江州特少民族发展建设规划》，计划用五年时间，对涉及全州怒族、独龙族和普米族3个特少民族的15个乡镇和47个村委会全面实施以通水、通电、通路、学校、广播电视、医疗设施、文化设施、农田水利设施登记处建设为重点的631个扶持项目，使全州特有少数民族聚居村寨到2010年底整体解决温饱，经济和社会发展总体水平达到本地区中等以上发展水平的目标。①

2008年，怒江州的社会扶贫工作开始呈现高位强势推进的特点。一方面，省、州、县挂钩单位共投入帮扶资金2000万余元。另一方面，为凝聚社会力量，加快怒江"二次跨越"进程，2008年7月18日，由怒江州委、州政府与红塔集团主办了"百名企业家牵手怒江"活动，由省政府经济合作办公室组织邀请到了139家企业，首批签约了9个项目，接受各类捐赠12项，红塔集团、四川宏达集团、云南冶金集团等大型企业捐赠资金总额达3200万元，主要用于教育事业，怒族聚居地区的学校和怒族学子受益颇多。②

自2005年至2010年，全怒江州共投入各级扶持资金50455.5万元，在怒族、独龙族、普米族聚居村实施了交通、农田基本建设、人畜饮水及教育、卫生、产业发展等项目。③

自开展精准扶贫、精准脱贫工作以来，怒江州始终以习近平新时代中国特色社会主义思想为指导，深入学习贯彻习近平总书记关于扶贫工作重要论述和系列重要讲话精神，持续加强和改善党对脱贫攻坚工作的领导，充分发挥州党委总揽全局、协调各方的核心作用，集全州之智、举全州之力，奋力拼搏、久久为功，逐步完成了脱贫达标任务。以匹河怒族乡为例，匹河怒族乡是集边疆、民族、贫困、高山峡谷于一体的"直过区"，贫困发生率高、贫困面广，是脱贫攻坚的深水区，是块难啃的硬骨头。全乡9个行政村中有8个深度贫困村，棉谷村为一般贫困村。2014年初，匹河怒族乡的贫困发生率为37.72%。自2014年开始，匹河怒族乡历年脱贫任务的完成情况如下：2014年脱贫106户408人，2015年脱贫55户200人，2016年脱贫61户243人，2017年脱贫125户470人，2018年脱贫150户613人，2019年脱贫1135户4063人，2020年脱贫444户1508人；截至2020年底，全乡共有建档立卡贫困人口2140户7863人实现脱贫。④

---

① 李绍恩：《当代云南怒族简史》，云南人民出版社，2014，第129页。
② 李绍恩：《当代云南怒族简史》，云南人民出版社，2014，第112页。
③ 李绍恩：《当代云南怒族简史》，云南人民出版社，2014，第129页。
④ 中共匹河怒族乡委员会、匹河怒族乡人民政府：《匹河怒族乡脱贫攻坚工作汇报材料》，2020年10月22日。

匹河怒族乡之所以能够在脱贫攻坚工作中交出一份合格的答卷，是因为在整个"十三五"期间，乡党委政府始终把脱贫攻坚作为首要政治任务、头等大事和第一民生工程，坚持将彻底摘掉贫困帽子作为践行初心使命的迫切要求，带领全乡各族干部群众紧盯每年的目标任务，狠抓责任、工作、政策三个落实，有力、有序、有效地逐年推进脱贫攻坚工作。"十三五"期间匹河怒族乡历年的脱贫攻坚工作完成情况如下：①②③④⑤

2016年，不断地完善驻村帮扶工作制度，组建驻村扶贫工作队，进一步密切干群关系。454名省、州、县和乡级领导干部职工挂联贫困户1636户6083人。通过"一听二看三问"，深入开展"挂包帮""转走访"，完成贫困户访谈问卷1636份、制作贫困户联系卡1636份。通过"五查五看""三评四定"的要求进行全面筛查，从最初的建档立卡户中筛查出不符合政策要求的予以替换，实施建档立卡动态管理，精准识别出建档立卡贫困户1297户4626人，并分别为其厘清脱贫思路，制定脱贫措施，确保到2019年实现全乡的脱贫出列目标。

2017年，坚持精准识别、精准纳入、精准施策、精准出列原则，坚决贯彻落实县委、县政府关于脱贫攻坚相关政策措施。①加强脱贫攻坚队伍建设管理。及时掌握驻村扶贫工作队、基层党建实战队的管理情况，及时调整、充实相关人员，保证队伍的战斗力。工作队和实战队共有114人驻扎在9个行政村，直接参与各项工作。②加强建档立卡动态管理工作。开展两次精准识别工作，识别出建档立卡贫困户1718户5359人，全乡127户476人贫困人口达到出列标准，如期实现脱贫。③加强易地扶贫搬迁点建设工作。知子罗搬迁点、五湖安置点正在紧锣密鼓施工中，沙瓦村指挥田搬迁点已开工建设。④认真落实州委、州政府"进城抵边"集中安置的战略部署。全乡干部职工、驻村扶贫工作队、基层党建实战队、村"三委"班子、各挂联单位等220余人组成9支工作队进村

① 中共匹河怒族乡委员会、匹河怒族乡人民政府：《匹河怒族乡2016年度脱贫攻坚工作总结》，2016。
② 中共匹河怒族乡委员会、匹河怒族乡人民政府：《匹河怒族乡2017年度脱贫攻坚工作总结》，2017。
③ 中共匹河怒族乡委员会、匹河怒族乡人民政府：《匹河怒族乡2018年度脱贫攻坚工作总结》，2018。
④ 中共匹河怒族乡委员会、匹河怒族乡人民政府：《匹河怒族乡2019年度脱贫攻坚工作总结》，2019。
⑤ 中共匹河怒族乡委员会、匹河怒族乡人民政府：《匹河怒族乡2020年度脱贫攻坚工作总结》，2020。

入户开展政策解读和宣传发动工作，动员城镇化集中安置政策达 31600 余人次，全乡报名人数为 169 户 534 人，其中建档立卡为 157 户 496 人。

2018 年，脱贫攻坚扎实推进。①围绕"两不愁三保障"扶贫总体目标，启动了脱贫攻坚"补短板"工程。全乡 47 个自然村实现全部通 380 伏动力电；9 个行政村实现宽带网络全覆盖；建档立卡户新型农村医疗参保率达 100%；广播电视实现全覆盖；实施村级活动场所建设 3 个；新建村级卫生室 6 个（托坪、普洛、老姆登、知子罗、沙瓦、瓦娃）。②扎实做好贫困对象动态管理工作。全乡新识别建档立卡户为 108 户 330 人，返贫 12 户 36 人，整户清退 4 户 11 人，年内实现 153 户 627 人脱贫摘帽。③全力抓好易地搬迁工作。年内完成了托坪、指挥田和知子罗 3 个易地扶贫搬迁安置点 625 套安置房建设，群众实现搬迁入住；新增易地扶贫搬迁城镇化集中安置锁定对象 285 户 878 人，已签订协议的有 857 人，签约率为 98%。④全力做好安居房建设工作，全乡启动农村危房改造 124 户。

2019 年，根据福贡县 2019 年度扶贫对象动态管理和数据信息采集核查核准工作方案，通过开展动态管理工作，新识别 3 户 13 人（因患大病致贫为主，全部分布在瓦娃村），整户清退 11 户 25 人，个人清退 17 户 17 人，人口自然增减 511 人（其中，自然增加 306 人，自然减少 205 人），锁定脱贫监测户 8 户 31 人，边缘户 19 户 75 人。精准对照贫困村退出 7 项指标，纳入村出列对象的老姆登村、沙瓦村、棉谷村和托坪村 4 个村在交通、广播电视、网络宽带、医疗设施、电力、活动场所、贫困发生率 7 项指标均已达标。全乡贫困发生率为 15.26%，其中，9 个村的贫困发生率分别为托坪村 0.77%、老姆登村 1.05%、沙瓦村 1.35%、棉谷村 1.84%、架究村 6.62%、知子罗村 11.93%、果科村 19.17%、瓦娃村 21.57%、普洛村 40.36%。

2020 年，匹河怒族乡始终保持全乡上下一心、全民参与的紧张状态，向最后的贫困堡垒发起冲刺，最终在脱贫攻坚战中取得全面胜利。共投入 2.51 亿元用于解决"两不愁三保障"和饮水安全等突出问题，全乡 856 户 3016 人易地搬迁、1104 户实施农村危房改造、5370 人实现转移就业、244 户 308 人兜底保障、163 户获得小额信贷，累计建设取水池 23 个、蓄水池 25 个、安装管道 154.64 千米，全乡饮水安全全部达到安全标准。全乡控辍保学成果持续巩固，贫困人口基本医疗保险、养老保险 100% 参保，所有建制村的硬化路、动力电，村级卫生室、活动场所全面达标，宽带网络、广播电视信号 100% 覆盖，全乡剩余贫困人口 444 户 1508 人和 5 个贫困村顺利出列，全乡 9 个村也顺利通过了第三方实地评估和国家普查验收。

 ## 产业发展基础不断厚植

在中华人民共和国成立以前的很长一段时间内，怒族的社会生产力水平极其低，农业生产是人们生活的主要来源，虽然"怒尔戈"、斧头和铁犁等铁制农具已比较常见，但人们仍在大量使用传统的竹木锄、木棍等简易生产工具，常以原始协作形式和刀耕火种的原始粗放耕作方式在轮歇地上进行劳作和生产，落后的耕作技术和恶劣的自然环境使人们常年处在饥寒交迫和食不果腹的境地，采集、狩猎依然是人们生活的重要手段和支撑。[①] 由于怒族聚居地区地势险峻，所以怒族的畜牧业基本没有发展起来，饲养的家畜只有牛、猪、狗三种，马、羊很少，家禽有鸡、鸭、鸽等。养蜂是怒族的一项重要家庭副业，几乎家家养蜂，户户储蜜。

整体而言，怒族内部的社会分工不明显，既没有经过第一次社会大分工，即畜牧业与狩猎、采集的分离，也没有经历过第二次社会大分工，即手工业、商业从农业中分离出来，家庭手工业和小商业紧密地依附于农业。在劳动方面，怒族男女之间有着自然的分工。男子主要从事农业生产、狩猎、捕鱼及编织竹篾器具，几乎所有的怒族男子都能做一些简单的木工，修建竹篾房屋，编织竹篾用具，成品有竹箩、篾笆、篾筐、篾溜索等，但这些竹篾制品主要供自家使用。妇女不能犁地，仅能从事挖地、薅草、播种、绩麻、纺麻、酿酒、饲养家畜、烧火煮饭等劳动，在棉花、棉布输入怒族聚居地区以前，妇女所织麻布主要供家人自用。

在怒族社会中，原始的自然经济长期居于统治地位，虽然人们偶尔会将剩余的农产品拿到市场上交换其他日用品和粮食，但仍然属于以物易物的原始交换，尚未形成商品和商品生产的观念。1915年以后，在原碧江县知子罗、福贡、上帕、贡山茨开等地开辟了几个初级市场，怒族、傈僳族才把少量的手工制品，如麻布、篾箩、小铁锄、砍刀等作为商品拿到市场进行物物交换。[②] 直到1929年，在原碧汇县知子罗、福贡、上帕等地出现了定期交易的集市，银圆、铜币、纸币开始在怒族聚居地区流通，随着货币的流通和以交换而生产的土产品的增加，打破了原始的以物易物的交换方式，怒族中才开始出现了一些尚未脱离农业生

116

---

① 李月英、张芮婕：《走近中国少数民族丛书·怒族》，辽宁民族出版社，2014，第170页。
② 《怒族简史》编写组、《怒族简史》修订本编写组：《怒族简史》，民族出版社，2008，第52-53页。

产的季节性小商贩。①他们在农闲期间将黄连、生漆、黄蜡、蜂蜜、兽皮等背运到兰坪、剑川、维西等地出售，又带回布匹、食盐、茶叶、铁器以及日用百货至当地出售，有些怒族将生猪、黄连、黄蜡运到缅甸密支那、八莫一带出售，再将密支那、八莫的锑锅、毛毯、毡帽、锑刀、衣服、银饰品等杂货带回销售，获利以数倍计。这种商品交换方式的产生和发展，造成了怒族内部的贫富分化，但怒族的商品经济仍处于萌芽状态，未出现专门从事商业贸易的商人，从事商业贸易的大都是富裕农民，他们获取利润后不是用于扩大商业资本，而是用于购买土地和黄牛，这反映了其农业小生产者的本质。一些贫苦农民只能受雇为背夫，以出卖劳动力为生，有的长期受雇而成了雇佣劳动者。②

中华人民共和国成立前夕，怒族聚居地区出现了一些与农业生产联系紧密、技术简单、为数不多的手工业匠人。③在原碧江县知子罗、老姆登，福贡县鹿马登等村的男子当中，有些人学会了打制简单的铁锄、铁犁等农具，但不能冶铁，他们一般在农闲季节打铁，农忙时节主要从事农业生产。④中华人民共和国成立后，怒江地区陆续获得了解放，人民群众实现了当家作主的愿望，党和国家从怒族社会经济发展的实际出发，帮助怒族人民开展以发展生产为中心的山区生产改造和社会改革，免费发放铁制农具、耕牛和良种，以农业合作化道路实现了怒族传统社会经济向社会主义集体所有制经济的平稳过渡。党的十一届三中全会后，随着家庭联产承包责任制的推行，怒族人民的生产积极性得到较大提高，怒族聚居地区以农业生产为主的社会综合经济得以不断发展。到了2000年左右，怒族聚居地区的生计来源主要是种植业和养殖业。种植业主要是种植粮食作物，也有一些经济作物，如板栗、核桃、橘子等，但未形成规模，产量低、商品率低。养殖业主要是饲养猪、鸡、羊、牛等，但数量很少。⑤

2000年以后，党中央、国务院做出"采取特殊措施，集中力量扶持人口较

① 李月英、张芮婕：《走近中国少数民族丛书·怒族》，辽宁民族出版社，2014，第51页。
② 《怒族简史》编写组、《怒族简史》修订本编写组：《怒族简史》，民族出版社，2008，第55页。
③ 《民委民族问题五种丛书》云南省编辑委员会：《怒族社会历史调查》，民族出版社，2009，第80页。
④ 《怒族简史》编写组、《怒族简史》修订本编写组：《怒族简史》，民族出版社，2008，第52页。
⑤ 《中国人口较少民族发展研究丛书》编委会：《中国人口较少民族经济和社会发展调查报告》，民族出版社，2007，第471页。

少民族加快发展"的重大决策。在国家的帮扶之下，怒族聚居地区的种植业、养殖业逐渐走上了规模化发展之路，农业服务业、工矿业及旅游业已有所发展。在贡山县，2010年的全县农业总产值为13692万元。其中，种植业产值为4395万元，林业产值3185万元，牧业产值5309万元，渔业产值80万元，农业、服务业产值为723万元。以铅、锡、铜、锌、铁等采矿业为主的工矿业的发展已经有所起色，在2010年全县工业总产值为7856万元。全县在2010年全年共接待国内外游客人数约为15万人（其中，国际游客0.47万人、国内游客14.5万人），旅游业总收入为7286.41万元。① 在福贡县，2010年全县农业总产值为15030万元，农村经济总收入为13236万元，比"十五"计划末增加了5357万元。全年累计接待国内外游客69.7万人次，旅游总收入为1.72亿元。②

　　"十三五"期间，怒江州产业发展实现了质的提升，以全域旅游为特征的旅游业步入加速期，以铅、锌为代表的有色金属产业进入转型期，以黄登·大华桥电厂为引领的绿色能源产业迈向提档期，以草果等特色产品为主的绿色香料产业进入发展期，以特色种养为先导的峡谷特色农业走向上升期，产业框架初步形成。以匹河怒族乡为例，在"十三五"期间，匹河怒族乡持续坚持将产业发展作为群众稳步致富的根本途径，持续推进产业结构优化调整工作，积极帮助贫困群众协调发展产业小额扶贫贷款，实现了全乡贫困群众户户有增收项目、人人有脱贫门路。"十三五"期间，匹河怒族乡历年的产业发展情况如下：③④⑤⑥⑦

① 杨筑慧：《中国人口较少民族经济社会发展追踪调研报告》，学苑出版社，2016，第261-262页。

② 杨筑慧：《中国人口较少民族经济社会发展追踪调研报告》，学苑出版社，2016，第264页。

③ 中共匹河怒族乡委员会、匹河怒族乡人民政府：《匹河怒族乡2016年度脱贫攻坚工作总结》，2016。

④ 中共匹河怒族乡委员会、匹河怒族乡人民政府：《匹河怒族乡2017年度脱贫攻坚工作总结》，2017。

⑤ 中共匹河怒族乡委员会、匹河怒族乡人民政府：《匹河怒族乡2018年度脱贫攻坚工作总结》，2018。

⑥ 中共匹河怒族乡委员会、匹河怒族乡人民政府：《匹河怒族乡2019年度脱贫攻坚工作总结》，2019。

⑦ 中共匹河怒族乡委员会、匹河怒族乡人民政府：《匹河怒族乡2020年度脱贫攻坚工作总结》，2020。

 2016 年，文化旅游业、峡谷生态农业的优势开始显现

（1）文化旅游业开始兴起。深入挖掘、保护和传承怒族特色民族文化，依靠独特的怒族文化发展旅游业，为打出怒族文化品牌奠定了基础，着力打造知子罗"记忆之城"、老姆登·知子罗景区纳入全省 AAAA 级景区创建备选名录；因势利导地开发一批具有怒家风情的农家乐，引导有条件的农户开展以"吃怒家饭、住怒家屋、赏怒山怒水、品怒族情"为特色的"农家乐"——乡村生态休闲旅游，突出浓厚的民族特色，走出了一条"以游补农、以游助农、以游促农"的良性发展路子，有效激活了第三产业的发展。老姆登村荣获"中国最美村镇"称号；实施了老姆登民族特色村民居改造和乡村旅游步道建设工程，实施知子罗"记忆之城"基础设施建设项目。旅游配套设施不断完善，餐饮、住宿等服务行业服务质量和水平逐步提高，旅游接待能力不断增强，累计接待游客 3.1 万人次，实现旅游总收入近 1642 万元。

（2）峡谷生态农业初具规模。按照福贡县"441113"峡谷生态农业工程要求，结合实际全力推进"4211"峡谷生态农业工程（到 2020 年，实现全乡核桃种植 4 万亩，草果 2 万亩，黄连 1 万亩，茶叶 1 万亩）。生物产业不断壮大，截至 2016 年底，全乡种植林产业总面积达 12.65 万亩，其中，核桃 27000 亩（挂果 4100 亩），草果 12191 亩（挂果 3908 亩），黄连 13461.8 亩，茶叶 5861 亩，漆树 2316 亩。完成植树造林 27348 亩，封山育林 3111 亩，退耕还林 6400 亩，低效林改造 5137 亩，陡坡地治理 4580 亩。

 2017 年，产业培育取得了新的突破

（1）农业生产扎实推进。坚持以脱贫攻坚为引领，切实抓好粮食生产、农技推广、农机使用管理、落实各项惠农政策。2017 年，全乡完成大春生产农作物总播面积 15023 亩；推广良种、粮油等 9958 亩，完成植保植检 6200 亩。

（2）林木产业发展扎实推进。①扎实推进"4211"峡谷生态农业工程。抓实产业提质增效项目，发放茶叶苗 277.63 万株，完成茶叶种植 926 亩；发放砂仁苗 42.32 万株，完成砂仁种植 671.2 亩；完成核桃产业提质增效 2986 亩。②大力实施退耕还林工程。完成坡度在 25° 以上的耕地退耕还林 1.15 万亩，种植退耕还林苗木 21.625 万株，发放退耕还林补贴 204.5 万元，发放森林生态效益补偿 50.18 万元。③大力开展植树造林活动。全乡干群 6555 人次参与义务植树，义务植树 24940 株。④实施"怒江花谷"生态建设。种植叶子花、龙竹等观赏植物 9015 株，种植车厘子等经济林木 5680 株。⑤开展森林资源管护。从

建档立卡人口中选聘生态护林员 136 人，审批采伐林木 42 户 109.4 立方米，同时，建立健全扑火队伍，认真做好森林防火工作，在 2017 年，全乡有季节性专业扑火队伍 1 支 12 人、义务扑火队伍 10 支 306 人、专职护林员 3 人。

（3）畜牧产业发展扎实推进。全面提高"春、秋"两防覆盖面，完成各类免疫接种 8 万余头（羽）；扎实开展能繁母猪政策性保险工作，收缴能繁母猪保险费 15960 元；继续加大规模化养殖户扶持力度，全年大小牲畜存栏 22446 头、出栏 16136 头，家禽存笼 106660 羽、出笼 10090 羽，肉类总产量 167 吨，禽蛋产量 37 吨。2017 年内，福贡县 10 万羽蛋鸡养殖场在老姆登村建成投产，并产生效益。

（4）文化产业发展扎实推进。为展现多元的怒族文化，展示原汁原味的农村生活和浓厚的地方特色，顺利举办"如密期"开春节暨脱贫攻坚文艺会演和"感党恩、听党话、跟党走"之怒声唱响大峡谷演唱晚会；纪录片《落地生根》完成拍摄，并于 2017 年 11 月 24 日作为"2017 北京纪实影像周"开幕影片与公众见面；怒族博物馆完成布展工作，展出实物 474 件（套）。

（5）旅游产业发展扎实推进。启动知子罗·老姆登民族旅游特色小镇建设第一期项目；老姆登特色旅游村"达比亚"广场建设项目建成，停车场及游客服务中心建设项目已启动；阿加王底旅游特色村农户住房外观统一工作已基本完成，目前正进行游客服务区后续工程建设。老姆登村入围"2017 年全国最美村镇"50 强，郁伍林入围"2017 年全国最美村镇"50 强。

 2018 年，各产业发展形势向好

（1）切实增强传统农业产业优势，不断调整优化农业产业结构。年内全乡生产农作物总播种面积 10733 亩；全年共发放种植业结构调整奖励资金 178.371 万余元；全年产业结构调整完成种植面积 17769 亩，其中，茶叶种植 780 亩、草果 5902 亩、花椒 4461 亩、苦荞 2236 亩、豌豆 1731 亩、蚕豆 1200 亩、小麦 1069 亩、新品种黄豆 171 亩等。

（2）坚持用绿色主导产业发展，以"产业发展生态化，生态建设产业化"为发展思路，进一步巩固天保工程建设成果。大力开展植树造林活动，完成坡度在 25° 以上的耕地陡坡治理 400 亩、核桃提质增效 15000 亩、新聘第四批生态护林员 490 人，发放太阳能热水器 250 套；完成对核桃、草果实施提质增效 1156 亩。

（3）全域旅游产业亮点，老姆登怒族特色风情旅游已经成为一个旅游热点，

农家乐、民宿客栈已经成为全村增收致富的支柱产业。到 2018 年，老姆登村共有 19 家农家乐 337 个床位，能同时接待游客就餐 1200 人，直接从业人员 120 人，间接带动就业 560 人；以知子罗"记忆之城"为代表的红色记忆旅游日渐升温；以"七莲湖"为代表的徒步观光旅游日益进入大众视野；以沙瓦小组为代表的怒族特色民居建筑观光旅游正在谋划。

（4）文化产业发展扎实推进，成功举办 2018 年度"如眷"年节暨脱贫攻坚文艺会演活动；协助举办怒族传统"达比亚"培训 1 期；纪实专题节目"好在了我的家"第二集《下山（怒族）》在云南广播电视台播出。

 2019 年，种植业、旅游业稳步发展

（1）种植业发展情况。2019 年全乡共发放枇杷苗 3646.5 株，种植面积 110.5 亩；发放苹果苗 15329 株，种植面积 278.7 亩；发放山胡椒苗 16200 株，种植面积 162 亩；发放红心柚子苗 2183 株，种植面积 24.8 亩；发放柿子苗 13320 株，种植面积 180 亩；发放杨梅苗 11188 株，种植面积 279.7 亩；发放梨苗 2042 株，种植面积 27.6 亩；发放橙子苗 15480 株，种植面积 258 亩；发放橘子苗 237210 株，种植面积 1186.05 亩；发放马鹿花种子 9 吨，种植面积 100 亩；发放刺龙苞苗木 52000 株，种植面积 520 亩；发放洋芋种 108 吨，种植面积 729 亩；发放提质增产茶叶苗 141000 株，种植面积 470 亩。

（2）旅游业发展情况。作为福贡县的"南大门"，匹河怒族乡具有独特的地理区位优势，是泸水通往怒江以北及进藏的必经之地。旅游产业逐步向规范化、有序化迈进。同时结合乡内老姆登·知子罗旅游景区的打造，在不断吸引过往游客的同时，进一步增加了群众的收入。全力探索"旅游 + 产业"扶贫模式。

 2020 年，产业结构持续优化升级

（1）匹河怒族乡始终坚持将产业发展作为群众增收致富的根本途径，围绕怒江绿色香料产业发展和"保生态、兴产业、防返贫"生态建设巩固拓展脱贫攻坚成果行动，按照全乡"江西草果、江东茶叶、沿江特色水果"的绿色产业发展总体布局，持续推进产业结构优化调整工作。2020 年，累计投入 9508.26 万元用于产业发展，共新增种植茶叶 550 亩、木本蜜源 2370 亩、花椒 4912.96 亩、特色水果种植 600 亩，实施花椒提质增效 4912.96 亩、茶叶提质增效 1212.8 亩、草果提质增效 2000 亩、核桃提质增效 9474.2 亩。

（2）大力发展乡村旅游，累计投入 2390 万元，用于实施旅游基础设施和

旅游扶贫示范村建设，进一步完善景区基础设施，提升档次，成功创建了皇冠山老姆登 AAA 级景区。

（3）认真落实金融扶贫政策，积极帮助贫困群众申请产业发展资金协调发展产业，仅 2020 年全乡就累计帮助申请产业贷款 752.7 万余元，涉及农户 163 户，较 2019 年新增了 105 户，有效解决了贫困群众发展产业缺少启动资金的问题。

在产业发展的带动下，在整个"十三五"期间，匹河怒族乡的农村经济发展呈现出了稳步快速增长之势。[①②③④⑤]2016 年，全乡农村经济总收入达 5484 万元。2017 年，全乡农村经济总收入达 6332 万元，同比增长 15%（其中，第一产业完成 4332 万元，同比增长 11%；第二产业完成 869 万元，同比增长 17%；第三产业完成 1131 万元，同比增长 36%）。2018 年，全乡农村经济总收入 7013 万元，同比增长 10.8%（其中，第一产业完成 4699 万元，同比增长 8.5%；第二产业完成 985 万元，同比增长 13.3%；第三产业完成 1329 万元，同比增长 17.5%）。2019 年，全乡农村经济总收入达 7784.43 万元，同比增长 11%。2020 年，全乡农村经济总收入已达 8562.4 万元，同比增长 10%。

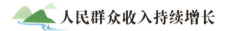 人民群众收入持续增长

中华人民共和国成立以来，在怒江州委和各级党组织的领导下，怒族聚居地区人民群众的经济收入持续增长。在贡山县，1953 年，农民人均纯收入为 23 元，1978 年，农民人均纯收入为 107.24 元，2003 年，农民人均纯收入达到了 948 元[⑥]，

① 中共匹河怒族乡委员会、匹河怒族乡人民政府：《匹河怒族乡 2016 年度脱贫攻坚工作总结》，2016。
② 中共匹河怒族乡委员会、匹河怒族乡人民政府：《匹河怒族乡 2017 年度脱贫攻坚工作总结》，2017。
③ 中共匹河怒族乡委员会、匹河怒族乡人民政府：《匹河怒族乡 2018 年度脱贫攻坚工作总结》，2018。
④ 中共匹河怒族乡委员会、匹河怒族乡人民政府：《匹河怒族乡 2019 年度脱贫攻坚工作总结》，2019。
⑤ 中共匹河怒族乡委员会、匹河怒族乡人民政府：《匹河怒族乡 2020 年度脱贫攻坚工作总结》，2020。
⑥ 李月英、张芮婕：《走近中国少数民族丛书·怒族》，辽宁民族出版社，2014，第 171－172 页。

2010年，农民人均纯收入进一步增长到了1733元。[1]在福贡县，2005年，农民人均纯收入为798元，到2010年，农民人均纯收入增长至1460元。[2]在福贡县的匹河怒族乡，1995年，全乡农民人均纯收入为407元；1998年，全乡农民人均纯收入达到705元，2008年，全乡农民人均纯收入，进一步增长至1052元[3]。在匹河怒族乡的老姆登村，2012年农民的人均纯收入为2500元。[4]在匹河怒族乡的究架村，2012年，农民的人均纯收入为2037元。[5]

在"十三五"期间，匹河怒族乡党委、政府积极争取项目资金，充分调动广大群众的内生动力，坚决破除"等、靠、要"思想。以州委、州政府，县委、县政府开展农村文明素质提升行动为契机，抓实贫困群众的文明素质提升工作，加强农村劳动力技能培训，进一步拓宽农民群众的经济收入来源和渠道。2017年，开展劳动技能培训570人次，扎实推进劳动力转移就业工作，完成有序输出56人，超额完成21人，完成率160%，劳动力自发输出4057人，全乡劳务经济收入为1906万元。2018年，开展劳动技能培训1303人次，实现有序劳务输出83人，超额完成13人，完成率119%，劳动力自发输出4376人，全乡劳务经济收入1312.8万元。2019年，全乡农村劳动力人数为6665人，其中，建档立卡户贫困户4608人，已实现转移就业人数2970人（建档立卡户贫困户2214人）。按输出区域划分，县内就业2408人，县外省内就业200人，省外国内就业360人，境外就业2人。2020年，努力通过抓培训、促就业、创岗位、促就业，政策激励、促就业等措施，进一步拓宽群众就业渠道，全年共安排生态护林员1368人、乡村公共服务岗497人、护边员78人，实现了1943名贫困群众的稳定就业。在"十三五"期间，匹河怒族乡农村劳动力转移就业的层次和水平得到了提升，劳动力转移就业的方式开始从劳动密集型输出向技能型输出转变，农民群众人均

[1] 杨筑慧：《中国人口较少民族经济社会发展追踪调研报告》，学苑出版社，2016，第261页。
[2] 杨筑慧：《中国人口较少民族经济社会发展追踪调研报告》，学苑出版社，2016，第264页。
[3] 杨筑慧：《中国人口较少民族经济社会发展追踪调研报告》，学苑出版社，2016，第267页。
[4] 罗明军：《云南特有七个人口较少民族扶贫绩效调查研究》，中国社会科学出版社，2015，第239页。
[5] 罗明军：《云南特有七个人口较少民族扶贫绩效调查研究》，中国社会科学出版社，2015，第247页。

收入持续增长。2016 年，全乡农民人均收入为 5016 元。2017 年，全乡农民人均收入为 5735 元，同比增长 14%。2018 年，全乡农民人均收入为 6238 元，同比增长 8%。2019 年，全乡农民人均收入为 6786.94 元，同比增长 8.8%。2020 年，全乡农民人均收入为 7384.2 元，同比增长 8.8%。①②③④⑤

随着年收入的不断增长，怒族群众的消费能力不断增强，吃穿不愁，建新房的多了，买汽车的多了，脸上的笑容更灿烂了，获得感、幸福感、安全感前所未有。

① 中共匹河怒族乡委员会、匹河怒族乡人民政府：《匹河怒族乡 2016 年度脱贫攻坚工作总结》，2016。
② 中共匹河怒族乡委员会、匹河怒族乡人民政府：《匹河怒族乡 2017 年度脱贫攻坚工作总结》，2017。
③ 中共匹河怒族乡委员会、匹河怒族乡人民政府：《匹河怒族乡 2018 年度脱贫攻坚工作总结》，2018。
④ 中共匹河怒族乡委员会、匹河怒族乡人民政府：《匹河怒族乡 2019 年度脱贫攻坚工作总结》，2019。
⑤ 中共匹河怒族乡委员会、匹河怒族乡人民政府：《匹河怒族乡 2020 年度脱贫攻坚工作总结》，2020。

生活环境

生态环境日渐得以修复

　　1998 年起，美国大自然保护协会开始进入中国①，选择在云南的滇西北地区开展保护工作。根据美国大自然保护协会的研究，滇西北属金沙江（长江）、澜沧江（湄公河）、怒江（萨尔温江）、独龙江（伊洛瓦底江）四条亚洲著名大江的上游地区，众多的高原湖泊和植被具有涵养水源、保持水土的重要生态功能，其生态环境的好坏直接影响到下游 293 万平方千米流域地区和国家的生态安全，影响着约 5 亿人的生活环境和生产活动。然而，在滇西北地区，60% 以上的土地面积处于中、高山区，山高坡陡、气温寒冷、土壤瘠薄、植被恢复和演替过程缓慢；15% 的土地左右处于干热河谷区，气候干热、土壤贫瘠、植被覆盖率低而恢复困难，且河谷和中低山区人口众多，开发历史长且强度大。由于资源的粗放利用和不合理的开发方式，导致植被质量下降、生物多样性减少、生态功能退化趋势加速。②从 1999 年 1 月开始，云南省人民政府与美国大自然保护协会合作，集中了近 40 个单位、约 200 名多学科的国内外专家和官员，从生物多样性、民族文化多样性、经济发展和区域规划四个方面，进行了为期 18 个月的深入调查研究，并在上述基础上开始着手编制《滇西北地区保护与发展行动计划（送审稿）》，涉及的地区包括迪庆藏族自治州的德钦、中甸、维西，怒江傈僳族自治州的贡山、福贡、泸水、兰坪，大理白族自治州的大理、宾川、剑川、鹤庆、洱源、云龙，丽江地区的宁蒗、丽江 15 个县（市）。2001 年 6 月 1 日，《滇西北地区保护与发展行动计划（送审稿）》③制定完成，这是国内第一个专门以生物多样性和民族文化多样性保护与经济可持续协调发展为主题的行动计划，预计将用 20 年的时间通过该计划的实施把滇西北地区建设成为中国和东南亚可持续

---

① 牛红卫：《大自然保护协会及在中国的行动》，《人民长江》，2007 年第 6 期，第 9、12 页。

② 《滇西北探梦"国家公园"》，《第一财经日报》，2010 年 9 月 29 日，https://www.yicai.com/news/416687.html。

③ 滇西北地区保护与发展项目联合办公室：《滇西北地区保护与发展行动计划（送审稿）》，2001 年 6 月 1 日。

发展的示范区。

　　怒江州作为《滇西北地区保护与发展行动计划（送审稿）》所涵盖的地区之一，98%以上的面积是高山峡谷，可耕地面积较少，垦殖系数不足4%，怒江峡谷两岸的耕地被形象地称为"大字报"地。海拔2000米以下是人类活动较为频繁和集中的区域，64.68%的耕地都在山区、半山区，坡度在25°以上的耕地占总耕地面积的76%。[①]由于恶劣的生存环境和原始的生活方式，群众只能"靠山吃山"，造成了对生态环境的严重破坏。贫困是生态恶化的根源，生态恶化又进一步加剧了贫困。大量的陡坡耕地，在雨季易诱发泥石流，旱季里也会出现土流下泻情况，水土流失严重，肥沃的土壤被大量冲入江河，从而导致土地退化或石漠化，土壤肥力下降，呈现出"越穷越垦，越垦越穷"的恶性循环状态，急需实施生态修复和生态扶贫。

　　从"十五"计划开始，为重新建立起生态安全屏障，怒江州深入探索"山顶封和禁、半山移和退、河谷建和育"的生态保护立体模式，宜林则林，宜草则草，大力推进森林生态、森林产业、森林文化和基础设施建设，全面打造生态文明建设示范区。以贡山县为例，贡山县认真贯彻州委、州政府的部署，在整个"十五"计划期间，共投入生态建设资金2870.5万元，进一步加大了自然保护区和世界自然遗产的保护工作力度。共完成退耕还林37000亩，其中，退耕地造林21000亩，宜林荒山荒地造林16000亩；公益林建设183441亩，其中，人工造林4000亩，人工模拟飞播104200亩，封山育林75241亩；义务植树114.29万株；共治理小流域3条，治理水土流失面积37平方千米；建设沼气池645口、节能灶300眼。全县森林覆盖率达77.2%。进入"十一五"以来，贡山县扎实推进节能减排工作，完成了第一次全国污染源普查工作，着力发展高效益、低污染、低能耗的工业。合理开发水利、土地、矿产等资源，完成了一批水土流失治理和水土保持项目。继续实施退耕还林和农村替代能源建设工程，启动生态修复工程。建成28万亩的林果基地，其中，核桃10万亩、漆树10万亩、草果3万亩。生态建设成果进一步得到了巩固，生物多样性得到了有效保护。截至2012年，在怒江州的森林二类调查中，贡山县的森林覆盖率达78.39%以上。[②]

---

①　怒江州林业和草原局：《怒江州林业和草原局关于〈"治伤疤、保生态、防返贫"生态建设巩固脱贫成果行动方案（2020—2022年）〉的政策解读》，怒江傈僳族自治州人民政府网站，2020年1月20日。

②　当代云南怒族简史编辑委员会、李绍恩：《当代云南怒族简史》，云南人民出版社，2014，第139页。

"十三五"期间，在习近平总书记"绿水青山就是金山银山"发展理念的指导下，怒江州带领各族人民群众坚持走生产发展、生活富裕、生态良好的文明发展道路，正确处理经济发展与环境保护的关系，举全州之力开展"治伤疤、保生态、防返贫"生态建设巩固拓展脱贫攻坚成果行动，使生态环境得到了进一步的修复和改善。截至 2020 年底，怒江生态环境状况良好，已位居全省前列，森林覆盖率达 78.08%，居云南省第二位。贡山县荣获国家级"绿水青山就是金山银山"实践创新基地命名，怒江州被授予"第四批国家生态文明建设示范市县"称号。3 万名生态护林员参与森林资源和生态环境管护，带动 12 万建档立卡贫困人口稳定增收脱贫，实现"一人护林，全家脱贫"。蓝天、碧水、青山让怒江成为云南一张靓丽的生态名片，绿水青山正在成为各族人民致富的金山银山。①在福贡县，截至 2020 年，全县森林覆盖率提高至 82.23%，鹿马登亚坪村、老姆登村成功申报全国森林乡村，成功创建"省级生态文明县"、6 个"省级生态乡（镇）"、41 个"州级生态村"，走出了一条"百姓富"和"生态美"的生态扶贫双赢道路。②在匹河怒族乡，截至 2020 年 6 月下旬，共选聘建档立卡贫困人口 1298 人担任生态护林员，他们护林巡山，是森林的守卫者。在匹河怒族乡，护林员严格按照巡山护林制度，每月巡山不低于 22 天，主要查看、记录林区内是否有乱砍滥伐、偷猎捕猎、森林火灾等现象，同时，在护林员群里及时发布巡山动态。特别是森林防火季节，各村实行联防联控机制，江东江西互相瞭望，防患于未然。逢植树季节，护林员每人义务栽植 20 株树苗。③

农村人居环境逐步优化

为使生活环境更美、生活质量更高，"十三五"期间，怒江州认真贯彻落实了农村人居环境整治工作。以农村垃圾、污水治理和村容村貌提升为主攻方向，加大资金投入力度，着力解决乡村垃圾处理难题，彻底改变农村人居环境脏、乱、

127

① 怒江州人民政府：《云南怒江州"十大巨变"彰显千年跨越》，怒江傈僳族自治州人民政府网站，2021 年 2 月 26 日。
② 福贡县人民政府：《福贡县人民政府关于印发福贡县国民经济和社会发展第十四个五年规划和二〇三五年远景目标纲要的通知》，福贡县人民政府网站，2021 年 5 月 15 日。
③ 福贡县匹河怒族乡人民政府：《匹河怒族乡生态护林员：生态保护与脱贫攻坚共抓共赢》，福贡县匹河怒族乡人民政府网站，2020 年 6 月 29 日。

差的问题。以匹河怒族乡为例，"十三五"期间所开展的人居环境整治工作情况如下。①②③④⑤

2016年，坚持树立保护环境就是保护发展、建设生态就是加快发展的理念，在保护中加快发展、在发展中加强保护的路子，抓好城乡人居环境提升行动的机遇，全面实施治乱、治脏、治污、治堵，开展改路、改房、改水、改电、改圈、改厕、改灶和清洁水源、清洁田园、清洁家园的"七改三清"行动，着力营造山清水秀、环境优美、安全舒适、高效便捷、生态宜居的美丽匹河。

2017年，①开展保护怒江"母亲河"专项行动，全面推行"河长制"工作。分别成立领导小组，明确分工，编制工作方案，完善制度，召开专题会议10次，乡村两级河长共巡河60余次。②开展环境卫生综合整治工作。共组织全乡干群、中小学生约2万人次参与环境卫生整治行动，共清扫、清运、填埋、焚烧垃圾800余吨。③棉谷村垃圾焚烧厂建成投产，日处理垃圾量2~3吨。普洛村白泥土垃圾焚烧厂已基本修建完成，有效增强了垃圾处理能力。④舆论宣传氛围形成。通过乡文化站广播、手机微信平台、QQ平台等多种形式广泛宣传，印发《致全乡人民的一封信》等宣传资料1100余份，张贴宣传标语79条、布标5条，到各村宣传保护母亲河行动20余次。

2018年，①全面严格落实"河长制"，竖立河长制公示牌8块，做到了"一河一牌一河长"，自觉执行"水十条"，扎实开展每月巡河工作，落实"清河行动"。②抓好环境卫生大整治工作，设立12个固定垃圾投放点、2个垃圾焚烧厂全部投入运营，月均处理垃圾约170吨；全乡先后开展了100余场次环境卫生整治行动，参与人次3万余人；完成乡直机关2座卫生公厕改建；联合多单位治理街道商户占道经营、乱摆乱放、乱搭乱建等问题；通过协商盘活供销社面积约1200平方米的空闲地一块，并将其改造为免费对外开放的临时停车场，解决了停车

① 中共匹河怒族乡委员会、匹河怒族乡人民政府：《匹河怒族乡2016年度脱贫攻坚工作总结》，2016。
② 中共匹河怒族乡委员会、匹河怒族乡人民政府：《匹河怒族乡2017年度脱贫攻坚工作总结》，2017。
③ 中共匹河怒族乡委员会、匹河怒族乡人民政府：《匹河怒族乡2018年度脱贫攻坚工作总结》，2018。
④ 中共匹河怒族乡委员会、匹河怒族乡人民政府：《匹河怒族乡2019年度脱贫攻坚工作总结》，2019。
⑤ 中共匹河怒族乡委员会、匹河怒族乡人民政府：《匹河怒族乡2020年度脱贫攻坚工作总结》，2020。

难、停车乱的问题。③加大宣传推广电、气炊具使用力度，改善农村室内空气质量，减少柴薪、煤炭消耗，减少污染排放，提高能源利用效率。④有序组织村民开展清洁田园、清洁家园、清洁水源行动，群众环保意识明显提高，环境面貌变得整洁、干净、有序，城乡人居环境面貌焕然一新。⑤扎实开展"两违"整治工作，健全"两违"巡查机制，通过乡（镇）、村两级联动，开展定期、不定期巡查，遏制"两违"建筑滋生；依法依规严肃查处"两违"建筑，拆除美丽公路沿线的"两违"建筑 4 栋 344 平方米，依法拆除私搭乱建"两违"建筑 1 处，全面完成美丽公路路域沿线"两违"排查及整治处理工作。

2019 年，统筹布局各村供水、供电、道路、通信、排污等基础设施建设，完成新建旅游公厕 1 座、卫生公厕 26 座，"一水两污"工程持续推进，棉谷、普洛 2 个垃圾焚烧厂持续运行，月均处理垃圾约 170 吨，全年累计开展 200 余次环境卫生整治行动，参与人次 3 万余人。

2020 年，全乡共建成无害化卫生公厕 24 座、改建知子罗旅游特色村公厕 2 座、完成村内道路硬化 42.93 千米、安装太阳能路灯 1461 盏、修建农村卫生户厕 566 个、拆除旱厕 10 座。持续抓好垃圾处理、污水治理工作，严格要求各村督促群众落实"门前三包"制度，定期组织群众开展环境卫生整治，同时，通过"红黑榜"每周进行通报和奖惩，有效地激发了群众参与的热情。扎实推进爱国卫生"7个专项行动"，认真开展"清垃圾"行动。2020 年，累计清运处理辖区内的垃圾 2100 余吨，其中，乡级处理 1500 余吨，转运至县城处理 673 余吨，使全乡环境卫生得到了进一步改善。

🏔️ 群众住房条件明显改善

在脱贫攻坚工作中，怒江州把易地扶贫搬迁作为头号民生工程，对于那些不具备生存条件，或者是生存条件较为恶劣的地区，按照整村整组搬迁和"下山进城入镇"的思路，规划建设 67 个集中安置点，实现了全州近 1/5 人口搬出大山，10.2 万群众迁入城镇。怒江大峡谷两岸，一个个特色小镇拔地而起，城乡面貌焕然一新，生动地诠释着怒江每天都在进步、每时都在变化的脱贫攻坚成果。通过实施易地扶贫搬迁，贫困群众搬出了大山，迁入了传统民族文化与现代文明相融合的崭新社区，拎包住进了窗明几净、家具家电齐全的新楼房，告别了以竹篾为墙、柴扉为门、茅草为顶、千脚落地、上楼下圈、透风漏雨的篾笆房和木板房。通过搬迁，小孩儿上学近了，群众就医方便了，产业发展起来了，劳动技能水平

提升了，实现了安居乐业。

　　匹河怒族乡在"十三五"期间，共有 856 户 3016 人完成了易地扶贫搬迁，约占全乡贫困人口的 40%。对于他们来说，自 20 世纪 80 年代至今，所居住房屋已历经数次变迁，从曾经的千脚楼，到后来的木板房，再到石棉瓦房，最后住进了安置点的楼房。

福贡县匹河怒族乡群众过去所居住过的房屋（供图：匹河怒族乡人民政府　摄影：丰玉立）

　　在 20 世纪 80 年代，匹河怒族的传统居所为千脚楼，如今，千脚楼更多承担的是展览、纪念的作用。有关千脚楼的记忆，有怒族群众回忆道："我们小时候住的千脚楼实际上就是用木板做墙、用茅草做顶的茅草屋，在风雨的侵蚀下，遮风的木板以及屋顶的茅草，过不了几年就会腐烂。屋顶的茅草腐烂还可以用油布遮挡一阵，但是支撑房屋的木料腐烂了，房屋容易倒塌。所以，每过五六年就得重新翻建。"按照村里的习俗，每逢村里有人家修建茅草房，全村人都会帮忙砍树、割草。虽然只需两三天的光景几间茅草屋就建成了，但是建房的人家得拿出家里最好的食材，请村里人吃饭。茅草屋隔三五年就要重修一次，导致群众不堪重负，在匹河怒族乡曾流传有"建房穷三年"的说法，有村民曾回忆说："小时候天天吃苞谷饭，只有到这个时候才能吃到苞谷掺米的饭，

所以小时候就天天盼着村里有人家修建茅草房。我现在已经记不清我们家里前前后后共修建了多少次茅草房，由于修建房子的开销比较大，我们家一直都很穷，我们家几个孩子都没上过一天学，别人家的孩子高高兴兴上学堂、学文化的时候，我们几兄妹每天都要赶着牛羊往山上跑。"

到了20世纪90年代，在匹河怒族乡已有不少怒族人家将茅草房换成了木板房，与茅草房相比，木板房更结实。但因交通不便，建盖木板房往往费时费力，有村民回忆说："记得在1994年，我们家东拼西凑终于凑齐了建木板房的钱，首先要购买大树，再把大树改成木板搬运进村，当时公路没有通到村里，只能请村里人帮工，用肩膀把木料从10千米以外的地方，一截一截运到村里。我们家当时请了50个工人，每天往返2次，用了3天才将木材全部运完。"尽管建盖起一座木板房并不容易，但在风吹日晒中，木板房的缺点也渐渐凸显。时间一长，木板就会慢慢腐烂。每当刮风下雨，屋顶就开始漏雨，风夹杂着雨水从四面八方吹进房屋，又冷又潮湿。

2000年左右，人们纷纷拿出多年省吃俭用攒下的积蓄，从匹河怒族乡集市上购买了空心砖、石棉瓦、水泥等材料，请村里有技术的人帮忙，将原来的木板房拆除，修建了空心砖房、石棉瓦房。这种房子的墙体是用空心砖堆砌的，屋顶盖上石棉瓦，这就是当时村里最好的房子了。但这种房子隔热保温效果较差，夏天非常热，冬天又非常冷。更可怕的是，当时由于水土流失，加剧了山体滑坡

石棉瓦房（图片来源：云岭先锋网）

和泥石流等地质灾害隐患，严重威胁着人们的生命和财产安全。每当风雨来临，人们总是担惊受怕，甚至连家里也不敢待，尤其到了晚上，最担心一家人熟睡后，发生泥石流、山体滑坡等自然灾害。

为了保护人民群众的生命和财产安全，彻底解决"一方水土养不活一方人"问题的办法只有一个，那就是"搬"。如今，曾经处于水深火热中的群众已经离开低矮、潮湿、破旧的房子，搬进了宽敞、明亮、崭新的安置房。在居民家中，电视、沙发、茶几等各式家具家电一应俱全，太阳能、卫生间、洗澡间也都有了。过去，肩挑背驮，进出都是泥巴路；现在，摩托车、电动车可以开到家门口。过去，大家天天到1千米外用木桶背水喝，现在，大家家里都接通了自来水。

福贡县匹河怒族乡果科村委会阿加王底自然村（供图：匹河怒族乡人民政府　摄影：丰玉立）

132

匹河怒族乡究架村原人马驿道
（供图：匹河怒族乡人民政府　摄影：丰玉立）

怒江群众溜索过江
（供图：云南省社会科学院图书馆）

基础保障

 交通发展实现历史性飞跃

中华人民共和国成立以前，怒江地区仅有几条羊肠小道，物资进出需翻越高山深谷，全程只能靠人力背运。每到春、冬两季，大雪封山，交通中断可长达半年之久。怒江州境内有独龙江、怒江和澜沧江三大水系及177条一级支流，山险水急，沟壑纵横，由于江面上无桥，严重阻碍着"三江"两岸群众的往来，长期以来人们仅依靠溜索或猪槽船渡江，因安全性低，每年都会发生人、畜坠落江水的悲惨事故。

早期沿怒江驮运货物的马队（供图：云南省社会科学院图书馆）

133

到了1954年，怒江傈僳族自治州成立时，整个怒江州内还没有一条公路，仅有600多千米人马驿道。①人们被禁锢在大山里，与世隔绝，处于极端贫困之中。1959年8月，怒江州第一座跨江汽车吊桥——泸水市跃进桥竣工通车，但此后

---

① 怒江州交通运输局：《从人马驿道到大交通网络》，怒江傈僳族自治州人民政府网站，2019年8月19日。

数十年间，跨江桥梁建设进度非常缓慢，而且以人马吊桥和拖拉机吊桥为主，"过江难"问题没有从根本上得到解决。2011年3月，国家交通运输部在深入怒江实地调研的基础上，委托云南省交通运输厅、怒江州人民政府联合编制完成了怒江、独龙江、澜沧江的《溜索改桥建设规划》，分两批将"三江"上的42对溜索改造成36座各类公路跨江桥梁。2016年12月5日，怒江州在全省率先完成"溜索改桥"工程，只留下几座溜索桥作为怒江的特色旅游项目。如今，138座各类桥梁飞跨在怒江、澜沧江、独龙江"三江"之上，彻底解决了"三江"两岸群众"过江难"问题。①

匹河怒族乡托坪村的孩子们走"媒体桥"到江对岸上学
（图片来源：怒江傈僳族自治州人民政府网站）

1973年5月1日，怒江的第一条公路瓦（窑）贡（山）公路全线通车，全长343千米（怒江州境内290千米）。由于修建瓦贡公路时正是中华人民共和国成立之初，百废待兴，物资、资金极度匮乏，连筑路人员口粮供应都严重不足。加上怒江州98%以上的面积都是高山峡谷，修路架桥"难于上青天"，瓦贡公路的绝大部分路段只能穿行于怒江大峡谷的悬崖峭壁中。所以前前后后用了20年时间，瓦贡公路才顺利完工，其间付出了异常惨烈的代价。②据不完全统计，

---

① 怒江州交通运输局：《怒江大峡谷的腾飞之路》，怒江傈僳族自治州人民政府网站，2017年9月13日。
② 云南日报：《峡谷天堑变通途——怒江州综合交通运输70年发展变化综述》，云南省人民政府网站，2019年9月27日。

怒江州府六库夜幕下的通达桥（摄影：陈春艳）

135

▲ 福贡县石月亮乡拉马底村幸福桥
（摄影：陈春艳）

自 1956 年 8 月 27 日开始动工到 1973 年 5 月 1 日瓦贡公路全线通车,总共有140 多名干部、工人、民工牺牲,135 名民工落下终身残疾。①

虽然在怒江州发展交通的代价极高,但是党和国家一直在不遗余力地加大对怒江州的扶持力度。1995 年 7 月 1 日,独龙江公路开始动工修建。由云南省公路局、云南省林业总公司和独龙江乡政府组织的 4000 多名人员参与修建,历时 4 年,到 1999 年,独龙江公路全线贯通,全长 96.2 千米。独龙江公路从贡山县城通到独龙江乡孔当村,为居住在此地的 4000 多名独龙族群众架起了一座脱贫致富的桥梁,结束了独龙江乡是中国最后一个不通公路的乡镇的历史,同时,也结束了独龙族群众因大雪封山半年而不能踏出外界半步的历史,实现了他们盼望已久的坐上汽车走出峡谷,同怒江州其他民族交往、交流、交融的愿望。公路沿线山势险峻、沟壑纵横、地质结构复杂、气候环境恶劣。参与修建的工作人员克服了昆虫蚂蟥叮咬、毒蛇袭击和高海拔寒冷及缺氧等困难,过原始森林、蹚沼泽泥潭、攀人造天梯、翻雪山垭口,战塌方、开路基、凿隧道、架桥梁,风餐露宿,日夜苦战,创造了云南省公路修筑史上的又一奇迹。与此同时,在 1999年左右,怒族群众所在地区的交通条件也得到了很大程度的改善,修通了剑川—兰坪—六库—片马、瓦窑—贡山—丙中洛以及东风桥—六库的公路。2014 年,穿越高黎贡山长达 6680 米的独龙江隧道贯通,独龙江公路从原来的 96.2 千米缩短为 79 千米,行车时间从 8 个多小时缩短为 3 小时。②

2017 年 8 月 25 日,怒江美丽公路(原瓦贡公路的六库至丙中洛段)开工建设,并于 2019 年 12 月 30 日正式通车试运行,使六库至丙中洛的行车时间由原来的一天缩短为 5 ~ 6 小时。怒江美丽公路始于贡山县丙中洛镇,经贡山县、福贡县,止于泸水市城西,主线全长 286.68 千米,是国道 G219 的重要组成路段,也是滇西旅游的重要干线,沿线受益群众多达 30 余万人,成为各族人民通往幸福的致富大道、推动怒江发展的振兴之路。③截至 2019 年底,全州境内公路总里程已达 6065.308 千米,其中,二级公路 396.969 千米,占公路总里程的

① 李发兴、新跃华:《怒江大峡谷天堑变通途——云南怒江州综合交通运输发展变化综述》,人民网,2019 年 10 月 9 日。
② 怒江州交通运输局:《贡山:习近平总书记两次回信的地方,有一座承载民族发展希望的隧道》,怒江傈僳族自治州人民政府网站,2020 年 4 月 3 日。
③ 怒江州交通运输局:《沿着美丽公路寻找幸福的事——怒江美丽公路通车一周年纪实报道》,怒江傈僳族自治州人民政府网站,2021 年 3 月 29 日。

6.5%；三级公路 269.863 千米，占公路总里程的 4.5%；四级公路 4839.304 千米，占公路总里程的 79.8%；等外公路 559.172 千米，占公路总里程的 9.2%。国道 432.138 千米，占公路总里程的 7.1%；省道 476.041 千米，占公路总里程的 7.9%；县道 1150.479 千米，占公路总里程的 19%；乡道 2832.197 千米，占公路总里程的 46.7%；村道 1111.765 千米，占公路总里程的 18.3%；专用道 62.688 千米，占公路总里程的 1%。①

2018 年 1 月 8 日，兰坪丰华机场的主体工程开工建设，于 2019 年 11 月 30 日全部竣工，12 月 10 日通过行业验收，12 月 30 日开始正式通航。兰坪丰华机场是目前云南省第一个建成的 A1 级一类高原通用机场，也是怒江州建成的第一座机场。机场位于兰坪白族普米族自治县通甸镇，距县城 38 千米。兰坪丰华机场的投入使用，实现了怒江人民千百年来的"飞天梦"。2019 年 12 月 30 日，在兰坪丰华机场正式通航的当天，云南怒江傈僳族自治州兰坪白族普米族自治县上万名群众齐聚一堂，载歌载舞，共同见证和庆祝了这一伟大的历史性时刻。②

兰坪丰华机场试飞成功
（图片来源：怒江傈僳族自治州人民政府网站）

文艺表演《筑梦蓝天》（图片来源：怒江傈僳族自治州人民政府网站　摄影：抒鑫）

2020 年底，保泸高速公路（保山至泸水）建成通车，结束了怒江无高速公路的历史。保泸

---

① 怒江州交通运输局：《从"0"开始看怒江州交通运输的数字变化》，怒江傈僳族自治州人民政府网站，2020 年 11 月 17 日。
② 中国民航网：《梦想启航——兰坪丰华通用机场建成通航侧记》，怒江傈僳族自治州人民政府网站，2020 年 1 月 8 日。

高速公路既是怒江州的第一条高速公路，也是串联滇西地区的高速大通道，保泸高速公路建成后，从昆明到六库可节省 2 个小时的时间，实现了怒江与全省高速公路网的联通对接。保泸高速公路起于保山市隆阳区瓦窑镇老营，与杭瑞高速公路相接，止于泸水市六库镇小沙坝。保泸高速公路主线长达 85.174 千米，地处横断山脉中段，跨越怒江天堑，沿途山岭褶皱，地势陡峻，遍布古滑坡，地形地势十分复杂。保泸高速公路线路设计充分考虑环保因素，特别是避开高黎贡山自然保护区，桥梁和隧道占 77.49%，桥梁（包括进场道路桥梁）165 座，隧道 25 座，互通立交 6 处。其中，控制性工程之一的老营特长隧道，左右隧道横穿高黎贡山东麓怒山山脉，主隧道长达 11.52 千米，是迄今最长的云南高速公路隧道。①

历经 70 余年的沧桑巨变，怒江大峡谷从没有一条公路，到 2019 年底，长达 6065.308 千米的公路连接着千村万寨；从 1979 年修建第一条农村公路——泸水市老窝镇荣华村公路，到如今 255 个行政村、17 个社区 100% 实现路面硬化目标；从没有一条高速公路、没有一座飞机场，到保泸高速于 2020 年建成通车，兰坪丰华机场于 2019 年底通航。四通八达的交通网络已成为惠及民生、绿色发展、脱贫致富、乡村振兴的强大"引擎"。过去的天堑变成了今日的通

保泸高速公路建成通车
（图片来源：怒江傈僳族自治州人民政府网站）

通往架究村的路（供图：匹河怒族乡人民政府　摄影：丰玉立）

---

① 怒江州交通运输局：《怒江州交通基础设施实现历史性飞跃》，怒江傈僳族自治州人民政府网站，2021 年 3 月 1 日。

途，"山羊无路走，猴子见了也发愁"的历史已彻底结束。

农村基础设施日益完备

在 2000 年左右，怒族群众生产、生活中的用电、用水仍然困难，仅有 60% 左右的怒族人口基本解决了人畜饮水问题，约有 75% 的人口基本解决了照明用电问题。怒族聚居地区耕地的 95% 以上是旱地，有千余亩可以改造成水田的旱地因为缺乏灌溉设施而无法进行改造，每年因为沟渠损毁而造成大量水田退化为旱地。有数百亩水田可改造成四季水田以发展水田养殖业，但由于灌溉设施落后而无从谈起。经统计，在 2000 年左右，怒族聚居地区需要修复、加固、促畅的原有灌溉工程约 200 千米，需新修的灌溉工程约 300 千米。[1]

到了 2010 年，在国家扶持人口较少民族政策的帮扶下，怒族聚居地区的基础设施建设工程发展迅速。在贡山县，到 2010 年末，26 个村委会均已通电，广播覆盖率为 88.15%，电视覆盖率为 89.47%。固定电话总量达 3216 户，小灵通用户 121 户，典型 CDM 手机用户 1341 户，互联网用户 1350 户。在全县 26 个村委会中，20 个村委会通程控电话，25 个村委会通移动电话。[2]在福贡县，截至 2010 年底，自然村通电率为 96%，广播电视综合覆盖率达 87%。[3]在福贡县匹河怒族乡的老姆登村，到 2012 年底，共有农户 288 户 1104 人（在老姆登村，怒族是主体民族，共有 221 户 893 人，占比为 80%）。截至 2012 年底，全村全部农户均已通电，有 268 户农户拥有电视机，且已装有卫星电视接收器，能看到信号清晰的电视节目。人畜饮水安全问题已得到妥善解决，水管总长度达 4800 米，有 171 户家中已通自来水，安装固定电话或拥有移动电话的农户数为 131 户，其中，有 119 户农户拥有移动电话。[4]在福贡县匹河怒族乡的究架村，到 2012 年底，

① 《中国人口较少民族发展研究丛书》编委会：《中国人口较少民族经济和社会发展调查报告》，民族出版社，2017，第 475 页。
② 杨筑慧：《中国人口较少民族经济社会发展追踪调研报告》，学苑出版社，2016，第 263 页。
③ 杨筑慧：《中国人口较少民族经济社会发展追踪调研报告》，学苑出版社，2016，第 264 页。
④ 罗明军：《云南特有七个人口较少民族扶贫绩效调查研究》，中国社会科学出版社，2015，第 239-240 页。

共有农户 177 户 652 人，全部为怒族人口，全村所有农户均已通电，有 174 户通自来水，拥有电视机的农户数为 160 户，拥有移动电话的农户数为 165 户。①

"十三五"期间，长期困扰群众的吃水难、用电难、通信难等问题得到了历史性解决。以匹河怒族乡为例，在"十三五"期间，匹河怒族乡人民政府加大了向上级汇报、争取的力度，多角度、多渠道反映匹河的困难和问题。充分整合利用各种项目资金，切实解决了群众用水、出行、用电、穿衣、吃饭、住房等问题。逐年所完成的基础设施建设工作情况如下：

2016 年，修复水沟 22.7 千米，新建水沟（渠）5 条共计 28.4 千米；修建架（埋）设管线 161.659 千米、蓄水池 1076 个，人畜饮水及农田灌溉得到安全保障。新建通村公路 47.52 千米，硬化水泥路 16.71 千米，村间道路硬化 53.477 千米，建设完成农村客运招呼站 9 个，交通建设取得长足发展。完成农网改造 14 千米，解决了 4 个自然村 682 户的用电困难问题。新建群众活动场所（篮球场）23 个（块），公共厕所 29 个，太阳能路灯 217 盏。建设完成公共租赁房 24 套，加快推进了全乡"城乡一体化"进程，各村实现网络宽带全覆盖。认真组织开展城乡环境综合整治工作，完成乡直机关步行街、政府驻地排污管道修缮和集贸市场建设，市政功能日趋完善，辖区内脏、乱、差现象逐步得到改善。

2017 年，启动 155 户安居房建设项目，启动托坪村五湖易地扶贫搬迁点和知子罗易地扶贫搬迁点建设项目，稳步推进沙瓦村指挥田易地扶贫搬迁点征地拆迁工作；启动沙瓦村子楞组"最美通组公路"建设项目；投入 100 万元启动了棉谷新村院场改造项目，涉及 50 户，户均 2 万元。以上基础设施的建成，极大地改善了农业生产条件，提高了农业生产效益。

2018 年，全力推进美丽公路匹河段征地拆迁工作，匹河段红线内外房屋拆迁总量为 159 宗（其中，主体房 130 宗、附属建筑 29 宗）；实施了通村公路硬化和跨江大桥建设等项目，2018 年共完成通村组公路硬化总里程 24.74 千米，新开挖沙瓦村通组公路，总里程 10 千米，新开挖架究村森林防火通道，总里程 10 千米；全面启动建设托坪村五湖跨江大桥，启动棉谷大桥征地拆迁工作；投入 150 万元建设完成瓦娃村空通组民族团结村示范项目；投入 40 万元完成 2018 年果科村"一事一议"财政奖补普惠制项目；架究村明究小组基础设施建设项目、老姆登村村务活动室、普洛村村委会等项目有序推进。

---

① 罗明军：《云南特有七个人口较少民族扶贫绩效调查研究》，中国社会科学出版社，2015，第 249—250 页。

2019年，匹河怒族乡3个安置点，共建设安置房625套，计划安置搬迁户619户2303人，其中，建档立卡户599户2209人，同步搬迁户（含回迁户）20户94人；匹河怒族乡农危改非"四类"重点对象①和四类"再危"重点对象共涉及314户，2019年内已完成项目验收工作，入住率97%；《匹河怒族乡2019年深度贫困精准脱贫攻坚实施方案》共规划十大工程78个子项目，总投资43236.81万元；全乡共投资190万元，建设完成学前教育基础设施建设项目5个。

2020年，以脱贫攻坚项目建设为重点，编制完成《匹河怒族乡2019年深度贫困精准脱贫攻坚实施方案》共规划十大工程56个子项目，总计划投资1.45亿元，实际完成投资5562.37万元。分别是知子罗、沙瓦地质灾害防治工程和3个安置点党建氛围营造项目，投资1023.44万元；建设贫困村幼儿园5所，投资190万元；通村公路安全保障20.8千米，投资226万元；"直过民族"及沿边较大人口规模通村公路硬化建设44.6千米，投资1881.55万元；托坪村、瓦娃村农村公路桥梁建设项目2座，投资125万元；农村饮水安全巩固提升24项，投资1087.38万元；村庄人居环境提升项目村内道路硬化49千米、卫生公厕建设26座、太阳能路灯安装1765盏，投资859万元；民族团结进步示范村项目1个，投资150万元；党群活动室建设项目1项，投资20万元。

社会保障水平逐渐提高

随着社会的不断发展，劳动和社会保障工作在怒族聚居地区起到了越来越重要的作用。1980年，劳动服务公司成立，开始履行劳动就业服务职能。1986年，企业用工试行劳动合同制，用劳动合同来明确企业与劳动者的劳动关系，并启动了养老保险、失业保险的试点工作。1988年，推行企业全员劳动合同制，打破临时工、正式工的身份界限，打破了职工与干部的身份界限，企业用工关系步入法治化轨道。1992年2月，启动工伤、生育保险；2001年，启动医疗保险；到2004年底，社会保险的五大险种已建立健全。②之后，怒族聚居地区认真落实社会保险征缴工作，努力扩大各种保险的覆盖面和提高各种保障金的标准。以贡山县为例，到2007年末，参保人数达7296人，有945名城镇居民享受城镇低保待遇，有2879户9000名农村贫困人口享受农村低保待遇。政府出资7.9万元为全县

---

① 即建档立卡的贫困户、纯低保户、五保户和残疾户。
② 李绍恩：《当代云南怒族简史》，云南人民出版社，2014，第119—120页。

7900 名农户购买了民房保险。到 2015 年，在全县实施并覆盖农村基本养老保险，覆盖率达 100%；基本养老保险参保人数达 2000 人，失业保险达 3000 人，基本医疗保险达 6500 人，工伤保险人数达 4000 人，生育保险人数达 2000 人；各类用人单位劳动合同签订率达 95% 以上；企业退休人员纳入社区或乡镇劳动保障所管理，社会化管理服务率达 100%。[①]

到了"十三五"期间，怒族聚居地区始终把保障和改善民生作为第一追求，时刻把群众的安危冷暖放在心上，民生改善和保障水平进一步提高。以匹河怒族乡为例，在"十三五"期间，为建立和完善与经济社会发展水平相适应的、城乡统筹的社会保障体系，历年所完成的工作情况如下：[②③④⑤⑥]

2016 年，匹河怒族乡建设完成乡级老年日间照料中心，残疾人事业不断发展。社会保障体系进一步健全，社会保险覆盖面不断扩大，城乡居民社会养老保险试点工作全面推开，全乡参保人数达 6892 人，参保率达 98%。社会最低生活保障制度不断健全，纳入城镇和农村的低保人数分别达 300 户 495 人和 2484 户 5163 人，共计发放农村及城镇居民低保金 4981.02 万元，发放低保粮食 218.1 万千克。在 2013 年至 2016 年的 4 年间，救助不同程度受灾农户共 1761 户，发放救助金 40.52 万元、大米 5.25 吨、石棉瓦 4967 片、衣裤 1200 袋、棉被 1050 床、水泥 101 吨。

2017 年，匹河怒族乡全力推进城乡居民社会保障体系建设。实现建档立卡人口城乡居民基本医疗保险和养老保险参保率均达到 100%；共救助自然灾害受灾农户 254 户，发放救助金 16 万元；救助受灾特困户 624 户，发放衣裤 650 袋和棉被 200 床；发放困难群众临时救助金 283 户，共计发放 20 万元救助金；发放建档立卡人口医疗救助金 401 人，发放救助金 20.06 万元；全乡共发放 5163

---

① 李绍恩：《中华民族全书·中国怒族》，宁夏人民出版社，2012，第 138 页。
② 中共匹河怒族乡委员会、匹河怒族乡人民政府：《匹河怒族乡 2016 年度脱贫攻坚工作总结》，2016。
③ 中共匹河怒族乡委员会、匹河怒族乡人民政府：《匹河怒族乡 2017 年度脱贫攻坚工作总结》，2017。
④ 中共匹河怒族乡委员会、匹河怒族乡人民政府：《匹河怒族乡 2018 年度脱贫攻坚工作总结》，2018。
⑤ 中共匹河怒族乡委员会、匹河怒族乡人民政府：《匹河怒族乡 2019 年度脱贫攻坚工作总结》，2019。
⑥ 中共匹河怒族乡委员会、匹河怒族乡人民政府：《匹河怒族乡 2020 年度脱贫攻坚工作总结》，2020。

名农村低保人员低保金及生活补助 1107.49 万元；发放 495 名城镇低保人员低保金 215.56 万元；发放五保户、老乡干部等 66 人的定量定补金 30.66 万元；发放 1219 户边民补贴共计 12.19 万元；发放 205 人 80 岁以上高龄老人补贴共计 17.39 万元；发放 7 人义务兵家庭优待金 6.26 万元；发放 552 名残疾人两项补贴 34.39 万元；发放 5717 人的医疗资助金 40.96 万元；发放 9 名孤儿及 120 名单亲孩子的救助金 16.76 万元。

2018 年，匹河怒族乡共救助困难群众 1145 户，发放临时救助金 96.48 万元；救助受灾特困户 278 户，发放棉衣 278 件和棉被 4 床；发放 1669 户 5508 人农村低保人员低保金及生活补助 1256.8835 万元；发放 300 户 493 人城镇低保人员低保金 223.056 万元；发放五保户、老乡干部、烈士墓管理员等 59 人的定量定补金 40.4851 万元；发放 3089 户 10444 人边民补贴共计 363.25 万元；发放 190 名高龄老人补助共计 17.43 万元；发放 9 人义务兵家庭优待金 8.37 万元；发放 563 名残疾人两项补贴 33.017 万元；发放 55 名重点优抚对象补助金 37.8831 万元。

2019 年，匹河怒族乡全乡共有 1972 户 5911 人享受城乡低保，其中，有 1683 户 5448 人享受农村低保、289 户 463 人享受城镇低保，共发放农村低保金 1262.7418 万元，发放城镇低保金 193.7165 万元；发放五保户、老乡干部等 44 人的定量定补金 28.3521 万元；发放残疾人两项补贴 359 人 28.943 万元；发放孤儿 8 户 9 人 14.651 万元；发放高龄补助对象 195 人 17.934 万元；发放边民补助 3094 户 10543 人 440.31 万元；发放困难群众临时救助 629 户 2428 人 75.41 万元。

2020 年，匹河怒族乡实行精准施保、分类施保、应保尽保，全乡 407 户 906 人纳入农村低保对象，279 人持证残疾人均享受两项补贴资金，投入 488 万元购置政策兜底性资产，实现了全乡 244 户兜底户的兜底保障全覆盖，全乡累计发放农村低保 277.2 万元、城镇低保 235.6 万元、临时救助 179.65 万元，切实解决了一批人民群众最关心、最直接、最现实的问题。

 文化教育

民间教育转向学校教育

　　在历史上的很长一段时间内，怒族之所以能创造并延续本民族的优秀传统文化，主要依靠的是民间教育，怒族民间教育颂扬真、善、美，惩戒假、丑、恶，尤其倡导团结友爱、互助的精神，其目的是培育德、能、勤的社会成员。其中，德，指善良诚实、团结友爱、公道无私、光明磊落、不贪不占、不偷不拿的正当行为。怒族家庭的教育是非常严格的，孩子在很小的时候就注意培养他们诚信的人品，特别不能有偷懒和撒谎的行为，一旦发现，就会受到严厉惩罚，直至彻底改悟为止。能，指智能和生产技能，有动手能力，好学善钻，有创新发明能力。勤，指勤劳，不偷懒，能吃苦耐劳。[①]经过一代又一代的坚持和传承，培养出了一批批怒族社会所需要的德、能、勤兼备的人才，从而铸就了怒族社会夜不闭户、道不拾遗的传统美德。

匹河怒族乡老姆登村民宿的"火塘"（供图：匹河怒族乡老姆登村郁伍林）

① 李绍恩：《中华民族全书·中国怒族》，宁夏人民出版社，2012，第58页。

怒族民间教育的内容涉及生产及生活的全部知识，主要以德育和生产技能的培训为主，怒族所有的生活空间都是教育后代的场所。其中，在人生的不同阶段占据主要地位，且发挥着层层递进的、关键的教育作用的场所一共有三个。①

（1）火塘边的启蒙成长。在过去，怒族的生活离不开火塘，火塘是怒族群众学习生活知识的重要场所。与此同时，怒族的许多重大事件都与火塘有关，老人们常在火塘边唱与本民族历史有关的古歌，这类歌也被称为"在火塘边坐唱的歌"，也正是这些歌，使每个成员对本民族、本家族的历史有所了解。因此，几乎每个怒族人都有在火塘边接受启蒙教育和成长的经历，火塘被认为是怒族早期教育的场所。

（2）在"哦吆"中的自修完善。"哦吆"（怒江流域的怒语，即南部怒语），意为"闲置的房子"，即"公房"，是供青年男女聚会的场所。"哦吆"是过去的氏族社会为每个尚未成年而又将进入成年阶段的怒族成员准备的一种自修式的教育场所，在这里，每个人都必须掌握好今后作为成年人应具备的生产生活技能，如弹琵琶、跳舞、制弩削箭、捻麻绕线等。因此，"哦吆"事实上是怒族青少年进入成年期前的一个资格训练所。

（3）在"我哞"中深造提升。"我哞"（澜沧江流域的怒语，即东部怒语），泛指人们获取物质资料的一切实践活动。人民离不开"我哞"，"我哞"是怒族社会中每一个发育健全的成员都必须参与的活动，在参与"我哞"的过程中，经过上辈人的言传身授，成长中的社会成员学会了为人处世、待人接物，掌握了耕作、砍伐、修造、狩猎、编织、采集等生产生活技能，得到了深造和提升。

怒族开展民间教育的方式主要有四种，每种方式所包含的内容不尽相同。②

（1）以民间格言俗语要求人们行善。怒族民间的格言俗语极为丰富，且深含哲理，劝人止恶扬善，催人警醒奋进。诸如"善有善报，恶有恶报""铁不炼不成钢，人不教不成才""好看的脸蛋，心底不一定美；漂亮的弩弓，打猎不一定准""像太阳一样发热，像月亮一样发光""别背走别人扣子上的猎物，别舔吃被人号好的蜂蜜"等一些怒族民间诱导人们行善的、比较经典的格言俗语，像镜子一样时刻映照着人们的言行。

（2）传唱《教儿歌》，教育子女心善行正、团结友爱、家庭和睦、夫妻恩爱、尊老爱幼。《教儿歌》是怒族人民集千百年的经验心得、经不断加工完善的集体

---

① 李绍恩：《中华民族全书·中国怒族》，宁夏人民出版社，2012，第59-60页。
② 李绍恩：《中华民族全书·中国怒族》，宁夏人民出版社，2012，第60-63页。

创作的一部教育长歌，一直流传至今。《教儿歌》讲述了古代的两个怒族家庭，在孩子摇篮时期就给他们许配成亲（定下"娃娃亲"），双方家长教儿育女成人，直至两个孩子建立幸福家庭的故事。《教儿歌》把教儿劈柴垦荒、教女煮饭编织贯穿于全歌的始终，将父教儿、母教女做人的教育经验进行总结，是怒族民间教育的经典素材，每逢喜庆佳节或者举行婚礼时，老人们聚集在一起，年轻人围坐在老人的四周，边喝喜酒，边聆听老人们传唱《教儿歌》，在潜移默化中，教育、启迪年轻人。

（3）讲述民间故事，警示人们辨别善恶、美丑。怒族民间流传着许多优美的神话传说，如《大力士阿洪》《朋友俩》等。神话传说通常是怒族民间教育的绝佳素材，老人们常利用其教育子孙后代，陶冶情操，净化心灵，启发人们辨别善恶、美丑，鞭挞假、丑、恶，赞扬真、善、美。

（4）言传身教，培养勤劳人才。培养勤劳人才的任务通常由长者和父母担负，他们必须身体力行，言传身教地教会儿女狩猎、耕耘、织布、建房等生存技能，以解决最基本的衣、食、住、行问题。

怒族聚居地区的教育方式从民间教育开始向学校教育过渡的标志是，清政府于1910年在贡山的茨开及菖蒲桶两地开办了两所汉语学校，但只有个别怒族学子在其中念过书。① 在20世纪30年代后期，为了防御列强的侵略，培育及增强群众的爱国热情，怒族聚居地区曾创办有民族小学和简易的乡村师范班（所），但由于怒族经济条件差，怒族子弟并无接受教育的机会。1935年，贡山、碧江等县创办5所公立小学，开始招收怒族、傈僳族学生，实行免费教育，但受时代的限制，发展颇不顺利。② 中华人民共和国成立前，国民党设治局曾在怒族聚居地区开办过学堂，但学生上学要交"学粮""学款"，当时怒族群众没意识到上学的好处，觉得上学受教育等同于服兵役，故不愿意让孩子上学，加之语言不通、生活贫寒等各种原因，所以在中华人民共和国成立以前怒族群众中有初中文化的人屈指可数。③ 临中华人民共和国成立时，全怒江州的小学和初中加起来一共仅有61所，在校学生不足2000人，怒族学生的数量极少，不足100人。④ 怒族聚

① 李绍恩：《中华民族全书·中国怒族》，宁夏人民出版社，2012，第58页。
② 《怒族简史》编写组、《怒族简史》修订本编写组：《怒族简史》，民族出版社，2008，第101页。
③ 余新、怒江州政协文史资料委员会编：《怒江州民族文史资料丛书·怒族》，云南民族出版社，2007，第2页。
④ 《怒族简史》编写组、《怒族简史》修订本编写组：《怒族简史》，民族出版社，2008，第101页。

居地区学校教育的规模化发展，始于中华人民共和国成立以后的 20 世纪 50 年代，正是从那个时候开始，怒族聚居地区的教育方式才真正地实现了从民间教育向学校教育的跨越式转变。

民族教育事业蓬勃发展

中华人民共和国成立之后，国家大力支持怒族聚居地区兴办教育，在 20 世纪 50 年代初，怒族聚居地区的小学教育已经形成了一定的规模，中等教育也开始兴办。到 1953 年，怒江地区的小学已经发展到了 227 所。在 1956 年，仅碧江、福贡两县的怒族在校学生人数已由 1949 年的 71 人增至 700 人。到 20 世纪 50 年代末，怒族聚居的各县已经实现了村有小学、区有初中、县有高中，教育结构日渐趋于合理。① 在 20 世纪 70 年代，怒族教育事业的发展经历了一些波折，到 20 世纪 70 年代末期，怒族在校学生未能突破 1000 人的规模② 。

改革开放以后，特别是从 20 世纪 80 年代开始，怒江州委、州政府将教育置于优先发展的地位，在发展教育的过程中，尤其重视怒族、独龙族等人口较少民族的青少年教育问题。经过十年的努力，截至 1990 年，怒族学生的入学率、巩固率及毕业生升学率逐步上升。于 1990 年所开展的第四次全国人口普查数据显示，截至 1990 年，怒族在校学生总数达到 3443 人，其中，男生 1826 人，女生 1617 人。在校学生中，大学本科有男生 7 人，女生 2 人；大专有男生 8 人，女生 2 人；中专有男生 45 人，女生 35 人；高中有男生 48 人，女生 42 人；初中有男生 214 人，女生 211 人；小学有男生 1504 人，女生 1325 人。但仍有 15730 名青壮年未脱盲，有 55.07% 的男性、66.32% 的女性为文盲。③

直到 2000 年，怒族青壮年的文盲比例依旧很大，占全怒江州农村青壮年文盲总数的 48.5%。究其缘由，是因为一般的怒族家庭经济状况很不稳定，返贫率高，很多学生随时可能因为家庭经济情况恶化而失学，加上云南省在 2000 年左右开始探索实施的《滇西北地区保护与发展行动计划》让怒江赖以支撑的木材

① 《怒族简史》编写组、《怒族简史》修订本编写组：《怒族简史》，民族出版社，2008，第 101 页。
② 余新、怒江州政协文史资料委员会：《怒江州民族文史资料丛书·怒族》，云南民族出版社，2007，第 473 页。
③ 国务院人口普办公室、国家统计局人口和就业统计司：《中国 1990 年全国人口普查资料》，中国统计出版社，1992。

经济全面萎缩，群众的林猎收入几乎断绝，进而对农村教育的发展产生了一定程度的负面影响。到了 2000 年左右，怒族聚居地区的师资力量依然非常薄弱。以匹河怒族乡为例，由于怒族群众居住分散，一师一校的教学点占比很高，全乡有 40 个校点，有 16 个校点是一师一校。并且教师队伍的整体素质不高，在匹河怒族乡的 121 名教职工中，代课教师有 14 人，专职教师学历合格率为 95%；贡山县各级专职教师的合格率是幼儿园为 16.6%，小学为 91%，初中为 78%，高中为 70%。与此同时，到 2000 年，怒族聚居地区的升学情况也不乐观。其中，福贡怒族初中升学率仅有 76%，而辍学率高达 28.1%，高中升学率更低，才有 16.7%；兰坪县兔峨乡怒族初中升学率只有 71%，高中升学率约为 18%；贡山县丙中洛乡初中升学率为 70%，巩固率为 87.8%，高中升学率约为 25%。[①] 在师资力量跟不上，并且升学率也难以保证的情况下，怒族人口的教育水平难以提高。于 2000 年所开展的第五次全国人口普查数据显示，在怒族 6 岁以上的人口中，受过小学以上（含小学）教育的占 63.8%，受过初中以上（含初中）教育的占 22.68%，受过高中及中专以上教育的占 7.59%，受过大专、本科教育的占 1.2%。[②]

2000 年，国家民委组织专家学者对人口在 10 万人以下的 22 个人口较少民族的经济社会发展状况进行了全面调研，建议国家把人口较少民族发展问题列入国家"十一五"规划。2001 年 8 月，国务院办公厅批复国家民委的《关于扶持人口较少民族发展问题的复函》，明确提出要解决基本的人口素质教育问题。2002 年，云南在全国率先出台了《关于采取特殊措施加快我省 7 个人口较少特有民族脱贫发展步伐的通知》，确定实施"温饱、基础设施、科教、民族文化、人才培养"五项扶贫工程。2004 年，云南颁布实施了《云南省实施〈中华人民共和国民族区域自治法〉办法》，率先在全国免除了所有人口较少民族中小学生的教科书费、杂费、文具费，基本解决了 7 个人口较少民族适龄儿童上学难的问题。2007 年，怒江州为加强教师队伍建设，提升教师的教学能力，出台了《怒江州高寒边远山区教师岗位津贴实施办法》和《怒江州人民政府优秀骨干教师奖励办法》，随着各项办法的深入实施，怒江州教师队伍的整体素质得到了较大提高，涌现出了一批国家级、省级骨干教师和特级教师。到了 2010 年，怒族人口受教

148

① 《中国人口较少民族发展研究丛书》编委会：《中国人口较少民族经济和社会发展调查报告》，民族出版社，2007，第 473-474 页。
② 国务院人口普查办公室、国家统计局人口和就业统计司：《中国 2000 年全国人口普查资料》，中国统计出版社，2002。

育的程度有了明显的提高。于 2010 年所开展的第六次全国人口普查数据显示，怒族 6 岁及以上的人口共有 34002 人；其中，未上过学的人占 15.05%，受过小学教育的占 46.91%，受过初中教育的占 24.29%，受过高中教育的占 7.56%，受过大学专科教育的占 4.27%，受过大学本科教育的占 1.85%，受过研究生教育的占 0.06%。[①]

进入"十三五"以后，怒江州始终坚持把发展教育扶贫作为治本之策，积极探索怒江教育跨越式发展的新路子。以匹河怒族乡为例，在"十三五"期间，为打好教育扶贫攻坚战，逐年所开展的工作情况如下：[②③④⑤⑥⑦]

2016 年，匹河怒族乡大力实施"科教兴乡"战略，教育综合改革不断深化，教师绩效工资制度有效推行，师德、师风建设和师训工作进一步加强。"两基"成果得到巩固和提高，全乡适龄儿童入学率、控辍保学率均在 98% 以上。全面落实国家"两免一补"政策，进一步合理配置教育资源，完成老姆登、知子罗、棉谷新村、果科、普洛腊块腰村级学前教育点建设并正式投入使用。

2017 年，匹河怒族乡认真落实"两免一补"、14 年免费教育、学生营养改善计划全覆盖等政策。实现入学率、巩固率达 98% 以上，并与中、小学联动大力净化学校及周边环境、食品卫生、校园消防、安全隐患的排查，抓好各项防范工作，创建"平安校园"。大力宣传"中职教育"相关政策，顺利完成 2017 年的"两后生"送学任务，共送出学生 96 人到职业技术学院学习技能，送生率达 97%。

2018 年，继续认真落实"两免一补"、14 年免费教育、学生营养改善计划

① 国务院人口普查办公室、国家统计局人口和就业统计司：《中国 1990 年全国人口普查资料》，中国统计出版社，1992。
② 国务院人口普查办公室、国家统计局人口和就业统计司：《中国 2010 年人口普查资料》，中国统计出版社，2012。
③ 中共匹河怒族乡委员会、匹河怒族乡人民政府：《匹河怒族乡 2016 年度脱贫攻坚工作总结》，2016。
④ 中共匹河怒族乡委员会、匹河怒族乡人民政府：《匹河怒族乡 2017 年度脱贫攻坚工作总结》，2017。
⑤ 中共匹河怒族乡委员会、匹河怒族乡人民政府：《匹河怒族乡 2018 年度脱贫攻坚工作总结》，2018。
⑥ 中共匹河怒族乡委员会、匹河怒族乡人民政府：《匹河怒族乡 2019 年度脱贫攻坚工作总结》，2019。
⑦ 中共匹河怒族乡委员会、匹河怒族乡人民政府：《匹河怒族乡 2020 年度脱贫攻坚工作总结》，2020。

全覆盖等政策，实施匹河完小改扩建工程，义务教育基本均衡发展顺利通过国家督导考核；协同多方力量对辍学、失学学生进行集中劝返，成功劝返 7 名辍学学生返校；完成 7~15 岁适龄儿童少年信息国办系统录入及登记成册工作，实现全部就近入学，入学率为 100%；成功输送 75 名"两后生"到中等职业技术学院学习技能。

2019 年，严格推进控辍保学工作，及时调整控辍保学工作领导小组，在乡政府、学校及各村委会的密切配合下，乡政府业务员、乡妇联、学校教师、村"两委"班子成员、驻村工作队员等多次深入到短期辍学学生家中，对学生家长、学生进行思想劝导，对不在家的学生通过电话进行劝导。通过工作人员的耐心劝返，成功劝返 2 名辍学生返校就读。截至 2019 年 11 月 2 日，匹河怒族乡无辍学学生，实现了清零的目标。

2020 年，继续严格落实控辍保学"三线四级"责任制、"七长"负责制、"N 对 1 包保制"，持续加强义务教育法治宣传，努力巩固好控辍保学成果，确保该上学的一个不少，已入学的一个不跑。精准抓好贫困家庭子女教育资助工作，通过"雨露计划"持续加大贫困学生的资助力度，切实保证所有家庭不因学返贫，所有适龄学生不因贫辍学。继续做好"直过民族"和人口较少民族推广普通话及素质提升工作，持续优化全乡 2 所学校教学条件，强化师资队伍建设，进一步提升全乡教学质量。

2020 年，国家开展了第七次全国人口普查。统计显示，到 2020 年，3 岁以上的怒族人口有 34145 人，受教育程度情况如下[1]：未上过学的有 3929 人，接受过学前教育的有 2487 人，接受过小学教育的有 13367 人，接受过初中教育的有 8670 人，接受过高中教育的有 2410 人，接受过大学专科教育的有 1875 人，接受过大学本科教育的有 1367 人，具有硕士研究生学历的有 38 人，具有博士研究生学历的有 2 人。经过数十年的不懈努力，怒族聚居地区教育事业的发展取得了巨大的进步，其中，最令人欣喜的是怒族开始有了本民族的博士研究生，其数量为 2 名，首次在全国人口统计数据中实现了本民族博士研究生数据为零的突破。

① 国务院第七次全国人口普查领导小组办公室、北京市统计局：《中国人口普查年鉴（2020年）》，中国统计出版社，2022。

 ## 民族文化事业欣欣向荣

随着教育的发展及汉语水平的提高，在怒族中，涌现出了一批批文化艺术工作者，为发掘、保护、传承和弘扬怒族民族文化，他们整理民间文学，创作小说、诗歌；他们改编音乐，设计舞蹈；他们发布绘画、影视和摄影作品；他们著书立说，孜孜不倦地开展怒族相关研究，如今已是硕果累累，成绩斐然。

经整理后出版发行的民间文学作品有《猎神歌》《怒族民间故事》《婚礼歌》《怒族独龙族民间故事选》《福贡县民间故事集（上、下）》等。这类作品情节生动，集艺术性、伦理性和趣味性于一体，汇集了怒族的神话传说、民间故事、童话及寓言等，再现了历史上怒族人民同大自然和社会邪恶势力作斗争的英雄事迹，有较高的艺术价值和审美价值。同时也使千百年来流传在怒族的民间文学得到了系统的挖掘和整理，实现了从口头文学到书面文学的转变，更有利于今后的传承和保护。

20世纪80年代中叶，怒族作家彭兆清发表了小说作品《啊，那遥远的山泉小学》，这是怒族用汉文撰写的第一部小说，该小说获得了第三届全国少数民族文学创作奖。此后，彭兆清坚持长期创作，后期又陆续公开出版了《女岩神祭》《梦想不到的事情》《"吝啬鬼"大叔》《流动的驿站》《七彩仙境》《灵性的土地》等大批优秀作品，斩获了众多奖项，并在社会上引起了极大的反响。与此同时，怒族的创作人员不断涌现，先后在《怒江》《民族文化》《边疆文学》等报刊上发表了大量的小说、散文及诗歌，慢慢地形成了一支相对稳定的作家群体队伍，随着作品数量的逐年增多，其影响力也在不断扩大。

在党的民族政策和文艺方针的指引下，广大文艺工作者汲取怒族传统音乐元素创作了《弹歌要在大风里弹》《美丽的声音》《怒江在欢唱》《怒家寨里喜事多》《歌声飞出心窝窝》等众多的著名歌曲。其中，由怒族音乐家李卫才以怒族"达比亚"乐曲的基调所创作的《歌声飞出心窝窝》成为20世纪六七十年代流行全国、唱响大江南北的怒族新民歌。在20世纪90年代，怒族"达比亚"弹唱家范进良（原名阿迪·叶洛）对"达比亚"弹唱民歌《哦嘚嘚》进行整理和改编，在保留民歌特色的基础上注入了时代元素，在经不同的平台展示了以后，深受观众好评。与此同时，经过文艺工作者的努力，怒族民间舞蹈也有了新的发展，先后创作了《斗羊舞》《双人琵琶舞》《反弹琵琶舞》《欠吾舞》《怒族姑娘》《蝴蝶舞》等作品。

怒族绘画界人才辈出，反映怒族文化的绘画作品层出不穷，早期较具影响

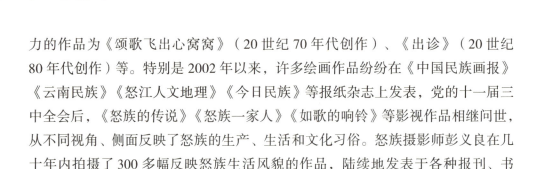

力的作品为《颂歌飞出心窝窝》（20 世纪 70 年代创作）、《出诊》（20 世纪 80 年代创作）等。特别是 2002 年以来，许多绘画作品纷纷在《中国民族画报》《云南民族》《怒江人文地理》《今日民族》等报纸杂志上发表，党的十一届三中全会后，《怒族的传说》《怒族一家人》《如歌的响铃》等影视作品相继问世，从不同视角、侧面反映了怒族的生产、生活和文化习俗。怒族摄影师彭义良在几十年内拍摄了 300 多幅反映怒族生活风貌的作品，陆续地发表于各种报刊、书籍之上。2007 年 7 月，云南美术出版社出版了怒族青年摄影家李绍智的历史文化摄影作品集《兔峨土司衙署印象》。①

进入 20 世纪 90 年代后，有一大批介绍、总结怒族文化艺术和从各个角度研究怒族相关问题的专著相继问世，纷纷从不同层面介绍了怒族，从不同视角宣传了怒族，使外界认识了怒江、认识了怒族。这类成果包含但不限于如下作品：《怒族文化大观》《怒族文化史》《云南少数民族妇女——怒族》《复苏了的神话·怒族》《柔若语研究》《怒族·怒苏语言资料集》《怒族·若柔语语言资料集》《怒族简史》《"三江并流"区的怒族人家》《怒族社会历史调查》《中华民族全书·中国怒族》《当代云南怒族简史》《走近中国少数民族丛书·怒族》。2003 年 12 月，云南省民族学会怒族学专业委员会成立，积极推动了怒族研究工作的持续开展。学会定期出版会刊《怒族研究》，以抢救、发掘、弘扬怒族传统文化为宗旨开辟了多个专栏，积极支持专家学者开展怒族政治、经济、文化、社会等方面的研究工作。编辑出版了《怒族社会历史调查资料集》《怒江州民族文史资料资料丛书·怒族卷》《怒族人物名录》《甲怒良苏怒语》等大批学术研究成果。摄制了《怒族传统文化实录》《怒族民间文化资料》等 6 套光碟，开展了《怒语拼音方案》的创制工作。于 2011 年 4 月承办了首届"中国怒族历史与文化"学术研讨会，会后出版了研讨会专集《峡谷深处的怒族社会》。②

从 2000 年开始，怒江州委、州政府每年拨出 50 万元为精神文明建设提供支持，围绕"民族文化活州"的目标，推出了《母亲河》《怒江彩虹》等一系列文艺精品，为满足群众精神文化生活的需要，大力实施"千里边疆文化长廊建设"工程、"贫困县乡两馆一站建设"工程、"农村电影放映"工程和"万家社区图书援助"工程。在长期坚持之下，怒江州的精神文明建设工作成效显著，涌现出了一批批先进集体和个人，其中，怒族"索道医生"邓前堆的先进事迹在 2011

---

① 李绍恩：《中华民族全书·中国怒族》，宁夏人民出版社，2012，第 213—217 页。
② 当代云南怒族简史编辑委员会、李绍恩：《当代云南怒族简史》，云南人民出版社，2014，第 142 页。

年 1 月被中央电视台报道，在社会上引起了较高的关注，后来邓前堆被推选为中共第十八次代表大会代表和第十届全国人大代表。[①] 2013 年 4 月 12 日，怒江州人民政府办公室印发了《怒江州人民政府办公室关于印发怒江州全民科学素质行动计划纲要（2011—2015 年）实施方案的通知》，[②] 在 2013—2015 年重点针对未成年人、农民、城镇劳动人口、领导干部和公务员、社区居民五类人员实施了五大工程（科学教育与培训基础工程、科普资源开发与共享工程、大众传媒科技传播能力建设工程、科普基础设施工程、科普人才建设工程），并在上述基础上完善公民科学素质建设长效机制。到 2015 年，怒江州科学技术的教育、传播与普及均有显著发展，公众获取科学技术知识的渠道进一步拓宽，对科学技术的态度更加理性和科学，处理实际问题、参与公共事务的能力得到提高，公民具备基本科学素质的比例得到大幅度增长，全民科学素质整体水平达到云南中等水平。

近年来，在各级政府的支持下，广大怒族聚居地区积极利用自身文化资源优势，融入怒族文化元素，打造了一批文化创意品牌，并逐渐形成了一条集旅游产品研发、工艺品生产、民族服饰生产、特色饮食制作、文艺演出、传统节日举办于一体的民族创意产业链，实现了优秀传统文化的价值转换和增值，在传承和保护优秀传统文化的同时也有效地推动了怒族聚居地区的经济发展。其中，表现最为出色的当属匹河怒族乡。早在 2013 年，匹河怒族乡便开始着力于深入挖掘、保护和传承怒族特色民族文化，依靠独特的怒族文化发展旅游业，打造了知子罗"记忆之城"、老姆登·知子罗景区，因势利导地开发一批具有怒族风情的农家乐，引导有条件的农户开展以"吃怒家饭、住怒家屋、赏怒山怒水、品怒族情"为特色的农家乐乡村生态休闲旅游，突出浓郁的民族特色，走出了一条"以游补农、以游助农、以游促农"的良性发展路子。2017 年，匹河怒族乡举办了"如密期"开春节暨脱贫攻坚文艺会演和"感党恩、听党话、跟党走"之怒声唱响大峡谷演唱晚会。拍摄完成纪录片《落地生根》，并于 2017 年 11 月 24 日作为"2017 北京纪实影像周"开幕影片与公众见面。2018 年，匹河怒族乡举办了 2018 年度"如眷"年节暨脱贫攻坚文艺会演活动，纪实专题节目"好在了我的家"第二集《下山（怒族）》在云南广播电视台播出。2020 年，位于知子罗

① 当代云南怒族简史编辑委员会、李绍恩：《当代云南怒族简史》，云南人民出版社，2014，第 140-141 页。
② 怒江州人民政府办公室：《怒江州人民政府办公室关于印发怒江州全民科学素质行动计划纲要（2011—2015 年）实施方案的通知》，怒江傈僳族自治州人民政府网站，2013 年 4 月 12 日。

村委会原碧江旧城八角楼的怒族博物馆已基本建设完成。同年，老姆登村被国家民委命名为"中国少数民族特色村寨"。①②③④⑤在未来，匹河怒族乡还将继续充分发掘怒族"哦嘚嘚""达比亚"等民族文化，将民族文化与乡村旅游业深度融合，打造"怒江会客厅""福贡南大门""核桃小镇""编织小镇"等旅游特色品牌，努力将自然资源、人文资源和区位优势转化为经济发展优势，让更多的游客留在匹河欣赏怒族风情、居住怒族民宿、品尝怒族美食、购买怒族服饰及乐器制品，通过发展旅游持续巩固拓展脱贫攻坚成果，从而实现与乡村振兴的有效衔接。⑥

① 中共匹河怒族乡委员会、匹河怒族乡人民政府：《匹河怒族乡 2016 年度脱贫攻坚工作总结》，2016。
② 中共匹河怒族乡委员会、匹河怒族乡人民政府：《匹河怒族乡 2017 年度脱贫攻坚工作总结》，2017。
③ 中共匹河怒族乡委员会、匹河怒族乡人民政府：《匹河怒族乡 2018 年度脱贫攻坚工作总结》，2018。
④ 中共匹河怒族乡委员会、匹河怒族乡人民政府：《匹河怒族乡 2019 年度脱贫攻坚工作总结》，2019。
⑤ 中共匹河怒族乡委员会、匹河怒族乡人民政府：《匹河怒族乡 2020 年度脱贫攻坚工作总结》，2020。
⑥ 杨丽华：《匹河怒族乡第十一届人民代表大会第五次会议第一次全体会议——2021 年匹河怒族乡人民政府工作报告》，2021 年 5 月 19 日。

医疗卫生

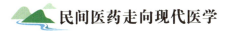

民间医药走向现代医学

在怒族所聚居的深山峡谷之中，生长着数不胜数的野生药物，较为常见的有黄连、贝母、天麻、三七等。为了民族的生存和发展，怒族先民在与疾病作斗争的过程中，逐渐探索和积累了一些有效的医治经验，并形成了众多的验方、单方、偏方，涉及内科、外科、男科、妇科、泌尿科、神经科、胃肠科、五官科。[1]怒族民间草医常以当地俗称黑心解的一种草药配以熊胆治疗被浸有草乌的毒箭所射中的疮口，以断续、伸筋草、三七、刺梧桐皮等多种草药掺和白酒捣成糯糊状敷在受伤的部位来接骨或治疗跌打损伤，以连根的野蒿熬汤服用治疗痢疾。除上述疾病的治疗方法以外，怒族民间医生还会以放血法、火罐疗法、冷敷镇痛法医治毒蛇咬伤、肠胃不适、风寒感冒等疾病。[2]

然而，由于历史和环境的原因，怒族民间的医学、医药、医术发展缓慢，能够被普通群众所认知和使用的种类并不多，民间对疾病种类的认识及医治知识的积累、理解较为粗浅，因而在历史上怒族从未形成系统的民族民间医疗体系，也少有专门从事医疗救治工作的民间医师，名家则更少。又由于万物有灵的观念已深入人心，怒族普遍信奉巫道神医，在遇到民间医疗常识所不能解决的病痛时，人们更多地将治愈疾病的希望寄托在杀牲祭神、驱邪等方式上，这又进一步限制了民间医药的进步与发展。在过去，怒族聚居地区长期缺医少药，人民群众的健康难以保障，常暴发痢疾、伤寒、霍乱、天花等流行性疾病。中华人民共和国成立以后，逐步地在州、县（市）、乡（镇）、村建立起了现代化的医疗卫生网络，有效地遏制了瘟疫疾病的流行，为怒族群众提供了有效便捷的公共卫生和基本医疗服务。

155

虽然在今天看来怒族的民间医药不一定科学、严谨，但是它曾在历史上的很长一段时间内对怒族群体的生存和发展发挥着功不可没的作用，甚至有部分民

---

① 李绍恩：《中华民族全书·中国怒族》，宁夏人民出版社，2012，第71页。
② 李月英、张芮婕：《走近中国少数民族丛书·怒族》，辽宁民族出版社，2014，第157页。

间医药至今仍显示出了强大的生命力，仍旧能为人们的身心健康起到一定的积极作用，不失为中华民族民间医药的重要组成部分，应给予必要的重视和保护。

卫生服务体系加速完善

中华人民共和国成立以前，怒族聚居地区奇缺医药，卫生条件恶劣，疾病丛生、流行病猖獗，民间医药仅能够治疗普通的小病小痛。

1951年，云南省卫生厅派出的边疆巡回医疗队来到了怒江地区，这是最早进入怒族聚居地区的一支医疗队，医护人员克服了交通、语言、生活上的重重困难，深入边远村寨，为群众治病防病，得到了怒族聚居地区各族人民的衷心爱戴。之后怒族聚居地区的医疗卫生事业就是以边疆巡回医疗队为基础而发展起来的，以边疆巡回医疗队的医务人员为骨干组建了各县卫生院。1957年，怒江傈僳族自治州成立以后，又建立了州医院和各县防疫站及各区卫生所。到1963年，怒族聚居地区国家医疗机构达41个，联合诊所8个，拥有病床311张，医务人员339人。中共十一届三中全会以后，特别是改革开放以后，各级党委、政府更加重视怒江州的医疗卫生事业，加强了州、县、乡医疗机构的基础设施建设，引进了人才和技术，配备了先进的医疗器械和设备，使州、县、乡三级医疗机构的住房、办公条件、工作环境和生活环境得到了普遍改善，医疗器械和设备得到了更新。与此同时，加强了农村的医疗卫生工作，普遍建立了农村卫生室，每个卫生室配备了1~2名乡村医生。[1]在2002年10月，我国明确提出各级政府要积极引导农民建立以大病统筹为主的新型农村合作医疗制度。从2003年起，开始在全国部分县（市）试点新型农村合作医疗制度。2009年，我国作出了深化医药卫生体制改革的重要战略部署，确立了新型农村合作医疗制度作为农村基本医疗保障制度的地位。到2010年，已逐步实现新型农村合作医疗制度基本覆盖全国农村居民。随着新型农村合作医疗制度在怒族聚居地区的普及，改变了过去怒族群众看病难、看病贵，有病住不起院的状况，有力地推动了怒族聚居地区医疗卫生事业向前发展。

"十三五"期间，为推进医疗服务体系建设，以怒江州人民医院创建三级甲等医院、泸水市人民医院创建二级甲等医院为重点，怒江州全面启动推进四县（市）人民医院提质达标工作。对兰坪县人民医院提质达标开展情况进行了现场

---

① 当代云南怒族简史编辑委员会、李绍恩：《当代云南怒族简史》，云南人民出版社，2014，第119页。

检查，完成了对泸水市人民医院二级甲等医院创建 2 次州级带教评审和 1 次省级带教评审；积极推进医疗中心建设，以慢性病救治与管理为重点，着力提升州、县级医疗机构院前院内救治能力，启动怒江州人民医院卒中中心、胸痛中心建设，以及兰坪县人民医院、福贡县人民医院胸痛中心和泸水市人民医院卒中中心建设；深入开展省级临床重点专科评估验收、推荐工作，其中，2013—2015 年省级临床重点专科（怒江州人民医院麻醉科、儿科；兰坪县人民医院妇产科）于 2019 年 8 月接受了省卫生健康委的评估验收，推荐州人民医院神经内科为 2020 年省级临床重点专科建设项目，推荐泸水市人民医院消化内科为 2020 年"补短板"重点专科培育项目。[①] 到 2020 年，怒江州下辖 1 个县级市、1 个县、2 个自治县已经全部建立起了县（市）、乡（镇）、村三级医疗机构，由县级卫生健康行政部门负责组建验收组或委托第三方，通过现场查阅，核实基建、设备、财务、编制、人事等方面的文件及台账，对辖区内县（市）、乡（镇）、村三级医疗机构分别逐项开展验收，经核实，全州三级医疗机构已全部达标。在县级医院方面，全州四县（市）分别有一家县级公立医院，并达到二级医院基本标准。病床数量、建筑面积、科室设置、设施设备、人员配置等已达到验收标准。在乡镇卫生院方面，全州共有 28 个乡镇卫生院、3 个社区卫生服务中心，每个行政乡镇分别有 1 所政府举办的乡镇卫生院（或社区卫生服务中心），病床设置、人员配备、建筑面积、科室设置、设施设备已达到验收标准。在村卫生室方面，按照每个建制村建有村卫生室的要求，全州共有 255 个行政村，已实现每个行政村有一所标准化村卫生室的目标。建制村卫生室建筑面积均为 60 平方米以上，设有诊断室、治疗室、公共卫生室、药房，配齐听诊器、体温计、血压计等医疗设备，配备 618 名乡村医生（兰坪 230 人、泸水 183 人、福贡 160 人、贡山 45 人），除新入职待培训注册人员外，全部取得《乡村医生执业证书》并完成执业注册。全州村卫生室建筑面积、科室设置、设施设备、人员配置已达到验收标准。[②]

157

① 怒江州卫生健康委员会：《怒江州卫生健康委员会关于怒江州 2019 年卫生健康工作总结和 2020 年工作计划的报告》，2019 年 11 月 15 日。
② 怒江州卫生健康委员会：《2020 年上半年怒江州健康扶贫工作总结》，2020 年 6 月 3 日。

 ## 医疗保障水平稳步提升

在中共中央、国务院于 2011 年 12 月所印发的《中国农村扶贫开发纲要（2011—2020 年）》中，将"基本医疗有保障"列为扶贫开发的主要任务之一，提出，"到 2015 年，贫困地区县、乡、村三级医疗卫生服务网基本健全，县级医院的能力和水平明显提高，每个乡镇有 1 所政府举办的卫生院，每个行政村有卫生室；新型农村合作医疗参合率稳定在 90% 以上，门诊统筹全覆盖基本实现；逐步提高儿童重大疾病的保障水平，重大传染病和地方病得到有效控制；每个乡镇卫生院有 1 名全科医生。到 2020 年，贫困地区群众获得公共卫生和基本医疗服务更加均等。"[1] 按照中央的这一指示，为切实加快贫困群众脱贫致富步伐，实现怒江州与全省同步全面建成小康社会，怒江州卫计委（现为"卫健委"）积极推行了一系列的健康扶贫措施，全州的医疗保障水平逐年稳步提升。

以匹河怒族乡为例，2013—2016 年，匹河怒族乡新建和修缮 9 个村级卫生室，持续提高乡村医生素质，城乡居民健康档案不断规范，妇幼保健、疾病预防控制等工作成效明显，四年中未发生较大规模传染性事件。新型农村合作医疗工作有序推进，运行机制日趋完善，参合率均达 100%，累计报销 134301 人次共补偿 993.86 万元，群众看病难、看病贵问题进一步缓解。2017 年，匹河怒族乡积极落实《云南省健康扶贫 30 条措施》，为 8939 名贫困人口建立了健康档案，开展了家庭医生签约服务活动，签约率达 100%。2018 年，匹河怒族乡全力推进城乡居民社会保障体系建设，实现城乡居民基本医疗保险和养老保险参保率均达到 100%。2019 年，全面完成了"基本医疗有保障"底线任务，9 个行政村和 3 个安置点建成标准化卫生室，配备 26 名合格乡村医生。[2][3][4][5][6]

---

① 中共中央、国务院印发：《中国农村扶贫开发纲要（2011—2020 年）》，中华人民共和国中央人民政府网站，国务院公报 2011 年第 35 号，2011。
② 中共匹河怒族乡委员会、匹河怒族乡人民政府：《匹河怒族乡 2016 年度脱贫攻坚工作总结》，2016。
③ 中共匹河怒族乡委员会、匹河怒族乡人民政府：《匹河怒族乡 2017 年度脱贫攻坚工作总结》，2017。
④ 中共匹河怒族乡委员会、匹河怒族乡人民政府：《匹河怒族乡 2018 年度脱贫攻坚工作总结》，2018。
⑤ 中共匹河怒族乡委员会、匹河怒族乡人民政府：《匹河怒族乡 2019 年度脱贫攻坚工作总结》，2019。
⑥ 中共匹河怒族乡委员会、匹河怒族乡人民政府：《匹河怒族乡 2020 年度脱贫攻坚工作总结》，2020。

　　根据党中央对脱贫攻坚工作所作出的一系列重大部署，到2020年稳定实现农村贫困人口不愁吃、不愁穿，义务教育、基本医疗、住房安全有保障，是贫困人口脱贫的基本要求和核心指标。在2019年，中央将解决"两不愁三保障"突出问题作为重点工作，多次研究部署。2019年4月16日，习近平总书记在重庆"两不愁三保障"突出问题座谈会上指出，总的看，"两不愁"基本解决了，"三保障"还存在不少薄弱环节。从国家卫生健康委员会的摸底排查情况来看，截至2018年底，全国还有46个乡镇没有卫生院，666个卫生院没有全科医生或执业（助理）医师；1022个行政村没有卫生室，6903个卫生室没有合格村医；1495个乡镇卫生院、24210个村卫生室未完成标准化建设。[1]2019年6月23日，发布了《国务院扶贫开发领导小组印发〈关于解决"两不愁三保障"突出问题的指导意见〉的通知》，[2]对解决"两不愁三保障"突出问题提出明确要求。国家卫生健康委认真贯彻落实习近平总书记重要讲话指示精神和党中央决策部署，多次专题研究，提出县医院能力建设、"县乡一体、乡村一体"机制建设、乡村医疗卫生机构标准化建设三大主攻方向，会同发展改革委、财政部、医保局、中医药局、国务院扶贫办，共同研究制定《解决贫困人口基本医疗有保障突出问题工作方案》，[3]推进解决基本医疗有保障突出问题，提出了具体的工作标准，包括医疗卫生机构"三个一"、[4]医疗卫生人员"三合格"、[5]医疗服务能力

① 兰坪县卫生健康局：《〈关于印发解决贫困人口基本医疗有保障突出问题工作方案的通知〉解读》，兰坪县人民政府网站，2019年12月13日。
② 国务院扶贫开发领导小组：《国务院扶贫办关于印发〈关于解决"两不愁三保障"突出问题的指导意见〉的通知》，中华人民共和国中央人民政府网站，2019年6月23日。
③ 国家卫生健康委、国家发展改革委、财政部、国家医保局、国家中医药局、国务院扶贫办：《关于印发解决贫困人口基本医疗有保障突出问题工作方案的通知》，中华人民共和国中央人民政府网站，国卫扶贫发〔2019〕45号，2019年7月10日。
④ 即每个贫困县建好1所县级公立医院（含中医院），具有相应功能用房和设施设备。靠近或隶属于市级行政区的贫困县，市级公立医院能够满足需求的，可结合当地实际不单独设立县级医院；每个乡镇建成1所政府办卫生院，具有相应功能用房和设施设备，能够承担常见病多发病诊治、急危重症病人初步现场急救和转诊等职责；每个行政村建成1个卫生室，具有相应功能用房和设施设备，能够开展基本的医疗卫生服务。人口较少或面积较小的行政村可与相邻行政村联合设置村卫生室，乡镇卫生院所在地的行政村可不设村卫生室。
⑤ 即每个县医院的每个专业科室至少有1名合格的执业医师；每个乡镇卫生院至少有1名合格的执业（助理）医师或全科医师；每个村卫生室至少有1名合格的乡村医生或执业（助理）医师。

"三条线"、①医疗保障制度全覆盖。②

2020年上半年,怒江州卫生健康委紧紧围绕基本医疗有保障的标准和要求,有序推进健康扶贫各项工作。③

（1）制定《怒江州卫生健康委关于印发打好"百日歼灭战"推进健康扶贫重点工作实施方案》,实行委机关领导班子定点挂牌指导基层的工作机制。2020年2月至5月,委机关领导班子共下沉基层8次,重点察看三级医疗机构达标、大病集中救治、家庭医生签约服务、"先诊疗后付费"政策落实、四类慢病管理等情况,对基层存在的问题进行了深入指导。

（2）坚持问题导向,针对各类大排查所发现的问题,委机关先后组织召开10次会议,安排部署整改工作,深入分析存在问题,研究讨论整改措施,明确整改单位、领导、责任人和时限,形成整改方案,确保整改工作落实到位,逐个清零销号。

（3）根据贫困退出指标和脱贫攻坚成果巩固要求,按照属地管理的原则,对辖区内县（市）、乡（镇）、村三级医疗机构分别逐项开展验收,经核实,全州三级医疗机构已全部达标。基层医疗卫生机构的达标,进一步夯实了基层医疗基础,提高了基层医疗服务的质量和水平,让人民群众看得上病,方便看病。

（4）坚持政策落实,确保健康扶贫显实效。截至2020年5月31日,在大病专项集中救治上,全州大病确诊病例数2399例,已入院或签约2385例,救治进展达99.42%。在家庭医生签约服务上,根据《怒江州推进家庭医生签约服务实施方案》要求,落实签约后的履约服务,全州家庭医生签约团队数共499个,建档立卡贫困人口高血压、糖尿病、严重精神障碍、肺结核四种慢性病总签约人数9884人,履约人数9720人,履约率98.34%。在"先诊疗后付费"政策落实上,按照《云南省农村贫困住院患者县域内先诊疗后付费实施方案》要求,在县域内定点医疗机构持续开展工作纠偏,严格转诊转院,全面落实"先诊疗后付费"和"一站式"即时结报。在重点疾病筛查和防治上,已全面完成结核病、艾滋病的筛查

---

① 即常住人口超过10万人的贫困县有一所县医院（中医院）达到二级医院医疗服务能力；常住人口超过1万人的乡镇卫生院达到《乡镇卫生院管理办法（试行）》（卫农卫发〔2011〕61号）要求；常住人口超过800人的行政村卫生室达到《村卫生室管理办法（试行）》（国卫基层发〔2014〕33号）要求。
② 即农村建档立卡贫困人口全部纳入基本医疗保险、大病保险、医疗救助覆盖范围。
③ 怒江州健康扶贫工程指挥部办公室：《2020年上半年怒江州健康扶贫工作总结》,2020年6月3日。

工作，并有序开展救治。在易地扶贫搬迁安置点医疗卫生健康保障上，为了方便易地搬迁入住群众就近就地看病就医，全州 67 个易地扶贫搬迁集中安置点中共设置医疗卫生服务机构 31 个（含新增卫生服务室 20 个）。截至 2020 年 5 月 28 日，所有医疗卫生机构已完成建设并投入使用，建筑面积、科室设置、设施设备、人员配置已达到要求，进一步保障了易地扶贫搬迁集中安置点群众的身体健康。

（5）通过各种渠道和方式大力宣传卫生健康相关知识，有效地提升了健康扶贫政策知晓率和认可度，进一步增强了广大群众的卫生健康意识。

自脱贫攻坚战打响以来，怒江州委、州政府带领全州干部群众开足马力、一鼓作气，以"不破楼兰终不还"的气势立下了坚决打赢脱贫攻坚战的铮铮誓言，怒江缺条件，但不缺精神、不缺斗志的脱贫攻坚精神蔚然成风。在怒族聚居地区脱贫攻坚的战场上，涌现出了一大批有情怀、有血性、有担当的脱贫攻坚干部，怒族群众在广大党员、干部的带领下和其他各族群众一起在脱贫攻坚战中顽强拼搏，共同书写了一个个筑梦、追梦、圆梦的感人故事。

深山走出脱贫路

云南人口较少民族脱贫发展之路

扶贫路上，
故事万千

默默奉献，坚守一线

在脱贫攻坚的号令发出以后，怒江州委、州政府主要领导带头每月驻村 2 天以上，广大党员、干部尽锐出战，8000 余名扶贫队员进村入户，2 万余名干部结对帮扶，脱贫攻坚和基层党建实战队、驻村工作队、背包工作队、扶贫暖心团等最精锐的队伍在脱贫攻坚一线忠诚履职、甘于奉献，竭尽全力为群众服务，谱写下了一曲曲可歌可泣的扶贫壮歌。

扶贫路上的"检察郎"小赵书记①

怒江州福贡县，一面毗邻怒江，一面伏于高黎贡山和碧罗雪山山麓，是脱贫攻坚战里最难啃的硬骨头。助力脱贫的队伍，其足迹曾遍布福贡县 57 个行政村，他们舍小家为大家，驻扎在村落里，为脱贫行动尽心尽力，福贡县匹河怒族乡架究村党总支书记赵留飞，就是其中一员。

赵留飞原是怒江州人民检察院案管办的一名科员，他曾连续三年主动提出申请驻村帮扶，直到 2019 年 3 月 11 日才被派遣到挂钩帮扶点——匹河怒族乡架究村担任驻村队员。赵留飞说："我来驻村主要有两个原因，首先是响应组织号召，作为一名共产党员，必须要冲锋陷阵、深入前线。其次，在 2017 年第一次深入赖同组，让我感触颇深，在以前的经历中，从未见过这么艰苦、贫困的地方。我们一群人冒雨前行、翻山越岭，历经 8 个多小时才到赖同，那次的经历一直历历在目，从那以后更是坚定了我驻村扶贫的决心，我希望能够帮助他们，为脱贫攻坚尽一份力。"

匹河怒族乡架究村山高坡陡、交通条件落后、产业基础薄弱，是全县的深度贫困村。脱贫问题迫在眉睫，但眼前赵留飞面临的还有语言不通、群众基础差等更加棘手的问题，于是他从症结入手，从驻村第一天开始，赵留飞就和其他队员一起逐户走访，讲政策、唠家常，深入群众，听民声、察民情，一来可以尽快与村民熟络起来，加深干群关系；二来可以掌握村情，以便对症下药。于是田间

163

---

① 杨祝梅、谭芳蕊：《扶贫路上的"检察郎"村民眼中的小赵书记》，福贡县人民政府网站，2020 年 8 月 12 日。

地头，都有他的身影，遇到语言不通又没有队友可以翻译时，他开始用手势沟通，有时候虽然村民还是看不懂，但被他的样子逗乐了，就觉得这个小伙子很接地气，渐渐地村民也开始接纳他，并亲切地称他为"小赵书记"。

赵留飞发现，虽然架究村各方面条件滞后，但是村民勤俭、各家各户土地资源充足，只是产业结构单一，于是他坚持把发展重点放在提高经济效益上，指导和帮助架究村贫困户积极发展经济作物。当时，架究村全村 257 户农户共种植草果 3050 亩，挂果 2000 亩，共养殖土鸡 12000 多只，为打消村民顾虑，赵留飞和其他驻村工作队员积极联系周边农家乐、饭店等，极力帮助解决土鸡销路问题。除此之外，赵留飞还坚持按照组织化、标准化、规模化的发展思路，不断优化产业结构，组织实施了山胡椒 29 亩、杨梅 20 亩、白及 10 亩、樱桃 25 亩等一批不同的种植项目，村民的经济收入不断增加。

在积极带领群众发展产业的同时，赵留飞还意识到要在人居环境提升、乡风文明建设、民族团结等方面做足功夫。于是，赵留飞认真开展乡风文明示范村建设工作，组织村民每周一参加升旗仪式，发动群众开展家庭内务整理和周边公共环境大扫除活动，宣传社会主义核心价值观和爱国主义教育，引导群众感党恩、听党话、跟党走。工作开展以来，村容村貌、庭院建设、绿化美化、精神风貌等方面都得到了持续改善，取得了良好的社会效果。

除了做好群众工作，赵留飞觉得村组班子的强化建设也同样重要。尤其在架究村党支部被评定为软弱涣散党组织后，赵留飞临危受命，通过选优培强班子结构、加强带头人队伍建设、发展集体经济、加强标准化建设等方式，着力解决班子领导力不强、党内生活不严格、党组织作用发挥不充分、阵地建设不规范等一系列问题，最终仅用一个月时间就获得了"先进基层党组织"的称号。

赵留飞坚持用实干的作风，带领村干部挨家挨户走访座谈，访贫问苦帮扶，积极争取项目，聚焦党建引领，聚力产业发展，得到了群众的一致好评。全村共有建档立卡户 185 户 660 人，2019 年初贫困发生率高达 90.68%，到 2020 年 4 月底已全面实现"两不愁三保障"，达到脱贫出列目标。

身患重病坚持帮扶的志愿者[1]

张明芳是高黎贡山国家级自然保护区泸水管护分局的职工，虽然她在高中时就被查出患有红斑狼疮，但是她每天依旧保持乐观的心态，认真工作、快乐生活，是单位公认的优秀职工。局里在选派驻村扶贫工作时急需熟悉电脑的人才，张明芳自告奋勇地报了名，由于她一再坚持，加上当时她的病情稳定，最终局里决定让她去试一试。

张明芳从小在城里长大，入驻泸水市鲁掌镇的浪坝寨以后，每天进村入户走访面对基层的群众，老乡的贫困程度让她的内心受到了很大的震撼。她开始思考如何帮助乡亲们摆脱贫困，为了探索产业发展的门路，她在深入了解了群众的基本情况以后利用大学班级群，与同学们一起探讨帮助浪坝寨脱贫致富的办法。几位做生物产业的大学同学在应邀对浪坝寨村的土壤、气候、水分等自然条件进行综合考察后，提出了人工种植羊肚菌的建议。在把同学们的建议告诉村里工作队员和村干部们之后她得到了大家的支持。虽然前期已经在群众间做了大量的宣传动员工作，但因村里没有人种过羊肚菌，加之缺乏资金和技术的支持，她的想法难以得到群众的认可。于是张明芳和大学生村官、村里的武装干事决定先给群众做个示范，为此，他们成立了农民专业合作社。在创业的初期，农民专业合作社的发展特别困难，主要是因为缺乏足够的资金支持，买菌种、营养袋、遮阴网、后期用工等方面都要用钱，张明芳自己看病治疗就花了不少钱，积蓄已经所剩无几，大学生村官每个月只有不到 2000 元的收入，武装干事手头更是紧张。最后，在家人和朋友的支持下筹集到了 8 万元，种植基地才得以运作起来。2017 年 3 月，首批试种的 5 亩羊肚菌喜获丰收，剔除各项费用外每亩净赚了 6000 元，这让大家重新看到了希望。眼见种植羊肚菌效益好，很多村民都报名参与种植。

2017 年 9 月，由于长期药物治疗的副作用，张明芳患上了尿毒症，且病情急剧恶化，不得不住院治疗。躺在医院的病床上，她最放心不下的是羊肚菌种植基地的管理，她每天都会打电话给大学生村官一遍遍地叮嘱对方一定要管理好基地。病情稍微好转后她便出院回到工作岗位。2017 年 12 月，在各级党委政府，以及珠海市对口怒江扶贫协作工作组的关心和支持下，合作社种植了 30 亩羊肚

---

[1] 中共怒江州委、怒江州人民政府：《100 篇脱贫攻坚励志故事》，云南新华印刷实业总公司，2020，第 212-213 页。

菌和 10 亩竹荪，种植当年，基地 30 亩羊肚菌就带动了建档立卡 47 户共 174 人增收，10 亩竹荪种植基地中的建档立卡户每年可获得 7000 元的产业分红。之后，羊肚菌的种植和销售成为浪坝寨村的主导产业，同时也是乡亲们的主要致富门路。

2018 年 9 月，在州委、州政府及市委、市政府的大力帮助下，张明芳成功换了肾，身体恢复好以后，她又继续投入到了产业扶贫的事业中。她和大学生村官牵头组建了浪坝寨村电商团队，利用网络平台，打造农村"村红"主播——"背着山货过溜索"，将本地特色产品通过网络直销，依托电商扶贫的发展思路去实现乡村振兴和助力脱贫攻坚。

一场特殊的视频订婚礼[1]

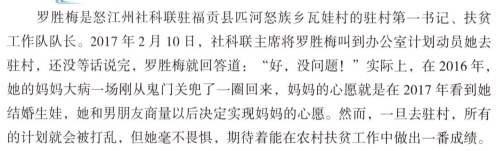

罗胜梅是怒江州社科联驻福贡县匹河怒族乡瓦娃村的驻村第一书记、扶贫工作队队长。2017 年 2 月 10 日，社科联主席将罗胜梅叫到办公室计划动员她去驻村，还没等话说完，罗胜梅就回答道："好，没问题！"实际上，在 2016 年，她的妈妈大病一场刚从鬼门关兜了一圈回来，妈妈的心愿就是在 2017 年看到她结婚生娃，她和男朋友商量以后决定实现妈妈的心愿。然而，一旦去驻村，所有的计划就会被打乱，但她毫不畏惧，期待着能在农村扶贫工作中做出一番成绩。

2017 年 3 月 14 日，社科联主席亲自送她到瓦娃村，一向严肃的社科联主席在临走时叮嘱她说："那天你答应得那么干脆，让我很惊讶也很感动，好好干，看好你，有困难记得向单位汇报，我一定竭尽全力支持帮助你。"但是就在主席离开的第二天她就病倒了，上吐下泻，晚上一直在发高烧，吃了随身带来的药还是不见好转，嗓子也开始发哑，因为怕妈妈担心她都不敢接妈妈的电话。村干部担心她，都劝她回六库医院好好看看，但她拒绝了。她用以前妈妈教的土方法，找来蒲公英、车前草煎服了几天后病情开始慢慢好转。

2017 年 4 月 17 日，县农业局给村民发放了 14.8 万株砂仁苗，规划种植 170 亩砂仁样板田，但农民们都不愿意种，当时罗胜梅也对砂仁知之甚少，不懂其生长特性。于是，她积极向单位领导汇报，在单位的支持下用仅有的经费带着群众到上江镇丙奉村观摩学习砂仁种植情况后，才解除了大家的疑惑。通过平日里点点滴滴的付出，罗胜梅逐渐得到了村干部和驻村工作队员的支持，也得到了瓦娃

---

[1] 中共怒江州委、怒江州人民政府：《100 篇脱贫攻坚励志故事》，云南新华印刷实业总公司，2020，第 182—185 页。

村父老乡亲的认可。

2017年4月28日是罗胜梅和男朋友订婚的日子，订婚前她想和领导请假，但村里突然接到了《匹河怒族乡党委政府关于"找问题、补短板、促攻坚"专项行动通知》的文件，乡里要求对全村建档立卡户和非建档立卡低收入人群进行一次"再回头"，瓦娃村是匹河怒族乡面积最大、人口最多的行政村，当时大多数村民小组还不通公路，开展一次遍访工作需要七八天的时间。左右为难的罗胜梅拨通了男朋友的电话讲明了自己的难处，男朋友表示理解并支持她的任何决定。

到了4月28日，在出发去走访前，罗胜梅悄悄给妈妈发了一条短信告知妈妈自己实在没有时间赶回来。当男朋友带着亲戚朋友来到家里订婚时，罗胜梅正头戴草帽和村干部、驻村工作队员奔走于瓦娃村的农户家中，一头是喜气洋洋的画面；而另一头是焦头烂额的场景。正当她忙得不可开交的时候接到了妈妈的电话，妈妈狠狠地教育了她一番之后伤心地在电话里翻起了旧账，说她不讲信用，明明说好清明节回来商量订婚事宜，却突然说接到通知要开会回不来，现在都到正式订婚的环节，亲朋好友都到齐了，但作为女主角的她却又一次没有赶回来。罗胜梅在电话里一直向妈妈赔不是，挂了电话后她很想大哭一场。在一旁的村党总支书记杨成军听到了电话的内容，急忙对罗胜梅说："你这傻丫头，这种人生大事，怎么不早说，赶紧收拾东西回去。"可是罗胜梅拒绝了，她说自己才到村里一个多月，当务之急就是要早点儿摸清楚瓦娃村的贫困情况。就这样，家里的订婚仪式如期举行，罗胜梅的入户走访照常开展。当她从空通山出发穿过滑坡、爬过悬崖、经过随处可能落石的陡坡，花了3个多小时来到挂联户四益家时，她的"三观"被重新刷新了，这里没有路，房子是用竹席围成的，农户家里没有床、没有凳子、没有信号……正当她在四益家开展工作时，妈妈又打来微信视频电话，但是信号不好，她只好举着手机到处找信号，她断断续续地看到男朋友在视频里向她表白，但是信号不稳定，根本听不清楚对方在说些什么，只好报以傻傻的微笑，简短地寒暄了几句就又挂断了电话。到了晚上，当罗胜梅拖着疲惫的身体躺在床上，翻开手机，她才发现妈妈和男朋友都给她发来了很多订婚现场的照片，她逐一翻看、欣赏每一张照片，愧疚、幸福、遗憾等情绪汹涌而来。

齐心协力，携手同行

怒江凝聚各方力量合力攻坚，铸就了"大扶贫"格局。机关、事业、部队、企业齐上阵，切实用真情开展帮扶工作，用真心帮助怒江发展，用真爱关怀贫困群众，各项帮扶工作成效明显。

海军军医大学第一附属医院情系福贡 20 年[1]

早在 2000 年，海军军医大学第一附属医院就拉开了对口帮扶福贡县人民医院的工作序幕，到 2020 年，已帮扶了福贡县整整 20 个年头。在 20 年里，海军军医大学第一附属医院共派出了 12 批次 60 余人次的医疗队，资助经费共计 350 多万元（包含价值 200 万元左右的仪器设备、药品和防护物资，专项扶贫资金 120 万元，以及远程会诊系统 23 万元等）。先后对福贡县人民医院心血管内科、急诊科、消化内科和医院管理科等科室涉及的 23 个专业进行了长期的"组团式"帮扶。在对口帮扶的过程中，陆续开展了全身麻醉技术、微创手术、子宫切除术、无痛分娩、无痛胃镜等 20 余项新技术的传帮带工作，先后为麻醉科、普外科、骨科、内科和妇产科等科室培养了 16 名中级（含）以上技术骨干。海军军医大学第一附属医院的对口帮扶为福贡县人民医院的综合发展起到了积极的推动作用，在其发展史上写下了浓墨重彩的一笔。其中，在 2017 年，海军军医大学第一附属医院协助福贡县人民医院顺利完成了由二级乙等升至二级甲等的等级评审。

2020 年 5 月，海军军医大学第一附属医院长海医疗队的 7 名医生到福贡县开展医疗帮扶工作，队长为海军军医大学第一附属医院的影像科副主任医师张志良，同时张志良还兼任医疗队的临时党支部书记，擅长 CT、MRI 影像诊断及肿瘤介入治疗，曾多次随"和平方舟"号医院船执行海外医疗救助任务。长海医疗队在 5 月 8 日到达后便马不停蹄地熟悉各科室环境，了解科室配置和设备仪器情况，次日便到马吉村巡诊两位病情较重、不能行走的病人，第 3 日便开始正式上班。当地患者听说来了一支上海医疗队，当天门诊挂号室门前早早地就排起了一条长

① 中共怒江州委、怒江州人民政府：《100 篇脱贫攻坚励志故事》，云南新华印刷实业总公司，2020，第 170–172 页。

龙。医疗队员经常忙得连饭都顾不上吃，加班加点地为患者看诊。

吴建新医生携带了自购的价值 2 万元左右的颈腰椎手术工具及数万元的脊柱微创相关耗材和工具。在巡诊和门诊的过程中，先后诊疗了 200 余名骨性关节炎疼痛的患者。同时，吴建新为确保骨科手术规范制定了相应措施，大大降低了手术中的差错率及术后的感染率。

顾海慧教授预先了解到当地糖尿病、高血压患者较多，自行携带了一次性血糖检测纸，每次巡诊时都要做近百次血糖检测和血压测量，一共发现了数十例糖尿病、高血压患者，一旦确诊就马上叮嘱病人到定点医院做进一步检查和治疗。并为福贡县人民医院制定了相应的输血章程，为将临床输血的副作用降到最低，在全院开展了"血液成分临床应用"讲座，将输血及成分输血的临床适应证讲得清清楚楚。

张志良教授主要负责阅片及肿瘤预防知识宣讲，因条件简陋，只能对着强烈的阳光，凭着丰富的经验看片，在 5 次巡诊中阅片上百例，做了数十次科普宣讲。为福贡县人民医院制定了 CT 检查规范，降低了废片率，提高了检出阳性率。

杨鸣医师在巡诊中主要负责消化道和呼吸道疾病的诊断和治疗，尽管她身体瘦弱，每次坐车去参加巡诊时都会晕车，但是在面对长长的待诊队伍时她总是面带微笑，认真地为每一位患者看诊，然后再亲手把药发到每一位患者手中。

陈涵教授负责普外科的疾病诊疗，在为患者看诊时，会把每一个普外科病种都讲得清清楚楚，尤其遇到了甲状腺疾病需要手术的，马上就帮患者预约住院检查并及时安排床位。

吴鹏医师兼顾皮肤病防治及后勤保障，每次巡诊过程中除了帮病患看诊，还要忙前忙后地做好后勤保障的各项工作。

赵海军教授负责口腔科疾病诊治，面对患者时耐心细致，把口腔防护知识宣讲到每一位群众心中。

珠海夫妻共赴怒江支教①

2018 年 8 月，陈官强接到珠海市教育局的通知，得知自己被安排到怒江泸水第一中学支教一年。一时间，他内心忐忑不已，一是怒江离珠海比较远；二是

① 中共怒江州委、怒江州人民政府：《100 篇脱贫攻坚励志故事》，云南新华印刷实业总公司，2020，第 152—154 页。

听说怒江学生的基础和珠海学生之间有较大的差距；三是家里的孩子刚考上大学，还有很多事情需要自己照顾；四是前一批支教老师工作出色，自己有压力。

经过一番思想斗争之后，陈官强决定服从组织安排，在临行前他跟妻子沟通了孩子的管理问题，坦言自己离开的一年时间只能让妻子一个人多费心照顾孩子了。就在他准备前往泸水时才得知妻子毛顺霞瞒着他主动报名到泸水支教，妻子的决定让他措手不及，毕竟孩子长这么大从未离开父母单独生活过。考虑到当时孩子离开学还有一个多月，如果夫妻俩都长期不在家，孩子在家的时间由谁来照顾？孩子去大学报到时又由谁去护送？交给亲戚吧，不现实。因为他们夫妻俩的老家都在重庆，加之父母已经年迈，正是需要人照顾和看护的年纪。纠结之下夫妻俩决定和孩子谈一谈，结果孩子极力支持父母去支教，并表示自己也该开始学着独立生活了，孩子的懂事顿时让陈官强夫妻俩没有了后顾之忧。

泸水市第一中学非常重视外来支教老师，陈官强夫妇来报到后，学校将陈官强安排为挂职副校长，让毛顺霞担任高二语文备课组组长，期望夫妻二人能够将发达地区的教学理念融入实际教学中。经过一段时间的观察，陈官强夫妇觉察到珠海和泸水两地学生之间在知识接受能力方面的差异，于是，夫妻俩经常在课间休息时交流心得，同时和学校其他老师一起研究教学方法，优势互补。终于，功夫不负有心人，2019 年 8 月，在高一升高二的考试中，陈官强夫妇任教的单科成绩同时在全年级的 13 个班级中取得了第一名的好成绩，这让他们觉得一年的付出没有白费，脸上也终于露出了久违的笑容。本来，到此陈官强夫妇的一年支教生活就该圆满结束了，但是夫妻俩最终决定再留下来支教一年。说起这个决定，陈官强夫妇说："教师节收到很多张贺卡，中秋节的时候收到小月饼，圣诞节的时候收到苹果……这些礼物虽小，但是表现出了孩子们的一番情意，这让我们非常地感动，心里充满了自豪感、获得感和成就感。一年支教结束时，我们任教的班级为我们举行了一个聚会，巨型的蛋糕、感谢的话语、湿润的眼眶，这些都体现了学生对我们的认可和鼓励，于是我们夫妻俩决定留下来再支教一年。"

2020 年 8 月，陈官强夫妇两年的支教生活结束了，他们表示这两年的时间是他们人生中的一个重要阶段，这让他们的教学生涯得到了拓展和延伸，让他们对少数民族有了更深的了解。作为东西部扶贫协同发展的践行者，他们感到非常自豪。

用草果秆编织美好未来①

　　2019 年 10 月 17 日，是全国第 6 个扶贫日，来自四川省成都市新都区新繁镇的 67 岁新繁棕编省级传承人朱木兰在怒江州脱贫攻坚表彰大会暨脱贫攻坚先进事迹报告会上获得了"社会扶贫模范"和"中国怒江草果编第一人"的荣誉称号。从开始艰难地尝试草果编，到成功将怒江人废弃数十年的草果秆变为精美的艺术品的那一刻，朱木兰喜极而泣。为此，即将迎来古稀之年的朱木兰熬了无数个不眠之夜，其中所历经的艰辛只有其家人才知晓。后来，当她每每走进怒江草果编的诞生地托坪安置点，走进展区，轻抚一件件散发着清香的编织品，就会回忆起过往的点点滴滴。她总觉得新繁棕和草果秆这两种植物之间的关系真是妙不可言，"竹编、藤编都不能解决怒江草果秆易断、易碎的难题，我们新繁棕编竟然完美地解决了，而且编出来的东西还怪好看的。"

　　朱木兰与草果秆的缘分得从成都物业管理有限公司泸水分公司负责人肖志说起，一次，肖志在与怒江州扶贫系统的朋友交流时得知怒江很希望能将堆积得漫山遍野的草果秆变废为宝，为群众创造一点儿收入。在机缘巧合之下肖志通过成都的战友顺利与朱木兰有了联系，首次沟通时，肖志说道："怒江那边有很多草果秆，您看看能不能把它们编成'烂筐筐'什么的，让百姓卖了挣点儿盐巴钱？"朱木兰见过草果，但没见过草果秆，但肖志口中的"烂筐筐"一下子就激住了她，她答道："要编就编好东西，'烂筐筐'我可不编！"一来二去，快人快语的朱木兰当场就答应了尝试草果编，当她看到肖志驾车辗转千里将 500 多千克草果秆送到自己面前时，她瞬间就认定了自己和这堆乱糟糟东西的缘分。"那种不浓不淡的香气在我们家院子里飘来飘去的，这是棕编和其他编织品都没有的气味，我很喜欢。"但让她想不到的是，她之前一天能编两三顶帽子，在面对草果秆时竟束手无策，"随便一折就断，即便不断，编出来的东西也是怪模怪样的，看不成！"要是一般的编织手艺人在遇到这样的情况时绝对是果断放弃了，但朱木兰偏偏是那种不到山穷水尽决不放弃的性格，她坚信自己的直觉，一旦编织成功，这些散发香气的民间工艺品一定会拥有广阔的市场前景。自此，原本可以守着"棕编传承人"的名号终老的朱木兰，放弃了她这个年龄该有的含饴弄孙、颐养天年的生活，"狠心抛弃"相濡以沫近半个世纪的老伴，一次又一次地打出租、

171

---

① 中共怒江州委、怒江州人民政府：《100 篇脱贫攻坚励志故事》，云南新华印刷实业总公司，2020，第 162–166 页。

过安检、乘飞机、转客车，频繁往返于怒江和成都之间，只为在有生之年实现怒江草果秆的华丽转身。

为了早日将怒江草果秆编织品极致的美感给充分挖掘出来，朱木兰开始了自己的研究之路，她已记不清在开丝环节经历过了多少次的失败，但尝试从未停止，如此一天天，反反复复，剔除棕叶叶脉的锥子在草果秆上毫无用武之地，她就自己研制排针来开丝，最终拉薄成帽子、挎包、花瓶、果盘等工艺品所需的原材料，但即便是一个熟练的工人一天也只能加工1千克左右的草果秆。2019年3月，在经过了1年多的反复多次尝试后，当由426根草果秆丝编织而成的帽子在朱木兰手中完成最后一道工序时，她高兴得简直想要大声喊出："像竹编又像棕编，太好看了，比我自己的娃儿还要宝贝！"之后，一根根曾经被废弃在荒山野岭的草果秆经过朱木兰和其他师傅在指间的缠绕穿插后变化成了精美的工艺品，绽放出了新的生命力。再后来，在有生之年誓将草果编申请成为国家非遗项目，实现产品多元化，就成了朱木兰最大的愿望。认识朱木兰的人都说，朱木兰简直是中了怒江草果秆的毒了，成天都是"草果秆草果秆"的。

草果秆研制成功之后朱木兰就着手开始在怒江培养传承人，她说："我们师傅总有一天会离开怒江，但有了怒江本土的传承人，就有了带不走的手艺，怒江草果秆的前景也才会长盛不衰。"她还说："草果编和棕编一样，走亲访友串门，走到哪里编到哪里，不占地方，不抢工期，在家照顾老人小孩、不能出门打工的妇女和五六十岁的人都可以编，既补贴了家用，又和睦了家庭，何乐而不为？"于是，无论是在福贡县匹河怒族乡托坪村、知子罗易地扶贫搬迁安置点、上帕镇依块比易地扶贫安置点，还是在泸水市上叶镇叶子花居易地扶贫搬迁安置点都能看到朱木兰和她从新繁棕编协会带来的师傅现场指导村民进行草果编织。每个安置点都有为期1个月的培训，让大部分村民掌握了帽子、拖鞋、抽纸盒、挎包的编织技艺，有的领悟能力强的妇女在1个月后还成长为了培训点的老师，不仅掌握了编织技术，还学会了辨别草果秆的质量。

对于草果编的未来发展，朱木兰认为虽然草果秆编织品在题材、内容、表现形式上实现了技艺的创新，但这只是第一步，真正要让这些工艺品走出怒江，走出云南，走向世界，还有很多路要走。与此同时，对于草果秆编织品，朱木兰也有着较为清晰的市场定位，她认为其发展不宜操之过急，应一步一个脚印地慢慢来，她的原话是"草果秆编织品对于很多人来说既陌生又稀奇，所以打造时一定要考虑从产品到商品再到奢侈品的变身。"

幸福生活，来之不易

怒江州贫困面积大、贫困程度深，少数民族人口多，是全国"三区三州"深度贫困地区的典型代表。脱贫攻坚让怒江这块昔日边远闭塞的"蛮荒之地"一跃奔小康，实现了从区域性深度贫困到区域性整体脱贫的"蜕变"，内联外畅的大交通网已初见雏形，10万贫困群众搬出了大山，告别了篾笆房和木板房，迁入了传统民族文化与现代文明相融合的崭新社区。

修通一条通往白云深处的路①

2017年5月，云南省军区余琨政委到怒江考察脱贫攻坚工作，给怒江军分区下达了加挂沙瓦村帮扶的工作任务，交由福贡人武部代职政委向文负责驻村工作，同时，抽调了朱云同志从旁协助。沙瓦村位于碧罗雪山顶端的白云深处，去沙瓦村的路是一条宽1米左右的羊肠小道，只一个单边就要花3小时左右。当地的驾驶员告诉向文："你在江边找沙瓦村，戴着迷彩帽看向碧罗雪山，一直仰头，一直仰头，什么时候帽子掉了就看见村子啦。"

在沙瓦村，村民们祖祖辈辈都盼望着能修通一条通向山下的公路，也曾就修路的事向政府反映了无数次，但最终都没有结果。曾经，由福贡县委副书记带队的10多个成员单位组成了一支联合工作组，与沙瓦村15个村民小组组长及20多名村民代表在民兵班长李建华家中的火塘边开了一场交心会。工作组耐心细致地讲述了党委所确定的方案，为保护生态环境，就要进行产业结构调整，要将高秆植物（如玉米）的种植地退耕还林，故需要将沙瓦村实施整体搬迁。村民小组长和村民代表对此没有任何反应，只提出了修路的要求。双方互不让步，从晚上7点僵持到晚上12点依然没有任何结果。最后，直到有村民下了逐客令："你们走吧，我们沙瓦自己挖路、自己发展，我们最终也能过上好日子，我们这里没有住的地方！"工作组不得不连夜下山。

随着工作组逐渐远去，围坐在火塘边的乡亲们陷入了沉思，我们的前景到

173

---

① 中共怒江州委、怒江州人民政府：《100篇脱贫攻坚励志故事》，云南新华印刷实业总公司，2020，第124-126页、第135-136页。

底在哪呢？下午刚到村里的向文在接到村支书的电话后简单了解了情况便赶到现场，村里威望最高的老阿大哥见到向文以后眼中含着泪道出了苦水："谢谢向主任，谢谢你们的好意，我们太难了，唉！为了这条路，我们反映了无数次，祖祖辈辈盼了好多年，政府就是不同意，还让我们整体搬迁，这里好山好水，不是养不活人，搬下去我们没有了土地，我们吃什么、干什么？我们没有文化没有技术，我们打工都没有人要，我们村里好多人从来都没走出过这座大山，好多老人连县城都没有去过。这些天和政府的工作组谈过来谈过去，嘴皮磨起了茧子，口水也讲干了，带着工作组全村到处跑，腰酸了、背痛了，我们也累了。这条路还得靠我们自己修，我们这一代修不通，下一代接着修，总有一天会修通的，工作组不要再来了，谢谢向主任，明天你们也回去吧！"

在详细听取了整件事情的前因后果之后，向文动之以情、晓之以理地开解乡亲们："这条路困扰了你们成百上千年，听说你们都自己动手挖了1000多米了，现在到了最关键的时候，特别是在脱贫攻坚这个千载难逢的机遇里，如果你们泄气了，可能这条路就真的修不通了，祖祖辈辈的梦想就断送在你们这一代，你们就会成为历史的罪人。一定要坚持下去，把这个关键时刻挺过去，实现你们修路的梦想。工作组来动员你们搬迁，没有答应修路，但是他们谁也没有表态说不修这条路啊。全村必须打起精神勇敢地面对明天，既然你们听我的，以后我们就一起战斗，为实现修路的梦想积极争取各项政策，把这条路修通了，我再来村里就不用爬山了，我的心情和你们是一样的。但是，我要对你们提一个要求，你们必须答应，就是从此以后，党委政府的工作组来开展工作，你们家家户户、每个村民都必须积极配合、热情招呼，体现出我们沙瓦人的善良、热情、大方、纯朴。你们答应了，我就支持你们，挺你们。"

听向文讲完这一席话之后，乡亲们心情澎湃，七嘴八舌地赶紧应了下来。"好，我们听您的。""好，不要说一个要求，就是十个八个我们都同意。""我们跟您干，您说怎么办就怎么办。"

174

之后，为修通村里的公路，向文和朱云经常往返于山上和山下，与交通、发改、林业等部门一道测量、选点，风里来雨里去。其中，朱云上山、下山，往返了50余次，加上沿山测量、选址的行程达1000余千米，向文从军分区到沙瓦往返80余次，行程达1700余千米。鞋磨破了三四双，上山的拐杖都换了四五根。经过各方的不懈努力，终于在2019年10月修通了沙瓦人民盼望已久的公路。

75岁老人舍小家成就大家[1]

架究村位于匹河怒族乡政府驻地西面，因为交通条件落后、产业发展滞后，贫困发生率一度高达90%以上，"要想富，先修路"是架究村如期打赢脱贫攻坚战、有效提高村民收入、加快推进实现乡村振兴战略发展的必要保障。

但修路哪是件容易事，在架究村这样的地理条件约束下更是难上加难。2020年8月12日，架究村防火通道工程开挖至上鲁门时，因无法绕过南北两侧的高坡悬崖，双玛计家成了该防火通道工程必经路段，必须拆除。双玛计家曾是建档立卡户，已于2019年达标脱贫出列，当时双玛计已是一名75岁高龄的老人，家中一共居住有2人（双玛计与儿子），房子拆了，母子二人的住房怎么解决？会不会影响脱贫成果？工作队深知群众利益大于天，拆房子不是小事，容不得一点儿马虎。施工方向村委会汇报当天，村干部和工作队代表就立即赶赴现场对有关情况进行了解，并及时向匹河怒族乡政府胡茂文副乡长作了详细汇报。"脱贫攻坚任务等不得、慢不得，遇到问题要解决，而且要快。"本着这样的工作态度，匹河怒族乡驻村工作队大队长、架究村驻村工作队队长、工程监理方代表等一行8人先后于8月15日和20日两次上山，进行实地调研分析，最终对新建地址怎么选，谁来拆谁来建，造成二次经济负担谁负责等多个问题形成解决方案，并达成重建必须速战速决，在住房达标问题上不能留下任何隐患的共识。

确定解决方案后，担心老人不同意，对政府工作有想法，一行8人又找到上鲁门村民小组组长坡三才，大家面对面和老人一家进行宣传动员，用怒族语言把为什么要拆，怎么拆，拆了怎么办等多个问题，和老人一家进行了详细解释。一家人虽心中不舍，但在明白自家房子不拆，架究村的公路就有可能修不好，旧房拆了不要紧，村里会想尽办法重新修一间给自己之后，老人一家当即同意拆除原有达标房屋另选地址重新建设。2020年9月8日，在驻村工作队队长的带领下，共计19名村民齐心协力完成了拆除工作，双玛计母子也被妥善安置到小组长坡三才家暂住，防火通道的建设也按计划继续施工。

土地，是农民世世代代赖以生存的命根子。家，是我们一生最依恋的地方。双玛计看着曾经的家变成一片废墟，不免有些难过。但她坚信，来年这片废墟不

---

[1] 福贡县匹河怒族乡人民政府：《75岁老人舍小家成大家》，福贡县人民政府网站，2020年9月10日。

再只有家的温暖，未来，更多的孩子将从那经过去获得更多的知识，更多的病患将从那里经过获得更及时的治疗，更多的群众将从那经过去获得更多的收入，而双玛计一家将在离它最近的地方看着这一切发生。

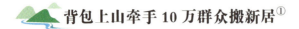 背包上山牵手10万群众搬新居[①]

作为全国"三区三州"深度贫困地区之一，为彻底打赢脱贫攻坚战，怒江州实施易地搬迁工程，"挪穷窝、拔穷根、换穷业"已是必然选择。为此，怒江州委、州政府及时启动深度贫困"百日歼灭战"行动，组建近千名"背包工作队"队员奔赴基层一线，开展"背包上山、牵手进城"行动，全力动员贫困群众搬迁入住新居。

"背包工作队"背包上山、吃住在组、走村入户，通过院坝座谈、火塘夜话、主动接送等方式，集中时间、集中精力、逐户帮助，手把手帮助易地扶贫搬迁贫困群众搬迁入住。截至2020年3月，全州1600多名干部和"背包工作队"累计与群众开展院坝座谈、火塘夜话共3000余场次，安排专车接送2300余辆次，共帮助2615户9380名群众搬迁入住新居；全州易地扶贫搬迁对象累计分房发钥匙9.07万人，分房率达95.67%；搬迁入住8.13万人，入住率达86.46%，确保在3月底前实现全州总人口的近1/5、建档立卡人口的1/3贫困群众全部搬迁入住。

怒江州依托易地扶贫搬迁安置点工作人员和挂联干部，在安置点新组建近75支扶贫"暖心团"，694名团员牢牢聚焦"融得进、能发展"，开展"送温暖"活动，干部面对面、心连心服务群众安居发展，从细处着手，从小事做起，着重做好"十大暖心事"以引导搬迁群众由村民向市民转变，提高搬迁群众对新社区、城镇生活的认同感和归属感，实现从建到搬向稳的转变。

（1）结合群众饲养家禽家畜的习惯，把群众熟知的十二生肖贴画挂在每栋大楼的显眼处，为搬迁群众指引回家路。

（2）充分利用安置点周边闲置的土地资源，打造搬迁点"微菜园"，解决搬迁群众蔬菜供需矛盾，降低群众日常生活支出成本。

（3）在集中安置点组建41个基层党组织和41个社区治理机构，选配居民

176

---

① 中共怒江州委、怒江州人民政府：《100篇脱贫攻坚典型案例》，云南新华印刷实业总公司，2020，第124-125页、第255-256页。

小组长、楼栋长。同时，选派339名干部进驻易地搬迁点开展帮扶工作，从家用电器使用等生活细节入手，通过"思想帮"与群众交心谈心，"动手帮"开展环境卫生大整治，以实际行动让群众找到主心骨。

（4）通过各种宣传渠道在群众中普及冬季保暖及家居安全常识，让群众温暖过冬。

（5）开展与搬迁群众过大年"八个一"系列活动，即拍一次全家福、一次入户送温暖、一桌阔时团圆饭、一次入户同劳动、一场民族语电影放映、一场"三下乡"慰问活动、一场文体活动和一场搬迁群众招聘会，进一步密切党群干群关系，增强搬迁群众的获得感和幸福感。

（6）为满足安置点搬迁群众的出行需求，将公交线路延伸至县城附近的安置点。

（7）进一步完善易地搬迁安置点的各项配套设施，如配套建设幼儿园、卫生室、公厕、社区便民超市等，以及配备污水处理、垃圾清运设备，为群众的日常生活提供充分的保障。

（8）最大限度地保留和传承搬迁群众的风俗习惯，在各个安置点建设村史馆、戏台和休闲广场，发动群众组建民族歌舞队，编排一批接地气、贴近群众生活的优秀节目，丰富群众的精神文化生活。

（9）在易地扶贫搬迁点开办爱心公益超市，搬迁群众通过外出务工、产业发展、环境卫生、邻里团结、孝敬公婆等17项加分内容获得爱心超市积分，凭积分可兑换爱心公益超市内的商品，进一步激发贫困群众的内生动力，引导贫困户摒弃等、靠、要的惰性思想。

（10）以"企业＋扶贫车间＋贫困户"的形式，在易地扶贫搬迁点建设民族服饰制作、草果编织、手工艺品加工、茶叶草果加工等扶贫车间30个，让816名年老、残疾、体弱的搬迁户实现家门口就业。

恩情难忘，铭记于心

自 2015 年以来，在怒江州先后有 29 名同志在脱贫攻坚工作中献出了宝贵的生命，有 120 多名同志受伤或患病，他们舍生忘死，以牺牲自己为代价赢取了脱贫攻坚的决定性成效。

鞠躬尽瘁的优秀共产党员①②

王新华，贡山县人，怒族，生于 1979 年 3 月，1999 年 12 月参加工作。2016 年 3 月，王新华由贡山县委组织部副部长调任贡山县政府办公室主任。贡山县在 2014 年的贫困发生率高达 45.74%，是怒江州乃至云南省脱贫攻坚的"上甘岭"。王新华在担任贡山县政府办公室主任的那些年，正是贡山县向深度贫困发起最后总攻的关键几年。他尽职尽责、鞠躬尽瘁，长年累月地超负荷工作，最终积劳成疾，拖垮了身体。在 2020 年 1 月 22 日，被诊断为恶性淋巴瘤。3 月 24 日，仅在确诊 2 个月以后，王新华就遗憾地永别在贡山县宣布脱贫出列的前夕。2020 年 4 月，贡山县按程序报批宣布脱贫，可惜的是，为此奋斗了 1000 多个日夜的王新华，最终没有等到这一天。

在同事眼中，王新华是干起工作来就像一头任劳任怨、永远也不知道喊累的老黄牛。说起王新华的工作情况，贡山县县长和晓国比谁都清楚："脱贫攻坚是全县的核心工作，作为县政府办主任，王新华手头的每一项工作都与脱贫攻坚有关。他又是一个工作狂，做起事来不要命。"

王新华做起工作来确实不含糊，事无巨细全都要一一落实。贡山县政府办副主任周超说："各级各部门出台的政策和全县财政状况、扶贫资金、项目开展等情况他都一清二楚。大到宏观决策，小到政策行文，脱贫攻坚的大事小事，有他在，大家放心。"

① 中共怒江州委、怒江州人民政府：《100 篇脱贫攻坚先进事迹》，云南新华印刷实业总公司，2020，第 14-17 页。
② 中共怒江州委、怒江州人民政府：《100 篇脱贫攻坚先进事迹》，云南新华印刷实业总公司，2020，第 21-24 页。

为时刻提醒自己脱贫工作等不得、慢不得、拖不得、放不得，王新华在自己的笔记本上写下了这样一句话："脱贫攻坚再苦，没有贫困群众苦；脱贫攻坚再累，没有贫困群众累。"在 2019 年 11 月 25 日，王新华晕倒在了贡山县脱贫摘帽"百米冲刺"专项行动誓师大会上，同事李学灵听说以后以为是低血糖所致，立即到街上买回红糖鸡蛋，回来时王新华已经回到了办公室，回忆起这一幕时李学灵说道："我们劝他住院治疗，他总说没事，小病，等脱贫考核结束后再去全面体检。"后来在同事和家人的再三催促下，在 2019 年 12 月 20 日至 23 日，王新华才到大理州人民医院检查身体，24 日又回到办公室工作。2020 年 1 月 7 日，王新华拖着病体与驻村工作队队员一起到挂联村丙中洛村入户调查，其间不忘叮嘱同行的驻村工作队队员："丙中洛村巩固脱贫成效的方案，要一户一户走访群众，摸清生产生活情况后再细化，每个家庭都要有防返贫的举措。"1 月 8 日，王新华病情加重，身体已虚弱得无法站立，这才住进了贡山县医院。1 月 22 日，王新华被确诊患上了恶性淋巴癌。3 月 1 日，生命垂危的王新华通过微信转账向疫情防控工作办捐款 300 元。3 月 13 日，贡山县委组织部统计 2015 年以来在脱贫攻坚一线患重病的人员情况，虽已符合条件，但王新华坚决要求不报自己。3 月 18 日，王新华还给同事打电话安排工作，交代了脱贫考核和入户"大走访""大排查"的注意事项。3 月 24 日，年仅 41 岁的王新华与世长辞。

在群众心里，王新华是人民公仆、是贴心人。丙中洛村党支部书记习中全说乡亲们都很喜欢王新华这个会讲民族话、和和气气的干部。还说王新华把群众当亲人，同群众想在一起、干在一起，每个星期都会打电话过问挂联村扶贫工作情况，每个月都会到挂联村实地调研，推动相关工作。

在王新华去世 3 个多月后，丙中洛村打拉二组 78 岁的杜国英老人仍然舍不得将贴着王新华照片的扶贫联系卡换下来，她不愿相信这个总来家里看她、关心慰问她的年轻干部就这样走了，听旁人讲起王新华的情况，她说道："（2020 年）2 月 7 日，他从昆明看病回来，还到家里给我送了一袋米、一桶油，叮嘱我好好过春节呢。"

丙中洛村民金晓山父母早逝，独自一人生活，王新华经常帮助他，鼓励他参加技能培训、外出务工、改善生活条件。提起王新华，金晓山说道："他像亲哥哥一样关心我，经常在微信里开导我，我成家立业都离不开他的鼓励和帮助。"

2020 年 6 月 15 日，中共怒江州委决定追授王新华为"怒江优秀共产党员"，并号召全州广大党员干部向王新华学习，学习他对党忠诚、立场坚定的政治品

格；学习他无怨无悔、不计得失的奉献精神；学习他兢兢业业、默默无闻的敬业态度；学习他牢记宗旨、一心为民的公仆情怀；学习他迎难而上、攻坚克难的担当精神。

🏔 殉职在扶贫路上的好队长①

杨义飞，大理云龙县人，怒族，生于1979年10月。2005年12月参加公务员录用考试，进入怒江州委机要和保密局从事国家密码管理工作，于2010年9月加入中国共产党。工作中，杨义飞总是冲在最前面，苦活累活抢着干，自参加工作以来，他兢兢业业、恪尽职守，最终成长为一名敢于担当、对党绝对忠诚的管理干部。

2015年2月，杨义飞积极响应党的号召，主动请缨，投身到脱贫攻坚战役当中，来到了兰坪县河西乡永兴村担任新农村指导员、总支部第一书记、扶贫工作队队长，继续在脱贫攻坚的战场上发光发热。到岗后，为尽快熟悉村情，杨义飞深入基层，通过与村干部交流、走访农户、座谈等方式及时掌握群众所需、所盼、所求。在掌握了第一手资料以后，他认为鉴于永兴村的实际，要在短期内走出贫困之列，难度不小，但他并不为此气馁，他说："我们所处的这个伟大的时代，进行的是旷古的伟大事业，罗马不是一天建成的，但只要我是这建设大军中的一员，曾经参与了这一项伟大的工程，再怎么着，也值了。"

杨义飞从改善村委会驻村条件和办公条件开始着手，为工作队员能长期驻村工作提供了基本生活保障。在对待扶贫工作上，他延续了在怒江州委机要和保密局的作风，一丝不苟、公正不阿地对待每一项工作。在建档立卡"回头看"数据采集工作中，他严格抓好入户调查、比较评议、公示确认、动态管理和总结"五个环节"。在精准扶贫大数据系统信息录入工作中，他严格按照上级部门的具体要求，日夜奋战、不辞辛劳地认真完善各项数据信息，让人一眼就能明了扶贫对象分布、脱贫任务规划、脱贫时间、帮扶责任人、帮扶措施等精准信息。有一次，一个村小组长在饮酒时对杨义飞发难，说他在建档立卡的过程中有偏颇，旁人也跟着起哄，杨义飞不紧不慢，脸上依旧带着和善的笑脸，有条有理地对那些不实之词一一给予了反驳和解释，有效地化解了矛盾。经过这一件事，群众把杨义

---

① 中共怒江州委、怒江州人民政府：《100篇脱贫攻坚先进事迹》，云南新华印刷实业总公司，2020，第1—5页。

飞当成了自己人，大家见面都亲切地叫他"飞哥"，平日里，就连老人都喜欢和他聊天，小孩们也喜欢和他打闹着玩。在驻村期间，每逢村"两委"和县乡人大代表换届选举，杨义飞总会深入永兴村各村小组向群众宣传讲解换届选举的"九个严禁、九个一律"纪律规定，协助县乡选举组顺利完成换届选举工作。在永兴村党支部、村"两委"班子的各项会议上，杨义飞谈得最多的是如何发展村经济，如何找准产业发展的突破口。

2017年5月31日一大早，杨义飞回州委机要和保密局办公室打印文件材料，拿取慰问永兴小学师生的物品，与局里同事兴致勃勃地说着按照永兴村的土壤、海拔条件，在产业发展上又有了一个新的可选项目，就是种植楤木，等回去后就发动群众引种试种，等有效果了就推广种植。谁知在返回永兴村的路途中杨义飞不幸遭遇车祸，因公殉职在了扶贫工作的岗位上。那时，杨义飞年仅37岁。

在妻子眼中，杨义飞是家里的顶梁柱，是女儿心中的大能人。自从他投身到脱贫攻坚的战场中，与妻子女儿总是聚少离多。他生前最愧疚的事就是不能陪妻子和女儿好好吃一顿饭，一块在江堤柳荫下散步，陪女儿玩游戏、看电影，他说在村里时间待得久了，怕回去女儿会不认识他喊他"叔叔"，但为了永兴村大家的幸福，他只能选择暂时牺牲自己的小家。杨义飞就这样走了，带着对家人的愧疚，带着对事业的执念，永远地离开了爱他的家人，他把自己宝贵的生命奉献给了他深爱的这片土地。

积极投身扶贫事业的电信人[①]

2019年10月16日，中国电信怒江分公司的和晓宏和同事李志瑛到扶贫挂钩联系点贡山县茨开镇嘎拉博村开展扶贫工作。在10月22日驾车从贡山返回六库途中发生交通事故，两人连同车一起坠入江中，不幸逝世，在救援过程中，搜救人员一直未能寻找到李志瑛的踪迹。

和晓宏，兰坪县银盘镇人，傈僳族，生于1982年2月19日，2007年10月参加工作，于2011年加入中国共产党。在2018年8月至2019年10月任中国电信怒江分公司办公室副主任、公司扶贫办副主任，在此期间，他既要完成全单位扶贫工作的协调工作，还要继续履行单位办公室副主任的职责，同时兼任了

---

① 中共怒江州委、怒江州人民政府：《100篇脱贫攻坚先进事迹》，云南新华印刷实业总公司，2020，第6—11页。

文秘、法律事务管理、信息报道、党支部宣传委员等工作,是一个名副其实的"多面手",无论在哪个岗位都能把工作做得很出色。他在贡山县茨开镇嘎拉博村有4户责任挂联户,都在马古当村民小组长,他经常深入责任挂联户家中,核对相关情况,调查了解家庭收入、享受帮扶政策等情况,及时将收集到的信息和数据填入相关表格汇总给驻村党员,共同商议帮扶对策。在家里,和晓宏是个孝顺的儿子,他特别关注父母的身体健康,他每年都会带父母去医院检查身体。2019年10月16日,和晓宏出门时向父母交代道:"我要去村里搞扶贫工作,这次单位让我带队,家里面就辛苦您二老了。"当时谁也没想到,再正常不过的一句道别却成了与父母的诀别之言。在10月21日下午,和晓宏还给女儿打了视频电话,告诉女儿还有一点儿表格没搞完,第二天搞完以后就可以回来抱宝贝女儿了,结果就这么简单的一件事却成了永远也实现不了的愿望,他的宝贝女儿再也等不回来爸爸了。10月23日,州委组织部、州扶贫办负责人代表组织去看望和晓宏的家人时,他的老母亲说道:"脱贫攻坚就是一场战役,这个战役肯定是要有人牺牲的,我儿子在这场战役当中,付出了年轻的生命,我很难过,但是我觉得很光荣。"

李志瑛,兰坪县金顶镇人,白族,生于1973年10月,1990年1月1日参加工作,截至2019年10月22日,在中国电信怒江分公司办公室任档案管理员。自2018年3月调到公司扶贫办工作以后,李志瑛克服了工作任务重、家庭琐事多的困难,多次深入扶贫挂钩联系点参与到扶贫工作中,她到嘎拉博村与工作组同吃同住同工作,白天走村入户,开展贫困户人口、收入、产业、宅基地定位等基础信息数据采集工作,为他们安装社会扶贫APP,手把手教他们使用,晚上又和同事一起在村委会整理材料、填写表格,将数据信息录入系统。尽管工作很辛苦,但李志瑛总是面带微笑、任劳任怨。她说:"我没有具体的挂联户,但在扶贫办公室工作,每一个挂联户都有我的帮扶责任。"在工作中她确实也是这样做的。工作之余,在父母面前,李志瑛是个体贴入微的孝顺女儿,父母平日里和弟弟一起生活在昆明,尽管路途遥远,但只要父母生病了,她总是第一时间赶来探望和照顾。但自从参与到扶贫工作中,李志瑛每次进村一住就是10多天,在2018年,母亲在昆明做胆囊手术,李志瑛因为临时接到进村开展信息数据采集的工作安排,原本答应了要去昆明照顾母亲的,最后只能委托妹妹接替自己,虽然母亲并没有因为这事责怪她,但她依然为此事内疚了许久。如今,怒江州已经彻底打赢了脱贫攻坚战,但李志瑛却再也无法在父母身体抱恙时赶回病榻前悉心照料二老了。

以梦为马，不负韶华

怒江地区在经过脱贫攻坚战的洗礼之后，自强自立的社会新风正在形成，贫困群众安贫、守贫的观念已转变为对美好生活的不懈追求和向往。

知识改变命运①②

为了不让一个兄弟民族掉队，经云南省人民政府批准，省民委、省教育厅、省财政厅、省人力资源和社会保障厅联合发布了《关于实施迪庆州、怒江州中等职业教育农村学生全覆盖试点工作的通知》，决定从2014年秋季学期起，对迪庆州、怒江州初、高中毕业未能继续升学的农村户籍学生实施中等职业教育全覆盖试点工作，鼓励、引导迪庆州、怒江州农村户籍初、高中毕业生凭初中及以上毕业证，到承担试点任务的学校就读。

其中，李文英是怒江州中等职业教育农村学生全覆盖试点工作的受益者之一。在2016年，她和400多名傈僳族、怒族同学一同走出了大山，来到省城读职校，当年李文英选择了云南冶金高级技工学校电子商务专业。在忙碌的两年学习生活中，李文英通过自身努力成功地通过知识改变了命运，再后来成了云南冶金高级技工学校福贡教学点的一名见习教师，担任福贡县普职教育融合班4班的班主任。遥想当年，18岁的李文英由于没有考上大学，在2014年只身一人去遥远的石家庄打工，由于年龄小，自己没有什么技能，亲朋好友又都不在身边，在外谋生极为艰难，硬是咬紧牙关度过了人生中最为灰暗的两年，直到妈妈打电话来告诉她家乡有了新的教育扶贫政策，得知像她这样的没有考上更高一级学校的青少年可以到职业教育学校继续求学，妈妈只在电话那头简单地问了句："你还想回来读书吗？"她就对着电话大喊："妈，我要读书、我要读书！"也正是有了这么一个千载难逢的机会，李文英才在后来改写了自己的命运。

183

---

① 云南省民族事务委员会、云南省教育厅、云南省财政厅、云南省人力资源和社会保障厅：《关于实施迪庆州、怒江州中等职业教育农村学生全覆盖试点工作的通知》，云南省民族事务委员会网站，2014年12月23日。

② 中共怒江州委、怒江州人民政府：《100篇脱贫攻坚励志故事》，云南新华印刷实业总公司，2020，第198-199页。

在刚开始加入云南冶金高级技工学校福贡教学点的教师团队时，李文英主要负责农民工技能培训，在半年多的时间内累计培训了3000多人次，走遍了福贡县马吉乡、石月亮乡、鹿马登乡、架科底乡、子里甲乡、匹河怒族乡、上帕镇的各个村落，同时，还参加了贡山举办的20多期农民工技能培训。从2019年9月份开始，李文英被安排到福贡县普职教育融合班担任班主任，并参与到了福贡县决战决胜控辍保学攻坚战中。在工作中，她利用自己的亲身经历引导和影响学生，让他们认识到读书是有用的，读书是可以改变未来的。对于个别厌学、后进的学生，她耐心做思想工作，不抛弃不放弃，用爱心、关心、细心和耐心，润物细无声地去感化他们，有时间就去家访，宣传党的政策，让学生了解到党和人民时刻关心着他们。

用民族文化唱好"民宿致富歌"①②

老姆登村是一个怒族世居的村寨，怒语中的"老姆登"意为人民喜欢来的地方。老姆登村地处半山坡，四周被群山和梯田所环抱，置身于老姆登村，怒江大峡谷的秀美景色尽收眼底。

在早年的老姆登村，除了一条直通怒江州原州府所在地知子罗的盘山公路，几乎与外界隔绝。从老姆登村再往上几千米，就是知子罗村。这座今天看来稍显冷清的小城镇，在20世纪60年代，可是一座傍山临水，经济文化设施齐全的热闹山城。那里曾经是怒江州府所在地以及原碧江县城，也是距离老姆登村最近的地方，过去，村民的山货都要拿去知子罗村卖。时过境迁，知子罗村失去了往日的繁华，平添了几分沧桑和宁静。沉寂已久的知子罗村名气如今正渐渐被老姆登村替代。近年来，老姆登村成了有名的旅游打卡地。一批又一批"背包族"从四面八方来到这里，体验怒族传统文化，领略峡谷风情。老姆登村绝大多数村民也从背着锄头看天吃饭，摇身一变端起了旅游业的"金饭碗"。提起老姆登村的发展，就不得不提郁伍林。

① 中共怒江州委、怒江州人民政府：《100篇脱贫攻坚励志故事》，云南新华印刷实业总公司，2020，第10—12页。
② 杨旭东、郝亚鑫：《一跃千年——云南直过民族脱贫攻坚全媒体报道之怒族二：怒江"网红"郁伍林》，云岭先锋网，2021年3月1日。

老姆登村俯瞰图（供图：匹河怒族乡老姆登村郁伍林）

　　郁伍林是土生土长的老姆登村人，有兄弟姐妹七人，他在家排行老小。在他还不太懂事的时候，父亲就去世了，母亲一个人带着他们兄妹七人艰难度日。回忆起童年，郁伍林依旧心绪难平："吃的是苞谷饭，住的是低矮潮湿的篱笆房，出门串亲戚连一条像样的公路都没有，'说话听得见，见面走一天'就是当时的写照。"但郁伍林天资聪颖，初中毕业时就能演唱怒族传统民歌，会弹跳"达比亚"，吹拨几咪（琴弦）。

　　1996 年，因能歌善舞，正在上高二的郁伍林作为怒族代表被选派到上海中华民族园展示怒族文化，那是他第一次离开家乡，也是第一次乘坐卧铺汽车和火车。在一次少数民族歌舞演出大会上，他遇到了来自怒江州贡山县独龙江乡的独龙族女孩鲁冰花，两人最终有情人终成眷属。

　　据郁伍林说，到了上海以后，感觉自己就像是抽离了麦芒的青稞，失去了安全感和生命力。曾经梦寐以求走出大山的他，也被上海的繁华深深吸引过。然而，喧嚣之后占据心灵深处的，依然是他深深眷恋的高黎贡山、碧罗雪山，以及谷底奔流不息的怒江水。于是，郁伍林最终选择了回归故土。但在上海的那些年，郁伍林增长了见识，开阔了眼界，结识了不少朋友。最难得的是，他练就了一口流利的普通话。当年，老姆登村的绝大多数村民都还只习惯于用怒语交流。

　　1999 年，老姆登村里来了几位"背包族"，他们在村里远眺怒江大峡谷，

185

游览神秘的高山湖泊，到"记忆之城"知子罗怀旧，不知不觉天色已晚，无法下山的他们敲开了郁伍林家的房门，希望能借宿一晚。虽然家境贫寒，一家人只够勉强维持生计，但好客的郁伍林马上生火做饭，拿出最好的食材招待客人。第二天一早，游客走了，在枕头底下留下了一些钱以及一封信。他们在信上建议郁伍林开一家客栈，既能让游客有个落脚的地方，也能增加一些收入。

2001年，在亲朋好友的帮助下，郁伍林在老房子旁建起了拥有8个床位的石棉瓦房，开起了全村第一家客栈。憨厚老实的郁伍林热情好客，有的客人让他免费加一个菜，他二话不说，马上做了端上来。有的客人结账时要求抹去几十元的零头，他也爽快地答应。所以，一开始郁伍林不仅没有挣到钱，还一度成为村里的笑柄。但让村民没想到的是，一直在用心、用情经营客栈的郁伍林在游客中攒下了好口碑，后来郁伍林在朋友的帮助之下开通了微博、微信进行自我宣传，把生意做到了网上，其好口碑在游客间越传越广，生意越做越顺。

2017年，郁伍林又从银行贷款270万元建了自己的第二家客栈。在经营客栈的同时，郁伍林还留意到老姆登村的茶叶虽然在当地有一定的口碑，但是销路不畅。为解决这一问题，郁伍林创立了自己的茶叶品牌，成立了"郁伍林茶叶种植合作社"，吸收20多户茶农作为社员，并联合浙江的一家公司合作成立茶叶加工厂，由合作社负责收购社员的鲜茶叶，之后交由茶叶加工厂进行制作，产品除了卖给来到当地的游客，还在网上进行销售，进一步带动当地群众致富。

186

老姆登村的客栈（供图：匹河怒族乡老姆登村郁伍林）

　　因为有了郁伍林的示范和带头作用，在几年间，仅有千余人的老姆登村相继建成了 19 家客栈，村里曾经的土坯房、草房已经被一排排青砖白墙的新房和具有民族特色的篱笆房所代替。目前，老姆登村每年旅游营业总收入达到了 300 多万元，客栈的住宿费也从一开始的一张床 20 元一晚涨到了一间房 260 元一晚，价格翻了 10 余倍。在老姆登村，仅郁伍林一家，一年下来，客栈加上卖茶叶、养猪的收入就有 40 万。郁伍林在发家致富的同时也帮村民解决了就业问题，仅是客栈就雇了 10 来人帮忙，每月支付 2000 元左右的工资，这在当地已算是很不错的收入了。

　　回忆起自己的创业经历，郁伍林说道："要是没有政府的政策和扶持，个人是没有能力做到这一步的。"因此，尽管已经成为富甲一方的新农民，但郁伍林并未停止前进的脚步，作为云南省怒族民歌《哦嘚嘚》的传承人，他深知自己能取得今日的成绩正是得益于怒族传统文化，也深刻地意识到怒族传统文化对旅游开发和脱贫致富的重要性。于是，他办起了怒族民族文化传承班，挨家挨户地动员家长们利用晚上的时间把孩子送到他家的火塘边学习弹"达比亚"、唱《哦嘚嘚》。为了展示怒族文化，用民族传统文化唱响"民宿致富歌"，他经常带着当地的民间艺人为到来的客人表演"达比亚"和口弦，带领村民继续把日子越过越红火。

"直过民族"金钱观的变化①

　　2020 年 4 月，为助推"直过民族"脱贫摘帽，云南省农村信用社启动了"怒族整族授信"工作。在老姆登村经营一家民宿的怒族妇女思燕，所获得的授信金额为 50 万元，在成功申请到贷款以后，她利用这笔钱对民宿进行了改造升级，将民宿的规模扩大了一倍。站在思燕家刚翻修完工的院子里放眼望去，高黎贡山、碧罗雪山和怒江大峡谷的风光尽收眼底，她自信地说道："完全不担心还不上贷款，因为有信心发展得更好。"等回过神来的时候，就连思燕自己都觉得这件事要是放在过去，那是她想都不敢想的。

　　思燕解释说以前怒族都是以物换物，完全没有货币和存钱的概念。后来知道什么是钱了，但又穷得没什么钱可以存，更别说贷款去做点儿什么，还说即使

① 中共怒江州委、怒江州人民政府：《100 篇脱贫攻坚优秀报道》，云南新华印刷实业总公司，2020，第 231－232 页。

银行敢放贷，她都不一定敢借这笔钱。思燕至今仍记得自己有了第一张银行卡时的心情，她说："2005年，我在昆明当保姆，办了第一张银行卡，老担心卡上的钱会不见，完全没有现金踏实。"

2013年，思燕回到家乡老姆登村经营民宿，自己手里只有3万元，找亲戚朋友零零散散地借了5万元，凑足8万元以后建了6间房。思燕回忆说："没想过贷款。一方面因为没什么值钱的东西可以抵押，贷不到款；另一方面也担心还不上。"后来，随着老姆登的游客越来越多，当地农村信用社向村民推出了无抵押、无担保、低利息的农旅贷项目。思燕是首批受惠群众之一，贷到了5万元，为民宿加盖了洗澡间。两年后，她成功还清了5万元贷款，又再次向银行贷了20万元用于扩大民宿规模。

云南农村信用社联合社副主任李梅称："整族授信，让怒族民众有了自己的家庭备用金。一次核定后，可以随用随贷，可灵活用于发展产业、脱贫致富。截至2020年5月18日，我们已经建立怒族农户信息档案6780户，占可统计怒族农户的97.96%；共计授信金额20913万元，户均授信3.87万元。"

深山走出脱贫路

云南人口较少民族脱贫发展之路

乡村振兴，未来可期

　　截至 2020 年底，怒江州各项脱贫攻坚任务已全面完成，根据习近平总书记的重要指示和党中央的重大决策部署，怒江州人民政府扶贫开发办公室重组为怒江州乡村振兴局。2021 年 6 月 11 日，怒江州乡村振兴局正式挂牌成立，全州4 县（市）同步举行挂牌仪式。调整重组后的怒江州乡村振兴局严格按照"产业兴旺、生态宜居、乡风文明、治理有效、生活富裕"的总要求，进一步巩固拓展脱贫攻坚成果、统筹推进实施乡村振兴战略，怒族群众紧随其后，全力配合、有条不紊地开展各项具体工作。

产业兴旺①

"十四五"时期是怒江州巩固脱贫攻坚成果衔接乡村振兴、增强内生发展动力提速城镇化进程、稳固优势特色产业支撑绿色发展的关键五年，构建现代化产业体系，以产业为引擎带动经济发展，以经济实力的增强厚植全州发展根基，为怒江长远发展、绿色发展、高质量发展奠定坚实基础。按照《怒江州"十四五"产业发展规划（2021—2025）》，在"十四五"时期，怒江州通过推动产业融合发展、大力培育市场主体、推动园区转型升级、营造良好发展环境、提升开发开放水平五大发展路径，推动六大产业（旅游产业、有色产业、绿色能源产业、峡谷特色生态农业、绿色香料产业、生物医药和大健康产业）高质量发展，持续打造世界一流"三张牌"，强化优势产业领先地位，发展新产业、新业态，培育百亿级产业，加快建设现代化产业体系。

 推动产业融合发展

（1）推动产业内外融合。强化旅游业与特色生态农业、绿色能源、绿色香料以及"大健康"产业的有机融合。以旅游业为核心，构建全州统一的怒江地域名片，培育区域公用品牌，培育各县（市）重点产业的企业品牌。重点推进特色生态农业、绿色香料产业与特色旅游、民族风情文化、"大健康"等第三产业融合发展，结合怒江资源优势培育一批生态环境优、产业优势大、发展势头好、带动能力强的特色生态农业、绿色香料产业与乡村旅游集聚区。大力发展集休闲、观光、体验等功能于一体的新业态，推进峡谷特色生态农业、绿色香料产业与旅游、文化等产业的深度融合，实现第一二三产业融合发展。大力发展生物医药和"大健康"产业，加快特色生物医药产业基地建设，推进健康保险与医疗服务、健康管理等产业融合发展，发展多样化健康产品和服务，构建集健康、养老、养生、医疗、康复于一体的"大健康"产业体系。

（2）实施产业数字化行动计划。实施产业数字化行动计划，带动生产模式

---

① 怒江州发展和改革委员会：《怒江州"十四五"产业发展规划（2021—2025）》，怒江州怒族傈僳族自治州人民政府网站，2021 年 7 月 20 日。

和组织方式变革，着力发展数字化先进制造、数字化农业生产、数字化文化旅游等产业发展新模式，积极培育在线服务新业态。积极推动六大产业信息化建设，针对信息化建设的薄弱产业，着力提升信息化水平。大力推进怒江智慧旅游发展，加大接入一部手机游云南的平台力度，集旅游信息、旅游服务、特色农产品、绿色香料产品与智慧旅游于一体。积极推动农业数字化转型，有条件的区域推动"智慧农业＋绿色果蔬"关键技术提高产量与质量、"智慧农业＋农业水利设施"利用效率提升，指导农业合理用水。实施"数字化流通"行动计划，加强冷链物流设施建设，健全农产品冷链物流系统。探索"互联网＋产业＋金融＋现代物流"运营模式，引导农业经营主体利用现代网络手段创新农产品批发、零售方式，推广直供直销、电子商务、期货交易等新型流通业态和交易方式，积极构建农产品电子商务平台。培育壮大劳务经济，加强农村劳动力技能培训和就业信息精准对接。大力促进生产对接市场，发挥大数据作用，解决农副产品产销不对路、信息不对称等问题。

（3）强化产业绿色化发展。强化工业绿色化发展，提高资源节约和环境准入门槛，提高能源资源利用效率，鼓励再生资源回收利用企业与互联网企业合作，创新再生资源回收模式；强化节能减排硬性约束，加强节能环保综合控制，推进制造业绿色化改造。坚持农业绿色化发展，融绿色概念于改造提升和培育峡谷特色生态农业、绿色香料产业，强化生态导向，优化全州峡谷特色生态农业与绿色香料布局，推行全过程管理，实施绿色生产方式，提升健康有机农业产品、绿色香料产品质量，建立从田头到餐桌的特色农业标准体系。

大力培育市场主体

（1）做大龙头企业。①在政策上持续加力。不折不扣落实惠企稳企一揽子政策措施，降低企业用地用能成本，加大税收、房租减免力度，实施社会保险费优惠，落实流动性贷款贴息、贷款风险补偿等支持政策，加强资金保障，将重点骨干培育企业作为优质企业和重点支持对象推荐给各金融机构。落实鼓励引导支持民营经济发展的各项政策措施，为各类所有制企业营造公平、透明、法治的发展环境，营造有利于企业家健康成长的良好氛围，帮助民营企业实现创新发展。出台政策支持企业发展，实行管理人才培训奖励，进一步增强工业发展扶持政策的导向激励功能。继续优化企业培训环境，调动企业参与公益培训、交流会和高管培训以及开展自主培训的积极性，不断提升企业经营者与企业中高层管理者的管理理念、管理质量和人才素质，为推动经济发展作出应有的贡献。②推动骨干

企业自主创新，提升企业核心竞争能力。贯彻落实创新驱动发展战略，鼓励企业加大技术创新投入，加快技术创新项目实施步伐。鼓励企业制定技术创新战略规划，促进企业真正成为技术创新决策、研发投入、科研组织和成果转化的主体。支持有条件的企业开展基础性、前沿性创新研究，建立健全技术储备制度。扩大企业在创新决策中的话语权，吸收产业专家和企业家参与研究制定技术创新规划、计划、政策和标准，有关专家咨询组中产业专家和企业家应占较大比例，并逐步引入市场专家、创投专家。建立健全按照产业发展重大需求部署创新链的科研运行机制和政策导向，引导和支持骨干企业编制产业技术发展规划和技术路线图，建立技术研发支撑产品创新的发展体系，鼓励有条件的企业牵头组织实施重大科技项目。支持重点产业、骨干企业建立研发机构，健全技术研发、产品创新、科技成果转化机制，提高规模以上工业企业建立研发机构的比例。鼓励企业建设各类研发平台，围绕产业发展需求开展技术研发和工程化研究。③推进骨干企业数字化、网络化、智能化改造。立足"数字云南"建设，聚焦基于5G的应用基础设施建设，围绕重点骨干企业，依托工业互联网、云计算、大数据、物联网、5G等新一代信息技术，延伸产业链、部署创新链、提升价值链。推动骨干农业企业生产、运营、管理数字化和农产品配送网络化，打造一批"数字农业"示范县。加快能源骨干企业数字化、网络化、智能化改造，打造一批"数字生产线""数字车间""数字工厂"。加快发展新零售、"无接触"消费、在线医疗等新业态，拓展提升智慧旅游、跨境电商、数字物流等场景应用。

（2）培育农业"小巨人"企业。①增强原料保障。按照突出重点、科学规划、连片发展、标准化建设的要求，实施农业小巨人专用原料基地建设工程。加大基地水、电、路、通信等基础配套设施建设力度，形成一批规模大、效益高、品牌响、布局合理、优势明显的名特优新农产品生产基地，为农业小巨人提供有效的原料保障。支持农业小巨人打造品牌、拓展市场、大力发展农产品电子商务。②推进技改扩能。鼓励农业小巨人引进先进的加工装备和设施，强化精深加工技术改造，提高农业小巨人的加工生产能力及产品附加值。对当年新增技改扩能投资项目的企业，按照有关政策规定给予扶持。引导农业小巨人加大技改扩能投入，提高农产品精深加工能力，推进产业提档升级、产品更新换代。③完善科技支撑。加大对农业小巨人技术创新、知识产权保护等方面的引导和支持力度，要将农业小巨人列为农业科技成果转化和科技服务重点对象，对农业小巨人申报的科技项目给予优先立项，增强农业小巨人的科技自主创新能力。④推动农业企业全产业链发展。优化种植业结构，重点对特色产业进行精培育、深加工，打造绿色香料、中药材、特色经作、山地牧业等的全产业链。针对不同类别的特色农产品产业发

展阶段采用不同的发展策略，草果、中药材、核桃等在稳定种植面积和产量的同时，重点突破精深加工瓶颈制约问题；独龙牛、高黎贡山猪、独龙鸡、兰坪乌骨绵羊、绒毛鸡等可重点解决扩繁保护和部分产品的开发利用问题，不断加大名、特、优品种的选育和推广；中华蜂、茶叶重点解决市场营销和品牌打造问题；蔬菜重点解决冷链保鲜、运输问题。引导重点农业企业向前端延伸带动农户建设原料基地，向后端延伸建设物流营销和服务网络。

（3）鼓励支持大众创业。①加强创新创业金融支持，着力破解融资难题。发挥多层次资本市场作用，推动符合条件的创业企业特别是科技型企业上市融资，以及在全国中小企业股份转让系统等平台挂牌融资，引导私募投资基金和股权众筹规范发展，鼓励创业企业通过债券市场筹集资金。积极利用中小企业私募债、资产证券化、银行间市场等拓展科技型中小企业融资渠道，为科技型中小企业提供综合金融服务。支持双创示范基地与金融机构建立长期稳定的合作关系，共同参与孵化园区、科技企业孵化器、专业化众创空间等创新创业服务载体建设。鼓励以双创示范基地为载体开展政银企合作，探索多样化的科技金融服务。鼓励金融机构与双创示范基地合作开展设备融资租赁等金融服务。支持双创示范基地内符合条件的企业发行双创孵化专项债券、创业投资基金类债券、创新创业公司债券和双创债务融资工具。支持在双创示范基地开展与创业相关的保险业务。②激发多元市场主体创业创新活力。继续实施鼓励科技人员离岗创业、允许国有企业职工停职创业的政策。加强返乡入乡创业政策保障。优先支持区域示范基地实施返乡创业示范项目。发挥互联网平台企业带动作用，引导社会资本和大学生创客、返乡能人等入乡开展"互联网＋乡村旅游"、农村电商等创业项目。完善支持返乡入乡创业的引人、育人、留人政策，加大对乡村创业带头人的创业培训力度，培育一批能工巧匠型的创业领军人才。对符合条件的返乡入乡创业人员按规定给予创业担保贷款贴息和培训补贴。对返乡创业失败后就业和生活遇到困难的人员，及时提供就业服务、就业援助和社会救助。发挥大企业的创业就业带动作用。支持大企业与地方政府、高校共建创业孵化园区，鼓励有条件的双创示范基地开展产教融合型企业建设试点。发展"互联网平台＋创业单元""大企业＋创业单元"等模式，依托企业和平台加强创新创业要素保障。③加大财税金融扶持力度。统筹用好各类支持小微企业和创业创新的财政资金，加大对创业创新人才和项目的支持力度，引导社会资源支持"四众"（众创、众包、众扶、众筹）加快发展。设立州级创业引导基金，通过阶段参股、跟进投资、风险补偿等方式，重点支持以初创企业为主要投资对象的创业投资企业发展以及大学生创新创业活动。

怒族达比亚颂恩情

推动园区转型升级

（1）以科学规划推动园区转型升级。按照"高起点规划，分阶段实施"原则，优化全州园区产业空间布局。以优化提升兰坪工业园区和启动建设怒江大峡谷乡村振兴产业园、兰坪县高原特色现代农业示范园、澜沧江干热河谷现代农业产业示范园为核心，依托生物资源优势，推动各县园区向专业园区转型，优化园区布局，明确园区主导产业，加快形成差别竞争、有序发展的产业发展新格局。促进各园区用地集约化、产业聚集化，统筹推进基础设施建设和项目入驻，提升承载功能。强化州级领导对招商引资项目的高位统筹，探索跨县域集中规划建设工业园区，促进生产要素合理聚集，借助工业转型升级契机，坚持延伸产业链、集中连片布局、优势互补联动、产城融合、大产业带基地发展的理念，实现企业集群、产业集聚、经营集约，使产业空间布局进一步优化，园区主导产业特色鲜明，形成具有较强辐射带动效应的产业集群。

（2）以智能化改造推动园区转型升级。借力东部地区定点帮扶，大力推进智慧园区建设，以工业互联网开发项目和企业"互联网＋智能制造"为切入点，重点支持一批园区智能工厂数字化车间、两化融合项目，推动园区智能化建设和转型升级。以优化产品结构和提升质量为重点，鼓励园区企业加大新技术、新工艺、新材料和新设备的应用力度，充分发挥科技创新的推动作用，助推园区企业加快技术改造，不断提升核心竞争力。

（3）推动重点园区发展。统筹要素资源，着力建设一批产业链完整、创新能力强的有色产业特色园区以及具有较强集聚带动能力的现代服务业集聚区，打造一批独具特色的承接产业转移示范园区。促进优势资源、生产要素向产业园区聚集。按照产业同兴、利益共享、互惠互利、分工合作的原则，从规划对接、产业招商、项目实施入手，积极探索建立区域性合作、利益分享机制。通过政策、资金等要素资源，分层推进、分类指导、重点扶持等措施，推动重点园区加速发展。实行重大工业项目"绿卡"制度，减免相关规费，建立审批"绿色通道"。建立重大项目协调机制，双月过堂、季度点评，协调解决项目报批报建中遇到的问题。建立科学考核评价体系，对园区开展分层分类考核，实施重奖重用和动态调整机制，充分激发园区活力。引导中小微企业集聚创业发展，鼓励园区孵化平台和服务平台申报省级小企业创业示范基地和中小企业公共服务示范平台。积极探索"飞地经济"园区合作。

195

 营造良好发展环境

（1）强化基础设施保障能力。构建系统完备、高效实用、智能绿色、安全可靠的现代化基础设施体系。系统布局新型基础设施，加快第五代移动通信、工业互联网、大数据中心等的建设。抓住国家大力发展数字经济，加快形成以国内大循环为主体、国内国际双循环相互促进的新发展格局等有利机遇，借助东部地区帮扶智力资源，积极推动5G、数据中心等新型基础设施建设，促进新一代信息技术与实体经济融合发展，持续推进资源数字化、数字产业化、产业数字化、数字化治理，为实现云南高质量发展增添新动能。

（2）创造良好政策环境。认真贯彻落实国家、云南省相关产业政策，加强怒江州产业发展的顶层设计和相关专项规划与国家、云南省相关产业政策的有效衔接、同步推进。加快完善财税、金融、科技、教育、民生与各重点产业交汇的配套政策措施，加大财政在关键性、基础性、公共性领域的软硬件基础设施方面的投入。创新六大产业发展扶持政策，健全政策扶持机制。通过政府补助等方式加大支持力度，强化对重点产业扶持；通过政府采购、示范推广、风险担保等途径，解决产业发展前期产品认可度低、经营风险较大等问题，切实保障六大产业壮大成长。

（3）加强人才培育力度。补齐人才短板，加强全州职业教育发展。确保地方教育附加用于职业教育的比例不低于30%。深入推进产教融合，加强产教融合实训基地建设，强化学生实训实践能力培养。加强重点专业建设，探索推广学徒制，培养新时代职业技能人才。提升滇西应用技术大学怒江学院办学质量，积极探索高等职业教育办学新路子。重视人才培养和引进，强化专业技术人才队伍建设，培养适应产业发展和园区发展需要的技能人才和产业工人，坚持把企业作为吸引人才和集聚人才的重要载体，努力构建优质、高效的社会服务体系。

（4）营造法治化营商环境。深化"放管服"改革。深化行政审批制度改革，全面推行权力清单、责任清单、负面清单等制度，规范行政程序、行为、时限和裁量权。坚持权利平等、机会平等、规则平等，完善法治保障，推进营商环境法治化。加强对优化营商环境工作的组织领导，完善优化营商环境政策措施，建立健全统筹推进、督促落实优化营商环境工作机制，及时协调、解决优化营商环境工作中遇到的重大问题。建立健全各部门、各行业营商环境评价制度，切实发挥营商环境评价的引领和督促作用。建立健全营商环境投诉举报回应制度，任何单位和个人都可以对优化营商环境工作提出意见和建议，对损害营商环境

的行为进行投诉、举报。简化优化政务服务流程,推动"互联网＋政务服务",加快"一部手机办事通"推广应用,为全州营造一个良好的法治化营商环境。

（5）加快制定地域特色鲜明的行业关键标准。大力推进行业协会建设,利用行业协会加快草果行业关键急需标准制定和验证,促进行业管理制度和规范的形成。借鉴相似产业的生产技术规程,加强与省对口管理部门的对接与合作,推动草果生产技术规程;积极开展标准化试点示范工作。

（6）强化特色农业发展的风险规避意识。针对农业产业的产品供给滞后于市场需求的特点,应合理规划特色农业产业的产品构成与空间布局,建立峡谷特色生态农产品、绿色香料农业种植市场风险监测预警机制,尽快建立怒江州峡谷特色生态农业、绿色香料产业数据调查系统,定期发布与怒江特色农产品相关的全省甚至是全国农产品市场供求信息,构建特色农产品收入安全网,运用直接补贴等政策工具保障农民收益,并通过保费补贴等方式,让种养大户、农民合作社等经营主体没有后顾之忧。超前布局,多元化林下种植品类,充分考虑特色生态农业、绿色香料产业与怒江立体生态系统的协调,避免产品品类单一。

提升开发开放水平

（1）加大招商引资力度。创新六大产业特别是文化旅游与绿色香料产业的招商引资政策。以构建现代产业链为目标,瞄准产业发达地区,结合六大产业空间布局,开展精准差异招商;围绕产业发展重点,突出重大项目招商,加强招商引资重大项目库建设,建立重大项目招商协调机制,做好重大项目认定工作,举办重大项目招商活动;以完善产业链为目标,大力开展链条招商。遴选技术含量高、市场前景好、带动能力强的优质领域,按照延链、补链、建链、强链等方式,大力开展链条招商。

（2）进一步扩大对外开放。以"一带一路"建设为引领,共建开放合作平台,深挖开放合作潜力,打造内外联动、协同发展的开放合作新格局。全面提高对外开放水平,推动贸易和投资自由化、便利化,加快对外贸易转型升级,推进贸易创新发展,增强对外贸易综合竞争力。实现高质量"引进来"和高水平"走出去"。构筑互利共赢的产业链、供应链合作体系,深化国际产能合作,扩大双向贸易和投资。以片马口岸为核心,加快构建面向缅甸、辐射南亚、东南亚的跨境仓储物流平台,扩大对外开放的广度和深度。

生态宜居①

怒江州深入学习贯彻习近平生态文明思想和习近平总书记关于生物生态安全的重要指示精神，坚定不移地走以生态优先、绿色发展为导向的高质量发展之路，努力把怒江建设成为生态文明建设排头兵示范基地、国际生物多样性保护核心区和示范区，走出了一条生态保护和经济发展的共赢之路。

 ## 抓好生态资源保护

（1）严格落实生态保护政策。牢固树立"绿水青山就是金山银山"的发展理念，围绕"生态美、百姓富"的目标，扎实推进森林生态效益补偿、选聘生态护林员、实施农村能源建设工程，狠抓生态资源保护，实现"山有人管、林有人护、群众增收"的目标。截至2021年8月，全州共选聘生态护林员31045名，累计投入资金7.26亿元，年人均管护收入达1万元，带动了12.56万建档立卡贫困人口稳定增收。目前，全州484.41万亩公益林实施森林生态效益补偿，每年直接兑现给农户4844.10万元，惠及9.07万户33.74万人。

（2）有效保护生物多样性。着力完善生物多样性保护监管制度，开展多形式生物多样性保护宣传，抓好自然保护地监管以及生物多样性监测，加大滇金丝猴等国家重点保护动植物的管护力度，落实生态环境保护政策。目前，高黎贡山分布5728种维管束植物，其中，382种为高黎贡山特有种；分布2632种动物，其中，国家一级保护动物有怒江金丝猴、戴帽叶猴、高黎贡羚牛、贡山鹿、白尾梢虹雉等33种；国家一级保护植物有喜马拉雅红豆杉、云南红豆杉、长蕊木兰等5种。全州森林面积达1726.19万亩，森林蓄积量达1.86亿立方米，森林覆盖率达78.90%。怒江州林地占土地面积的比例、林木绿化率、林分平均蓄积量3个指标均居全省第一位，森林覆盖率居全省第二位，森林蓄积量居全省第四位。生态成为新时代怒江最响亮的名片，绿色成为新时代怒江最显著的底色。

198

---

① 怒江州乡村振兴局：《怒江乡村振兴简报第3期——怒江州"四抓"措施着力打造生物多样性保护核心区》，怒江傈僳族自治州人民政府网站，2021年08月30日。

抓牢生态修复治理

（1）加快推进退耕还林。深入实施退耕还林还草、陡坡地生态治理、天保公益林等工程建设，对符合政策的村庄实施退耕全覆盖，对有退耕意愿的家庭应纳尽纳、应退尽退；推行"退管一体"机制，及时兑付资金补助，确保退耕还林退得下、稳得住、不反弹。截至2020年9月，全州完成新一轮退耕还林还草60.57万亩，陡坡地生态治理19万亩，投入资金8.15亿元，惠及8.7万户农户30.41万人。

（2）深入开展"保生态、兴产业、防返贫"生态建设巩固拓展脱贫攻坚成果行动。计划三年实施30万亩生态修复与产业发展工程，带动搬迁群众参与项目就地就近就业。2020年至2021年，通过该项行动，累计支出劳务工资4624.81万元，让10410户35842名群众受益。

（3）扎实推进"怒江花谷"建设。"十三五"期间，全州累计完成怒江花谷生态建设等各类花卉种植23.77万亩2429.96万株，打造58个花谷示范点，充分发挥了生态建设推动打赢脱贫攻坚战、巩固脱贫攻坚成果的作用。

抓实"绿色银行"建设

（1）大力发展特色产业。立足全州四县（市）地理条件、气候和资源优势，因地制宜发展特色产业，全面打造以核桃、漆树为主的木本油料产业，以重楼、云黄连为主的林下产业，以花椒、草果为代表的绿色香料产业；成立怒江绿色香料产业园，加大对绿色香料的研发，着力延伸产业链、提高附加值。截至目前，全州建设特色水果等林产业基地5.62万亩，木本油料林264.83万亩，草果、重楼等林下产业126.27万亩，群众人均特色产业面积达8亩以上，林草产业总产值达25.25亿元；建成"怒江百鸟谷"观鸟点46个，其中19个点已对外开放，吸引了不少省内外游客和摄影爱好者游览观光，让部分群众发"鸟财"、吃"鸟饭"。

（2）完善产业联结机制。引导龙头企业和生态扶贫专业合作社等新型经营主体参与林草产业建设，全州已组建生态扶贫专业合作社191个；采取政府搭建平台，林业部门提供技术服务，龙头企业、公司、合作社牵头，贫困户提供土地和劳动力等方式，让贫困群众通过参与林业生态扶贫项目，就地实现务工，截至目前，共带动农户8921户35258人。

 开展素质能力提升培训

（1）加强生物多样性保护培训。狠抓高黎贡山国家级自然保护区管护能力建设，定期开展生物多样性监测、野生植物识别和调查方法、昆虫生物多样性、植物标本采集与鉴定等专业培训，增强生物多样性保护能力。

（2）加强林业技能培训。采取田间地头现场讲授、走进课堂系统学习等方式，提高群众技能水平，增强发展动力。自2016年以来，全州累计举办农村劳动力林业技能培训864期，覆盖78400人（次）。

（3）选派科技人才挂点指导。选派81名"三区"科技人才挂点指导全州81个村委会、合作社（企业），为特色产业发展"把脉支撑"、提供"智""技"支撑。

乡风文明

2018年起，中共怒江州委宣传部、州文明办多方筹措乡风文明示范建设资金，全方位推动全州的乡风文明示范村建设工作，使乡风文明示范村发挥示范效应，成为培育和践行社会主义核心价值观、农村文明素质提升的示范样本。乡风文明示范村建设遵循以下标准①②③：

村级组织坚强有力

要求村党支部、村委会认真贯彻执行党在农村的各项方针政策，充分发挥领导核心和战斗堡垒作用。干部以身作则，在群众中威信高，干群关系和谐融洽。在匹河怒族乡，通过感恩教育、周一的升国旗唱国歌、爱国主义教育活动的开展，让群众进一步树立了感恩意识，学会感恩，随着参与升旗人数的逐渐增多，群众的内生动力日益增强，为表达对党和国家的感激之情，群众听党话、跟党走，积极宣传党和国家的政策。

思想教育扎实有效

要求建立村级善行义举榜，重点树立孝老爱亲、敬业诚信、助人为乐、热心公益等方面的典型，不断发挥道德引领在乡风文明建设中的重要作用，弘扬中华传统美德。注重家庭、家教、家风，认真开展"十星级文明户"评选活动，创建达标比例不少于80%。村民议事会、道德评议会、红白理事会、文艺表演队等组织作用发挥明显，月月有活动，痕迹资料管理规范。其中，匹河怒族乡按照《福贡县2020年乡风文明建设实施方案》，每村评选出了善行义举5人、"十

① 中共怒江州委宣传部、怒江州精神文明建设指导委员会办公室：《关于印发〈2019乡风文明示范村建设实施方案〉的通知》（怒宣通〔2019〕7号），2019年2月25日。
② 福贡县匹河怒族乡人民政府：《匹河怒族乡乡风文明建设高效有序推进》，怒江傈僳族自治州人民政府网站，2020年6月20日。
③ 福贡县匹河怒族乡人民政府：《党员红点靓家乡——老姆登村党员志愿服务队推进农村人居环境提升"百日攻坚"行动》，福贡县匹河怒族乡人民政府网站，2022年4月12日。

星级文明户"10户，"最美庭院"5户。先进典型的评选表彰使群众争当先进的欲望更强烈了，大家都在学习进步，营造了良好的学先进、比先进、做先进、当表率的氛围。

社会风气良好

要求村村都要有符合村情、群众认可、积极向上、操作性强且不违反法治精神的村规民约，鼓励将村规民约印发到户并张贴到村公共活动场所的醒目位置，有效遏制农村铺张浪费、高额彩礼、薄养厚葬、封建迷信、赌博败家等陈规陋习，养成勤劳节俭、诚实守信、文明健康的生活方式。在匹河怒族乡，村规民约、"门前三包"卫生保洁制度、红白理事制度不仅上墙，还走进了群众心中。群众自觉遵守村规民约，践行"门前三包"制度，红白理事主动报备，不超标，倡导移风易俗，厚养薄葬，拒绝大操大办。为进一步提高群众参与度，提升群众幸福感、满意度，各村积极组建了文艺队，闲暇时间大家聚在一起，用舞蹈舞出健康，跳出和谐，丰富了群众的业余生活。与此同时，各村还通过组织普法宣传、消防演练、殡葬改革、世界读书日等文化活动对群众进行"精神补钙"，进一步提升群众素质。

环境整洁优美

要求做到村寨（含易地扶贫搬迁安置点）整体风貌良好，"七改三清"（改路、改房、改水、改电、改圈、改厕，清洁水源、清洁田园、清洁家园）成效显著，农村人居环境有明显改善，花草树木和公用设施维护完好。生态环境保护措施到位，无乱垦滥伐、乱采滥挖现象，无违法用地、私搭乱建现象，无破坏生态事件。

在匹河怒族乡，严格按照"一档八条"标准要求，常态化教育引导群众做到"扫干净、码整齐、收通透"①，保持室内干净整洁，房前屋后物品摆放有序。与此同时，积极推进农村"厕所革命"、功能性用房改造，着力消除垃圾遍地、

---

① "扫干净"，对上次排查出的村庄垃圾乱丢、房前屋后、公共场所脏乱的区域检查整改情况，对未整改或整改不彻底的再宣传动员，让家家户户的庭院、室内干净起来，房前屋后水沟保持通畅，垃圾及时处理；"码整齐"，对柴草乱堆、建筑材料乱堆乱放的农户再排查，确保柴草、建筑材料码得整齐有序；"收通透"，查看公共区域乱停乱放、私搭乱建、残垣断壁等清理情况和农户庭院杂物乱堆乱放的整改情况，让通村公路保持畅通，农户庭院变得更加宽敞、美丽。

污水横流、粪污乱排等问题，让村庄干净、有序、整洁，同时加快推进拆旧复垦复绿工作。2022 年 4 月，老姆登村以"村容整洁、乡风文明、治理有效"和"安全、干净、顺眼"为目标，以"拆棚、清乱、治污、控房、栽树"为主要内容，实施了人居环境提升"百日攻坚"行动。前期，乡包村工作组、村"两委"班子、驻村工作队在全村范围内开展大排查，摸清拆棚、控房等其他整治内容的底数，进而通过入户宣传人居环境整治提升对于老姆登村发展的必要性和重要性，竭力做通农户的思想工作，争取到绝大多数农户的支持与配合。在争取到农户的支持后，2022 年 4 月 11 日，乡包村工作组、村"两委"班子、驻村工作队带领党员志愿服务队入户开展拆棚、控房工作，奏响人居环境整治进行曲，通过党群合力，仅用半天时间，拆除村庄公路沿线废弃牲畜棚 4 个，完成控房整治 1 户，充分发挥了基层党组织的战斗堡垒和党员的先锋模范作用。老姆登村"两委"班子、驻村工作队通过入户走访、微信群、微视频等多种方式，全方位加大农村人居环境整治工作宣传引导力度，形成党员带头、全民参与、全域整治、全民共享的良好局面，保证在老姆登村人居环境提升"百日攻坚"行动中交出满意答卷，让全体村民在共治共享中提高获得感和幸福感。

社会治安良好

村民有较强的法治观念，遵纪守法，照章办事风气好，自治、法治、德治有机结合。有便于操作的联防措施，常态化开展法治宣传教育工作，"平安家庭"建设有成效，群众有安全感。无黑恶势力和"黄赌毒"丑恶现象，无邪教和非法宗教活动。妇女、儿童、老人、残疾人合法权益得到切实保障。民族团结进步示范建设成效明显，全体村民能牢固树立人人讲团结、民族一家亲的民族团结进步意识。

科教文卫稳步发展

推广使用现代新技术，倡导健康、文明、科学的生活方式。按照建设村级新时代文明实践站的相关要求，整合党群活动室、综合文化活动场所、农家书屋、村广播室等设施，经常性开展以群众为主体的宣传宣讲和文化娱乐活动，注重发挥新乡贤的作用，群众精神文化生活日趋丰富多彩，基层党组织战斗堡垒作用发挥明显，有规范的示范建设档案。

 文明创建活动扎实开展

　　组织引导群众注重家庭、家教、家风建设有计划、有活动、有成效。通过宣传发动能自觉创建"最美庭院"（易地扶贫搬迁安置点只开展"十星级文明户"活动）的农户达到村民小组总户数的 30% 以上。创建活动坚持农户自评、村民互评、村委会复评程序，通过创建活动，调动群众内生动力效果明显。活动开展过程由专人负责发布在"怒江文明"微信工作群中。充分发挥示范建设资金的作用，以荣誉表彰、开会肯定、实物鼓励、典型宣传等方式对示范带动作用明显的家庭和个人进行表扬，并形成长效机制。注重对阶段性成果和单项特色活动的成效进行总结和宣传，通过舆论影响，不断提升乡风文明示范村在全州扶贫扶志工作中的示范带头作用。

治理有效①②③④

怒江州认真落实"四个不摘"要求，用好"一平台三机制"⑤，做到"四个全覆盖"，全面提高"政府救助平台"知晓率、使用率，推动平台规范、高效运行。聚焦"帮扶谁、谁发现、谁来帮、怎么帮、如何退、谁监督"六个步骤，完善"包保、监测、暗访、调度"四项机制，加大防止返贫致贫监测帮扶力度，坚决守住不发生规模性返贫的底线。

实现"四个全覆盖"

（1）抓好"政府救助平台"推广使用工作，强化动态监测，实现农村低收入人口帮扶全覆盖。按照省委、省政府的要求，怒江州"政府救助平台"于2021年8月底正式上线运行，9月10日，怒江州组织开展了"政府救助平台"业务培训，全面宣传推广、运行使用"政府救助平台"，切实提升干部群众的知晓率和使用率，同时引导群众有困难找政府。怒江州"政府救助平台"涉及教体、人社、民政、住建、水利、卫健、医保7个部门，包括"临时困难""特困供养""低

---

① 怒江州乡村振兴局：《怒江乡村振兴简报第1期——怒江建机制定举措，监测帮扶落地见效》，怒江傈僳族自治州人民政府网站，2021年8月4日。

② 怒江州乡村振兴局：《怒江乡村振兴简报第2期——怒江州"四大机制"一体推进压实巩固拓展脱贫攻坚成果责任》，怒江傈僳族自治州人民政府网站，2021年8月10日。

③ 怒江州乡村振兴局：《怒江乡村振兴简报第10期——怒江州全面落实"一平台、三机制"巩固拓展脱贫攻坚成果》，怒江傈僳族自治州人民政府网站，2021年12月2日。

④ 怒江州乡村振兴局：《怒江乡村振兴简报第14期——怒江州："六个坚持"加快推进乡村振兴》，怒江傈僳族自治州人民政府网站，2022年1月24日。

⑤ 2021年1月11日，云南省扶贫办主任座谈会在昆明召开，云南省人民政府副秘书长、省扶贫办党组书记、主任黄云波主持会议并作重要讲话。会议要求，要把巩固拓展脱贫攻坚成果放在压倒性位置来抓，迅速开展巩固拓展脱贫攻坚成果"四个专项行动"，即建立"一平台三机制"。"一平台"是指"建救助平台"，在县级政府层面建设面向困难群众的救助平台，定制"找政府"APP，脱贫户返贫即通过手机提出申请，县平台下达指令由乡、村核实，如属实即交有关部门实施帮扶救助，做到"简便、快速、精准"；"三机制"即建立产业帮扶全覆盖机制、建立壮大村级集体经济帮扶机制及建立扶志扶智机制，把农业、工业、旅游业、电商、产业合作社等统筹起来，做到覆盖所有脱贫户、边缘户，不落一户，力争用3年时间使云南省村级集体经济迈上一个新台阶。

保""找工作""找培训""农村危房改造""农村饮水安全""控辍保学""医疗机构查询""慢病健康管理""大病专项救治""参保登记""异地就医未报销""大病救助"14个救助服务事项。平台自启动以来，始终坚持问题导向，通过线上监测与线下核查相结合的方式对"三类"重点人员①实施动态监测和帮扶。

（2）完善稳定的利益联结机制，实现产业帮扶全覆盖。始终把发展农业农村产业作为巩固拓展脱贫攻坚成果同乡村振兴有效衔接的根本之策，围绕做大做强"六大产业"，扎实推进"产业发展壮大工程""品牌培育工程""厨房工程"等工作，将50%以上涉农整合资金用于产业发展，重点补齐科技、设施和市场短板。坚持和完善东西部扶贫协作和对口支援、定点帮扶、社会力量参与帮扶等机制，深入沟通交流，建立协作机制持续推进东西协作的产业项目。

（3）完善股份合作机制，实现村集体经济全覆盖。怒江州把发展产业作为壮大村集体经济的重要途径，出台《怒江州村级集体经济三年攻坚行动的指导意见（2018—2020年）》，通过"盘活资产""股份合作""利用资源""经营服务""固定资产""抱团取暖"六个方面发展集体经济。在抓好人才和产业发展的基础上，管好盘活农村扶贫资产，增加集体经济收入。2021年，整合投入村级集体经济建设资金2200万元，推进村级集体经济建设发展，村级集体经济充分发挥了利民富民作用，并且实行收益资金由乡级代管中心统一记账的管理方式，有效维护了集体和群众利益，保障了村级集体经济安全有序运行。

（4）完善扶志扶智长效机制，实现培训就业全覆盖。坚持把务工就业作为群众稳定增收的有力抓手，深入开展"务工情况大排查、岗位信息大推送、就业政策大宣传、转移就业大输送"专项行动，不断加大转移省外、州外就业工作力度。全力推行怒江州易地扶贫搬迁"稳得住"18条措施，继续推行20名厅级领导挂联全州千人以上易地搬迁安置区制度，聚焦"稳得住、能致富"，实行挂牌督战。

聚焦六个步骤

第一步，明确"帮扶谁"，精准锁定"三类"对象。建立怒江州防范返贫致贫风险动态监测机制，聚焦重点对象，确定监测范围，明确监测内容，按群众自主申报、综合分析研判、实地调查、评议公示、乡镇审核、县级确定6道程

---

① 即农村脱贫不稳定户、边缘易致贫户、突发严重困难户。

序，锁定监测对象。采取当天申请、当天核查、当天研判、当天出措施、次日公示、一周内施策步骤，确保全州监测对象精准。

第二步，明确"谁发现"，线上线下双向发力。建立线下网格化和线上网络化的困难群众及时发现机制，实现"政府找"和"找政府"双向协同。"找政府"就是加强"政府救助平台"的推广应用，确保群众有困难能第一时间让政府发现。"政府找"就是建立怒江州农村群众和易地搬迁安置点群众包保工作机制，实行"网格化"管理，将每个村划为若干网格，每个网格明确具体村组干部和驻村干部负责包保。采取单位包村包栋、干部包户的方式，对"三类人员"和易地搬迁群众实现全覆盖包保。认真落实"村级半月、乡（镇）每月、县（市）季度、州级半年"大走访大排查机制，做到识别及时精准。

第三步，明确"谁来帮"，压紧压实帮扶责任。对"政府救助平台"申请事项，民政、人社、住建、水利、教体、卫健、医保7个行业部门进行快速响应、高效办理。通过各行业部门数据共享、联网核查、及时帮扶，实现数据多跑路、群众少跑腿。2021年，全州在"政府救助平台"申请困难问题5842件，办结5731件，办结率98%，办结率和人均申请量均排名全省第一。对排查发现的问题，针对返贫致贫风险制定帮扶措施，第一时间交办行业部门并反馈包保责任人，充分发挥行业部门、包保单位、包保干部合力，确保帮扶措施落地落实。

第四步，明确"怎么帮"，因地制宜落实帮扶措施。按照"缺什么、补什么"的原则，根据监测对象返贫致贫风险类别和发展需求采取"一户一方案"，落实帮扶措施。启动农村居民和脱贫人口持续增收三年行动，谋划打造咖啡、草果、茶叶等10个现代农业特色庄园，聚焦泸水高黎贡山猪、福贡和贡山草果、兰坪车厘子，着力培育"一县一业"。

第五步，明确"如何退"，坚持群众满意导向。严格按程序开展退出工作，紧紧围绕"两不愁三保障"逐户对帮扶措施的针对性和有效性、返贫致贫风险点消除情况、家庭收入稳定性情况进行综合研判分析，对风险稳定消除，收入持续稳定，"两不愁三保障"及饮水安全持续巩固的，形成拟标注风险消除对象名单，按"怎么进、怎么出"的原则，参照监测对象识别方法步骤经实地调查、农户同意、民主评议、逐级审定等环节，在全国防返贫监测信息系统中标注"风险消除"；对风险消除稳定性较弱，特别是收入不稳定、刚性支出不可控的，在促进稳定增收及减轻家庭刚性支出负担、保障基本生活等方面继续给予精准帮扶；对无劳动能力的，持续落实社会保障措施，长期跟踪监测，确保群众满意。

第六步，明确"谁监督"，动真碰硬跟踪问效。建立怒江州常态化暗访机制，分县（市）派出固定暗访组，发挥"前哨"和"显微镜"功能，聚焦"两不愁三保障"和饮水安全方面的返贫风险，每月进村入户暗访不少于10天，在一线发现问题、解决问题、推动工作；建立怒江州巩固拓展脱贫攻坚成果月调度机制，坚持每月召开州、县（市）、乡（镇）、村四级干部"同时在线"的视频会议，根据监测和暗访发现问题，由州委、州政府主要领导在会上随机提问、现场调度，有效传导压力，推动问题真改实改、落实落细，确保脱贫攻坚成果稳固、返贫风险可控；出台怒江州巩固拓展脱贫攻坚成果考核办法和发生规模性返贫责任追究办法，充分发挥考核指挥棒和问责利器的震慑作用，倒逼责任落实、政策落实、工作落实，提升巩固脱贫成效。

🏔 完善四项机制

（1）健全包保机制。印发《怒江州农村群众和易地搬迁安置点群众包保工作机制》，采取单位包村、干部挂户、乡（镇）村主抓的方式，全覆盖挂联包保所有农村人口。采取州级单位包保涉及跨县（市）搬迁人数较多集中安置点，县（市）单位包保跨乡（镇）搬迁人口较多集中安置点，乡（镇）、村就近包保小规模安置点的方式，实现安置点群众包保全覆盖。

（2）健全暗访机制。印发《怒江州常态化开展巩固拓展脱贫攻坚成果暗访机制》，由州乡村振兴局牵头，成立了4个暗访工作组，每个组负责一个县（市）。在每月防返贫风险问题排查、交办后，各暗访组结合各县（市）上报情况和州乡村振兴局数据比对分析情况，自行安排时间，采取"四不两直"方式开展暗访，即不发通知、不打招呼、不听汇报、不用陪同接待、直奔基层、直插现场。通过实地走访，与农户交流座谈，了解帮扶措施落实情况，重点督查"三类人员"是否按照动态监测的程序，做到"应纳尽纳"；群众是否知晓帮扶计划情况，是否做到"应扶尽扶"；帮扶措施落实情况和帮扶效益情况，是否做到"应消尽消"；脱贫人口"两不愁三保障"和饮水安全巩固提升情况，是否有返贫风险；了解监测对象的收入来源和收入结构，了解易地扶贫搬迁人口就业、生产发展情况等，了解监测户对各项帮扶措施的认可度。

（3）健全监测机制。印发《怒江州巩固拓展脱贫攻坚成果防范返贫致贫风险动态监测机制》，聚焦脱贫不稳定户、边缘易致贫户、突发严重困难户"三类对象"，分散特困供养人员、残疾人、低保户、大病户等特殊群体，全覆盖监测所有农村人口和易地搬迁人口。

（4）健全调度机制。印发《怒江州巩固拓展脱贫攻坚成果防范返贫致贫风险月调度机制》，以月末大走访、大排查及明察暗访上报的问题清单为依据，次月 10 日前采取州、县（市）、乡（镇）、村四级干部"同时在线"，用视频调度、随机提问的方式，开展月调度，重点听取州级行业部门、县（市）、乡（镇）、村（社区）当月防返贫动态监测和帮扶工作的推进落实情况、存在的困难问题、下一步解决办法，着力查找工作中的薄弱环节，层层压实责任。每月调度会后及时将动态监测中发现的问题交办至各县（市）及相关行业部门进行核实、分析、研判，制定解决措施。同时，4 个暗访督查组，依据排查、调度、交办的问题清单，按月下沉至县（市）、乡（镇）、村（社区），核实上报的农户风险清单是否真实准确，直接到村到户实地核查监测和帮扶等情况，抽查是否存在风险瞒报、漏报、乱报等情况。切实做到一月一排查、一月一调度、一月一督查、一月一交办、一月一整改。

生活富裕①

　　怒江州深入学习贯彻习近平总书记关于巩固拓展脱贫攻坚成果同乡村振兴有效衔接的重要指示精神，落实省委、省政府关于"建立扶志扶智长效机制，实现培训就业全覆盖"的部署要求，加大职业技能培训和转移就业工作力度，全面激发脱贫人口和农村低收入人口内生动力、就业创业的主观能动性，持续推进脱贫地区发展和群众生活改善，在巩固拓展脱贫攻坚成果、推进乡村振兴进程中发挥了积极作用，群众"不想外出、不愿外出、不敢外出"的观念不断改变，自我发展能力不断增强，2021年脱贫群众人均工资性收入8467元，比2020年的6308元增长25.50%，占人均纯收入13090元的64.68%。

做好技能培训帮助脱贫劳动力捧稳"饭碗"

　　怒江州坚持把技能培训作为提升劳动力素质、阻断贫困代际传递的重要举措，面向广大脱贫劳动力组织开展大规模、广覆盖和多形式的职业技能培训，确保有劳动能力的低收入人口拥有一技之长，增强就业能力，增加就业机会，通过自身的劳动和奋斗提高家庭收入。针对怒江州职业技能提升专项资金无法满足2021年培训需求的实际情况，积极向省人社厅申请调剂培训资金，最终省厅调剂怒江培训资金1256万元，为顺利完成2021年培训任务提供了有力保障。截至2021年10月底，全州完成农村劳动力培训39409人次。

抓好转移就业促进农村劳动力增收

　　怒江州坚持把农村劳动力转移就业作为群众稳定增收的有力抓手，在东西部扶贫政策调整、疫情形势严峻复杂的情况下，举全州之力，坚定不移抓劳动力转移就业，有效增加脱贫户收入，防范返贫风险。按照"稳存量、调结构、提质量、促增收"的要求，怒江州扶贫开发领导小组印发了《怒江州2021年劳动力转移就业工作方案》，对全州农村劳动力转移就业工作任务进行了分解，

---

① 怒江州乡村振兴局：《怒江乡村振兴简报第12期——怒江州"志智双扶"让群众端稳就业"饭碗"》，怒江傈僳族自治州人民政府网站，2021年12月16日。

并对务工情况大排查、岗位信息大推送、就业政策大宣传、转移就业大输送、进一步加强公岗管理、聚焦搬迁群众就业、主动兑现就业政策、开展省外稳岗大走访等工作进行了全面安排部署，不断加大转移省外、州外就业工作力度。同时，结合第五次农村劳动力转移就业"百日行动""迎新春送温暖、稳岗留工"专项行动、农村劳动力省外转移就业"送温暖、稳岗位"大走访活动等，全面铺开全州农村劳动力转移就业工作，让群众能就业、就好业。截至 2021 年 11 月 3 日，全州农村劳动力已实现转移就业 19.94 万人（其中，转移省外就业 4.1 万人，转移省内县外就业 1.89 万人，转移县内就业 13.95 万人）。全州脱贫劳动力已实现转移就业 11.87 万人（其中，转移省外就业 2.27 万人，转移省内县外就业 1.07 万人，转移县内就业 8.53 万人）。

激发群众就业的内生动力

怒江州充分利用网络、微信公众号等渠道广泛宣传用工信息和培训信息，充分利用全州乡镇干部、村组干部、驻村工作队员（实战队员）、易地扶贫搬迁安置点就业创业服务工作站（点）工作人员、600 余名劳务经纪人、500 名就业小分队队员和挂联干部等方面的力量宣传动员外出务工政策，推荐就业岗位和培训项目。在各村委会、乡（镇）赶集市场和各种民俗活动场地等人员密集场所，张贴和发放外出务工政策、招工信息、培训信息等材料。截至 2021 年 10 月 12 日，组织各类形式招聘会 37 场次，从各个渠道宣传推荐就业岗位 3 万多个。

确保搬迁劳动力稳定高质量就业

怒江州把易地扶贫搬迁安置点的就业工作和培训工作放在重中之重的位置来抓，从州、县（市）、乡（镇）机关中抽调 500 名干部，组建 15 支易地扶贫搬迁安置点就业小分队，奔赴全州 15 个千人以上易地扶贫搬迁安置点开展就业帮扶工作，确保每一栋楼都有就业小分队队员负责。2021 年春节前，就业小分队重点做好易地扶贫搬迁安置点返乡人员摸底调查、劳动力数据核查、劳动力台账完善、就业意愿登记、培训意愿登记等工作。春节后，重点做好返岗服务、动员外出务工、动员参加技能培训等工作。在全州易地扶贫搬迁安置点成立 50 个就业创业服务工作站（点），专门为易地扶贫搬迁劳动力提供就业创业和技能培训服务，进一步提高易地扶贫搬迁安置点的就业组织化程度。给广大搬迁群众提供就业创业帮助，确保搬迁群众稳得住、有就业、逐步能致富。

 提高外出转移就业组织化程度

　　成立怒江州劳务人员珠海服务站，坚持以务工人员为中心的工作导向，深入企业开展稳岗工作，及时掌握务工人员的务工动态、生活状况，加强与当地政府、人社协调联络充分调动各方面的力量和积极性，为扎根珠海服务怒江籍员工提供帮扶和服务，促进务工人员在珠海稳岗就业。2021年春节前，怒江州、县（市）两级的5个驻珠海市劳务服务工作站12名工作人员到珠海市各个企业看望慰问怒江籍劳动力力赴珠海市务工人员，鼓励务工人员尽量留在当地过年，督促企业保障留岗人员的有关福利待遇，提高外出务工人员就业积极性。截至2021年10月12日，全州"点对点、一站式"集中输送6065名劳动力赴省外务工（其中，脱贫劳动力3296名），人社部门为他们提供"出家门、上车门、下车门、进厂门"的服务，有力助推就业稳岗工作。

 提高外出转移就业人员稳岗就业率

　　2021年，根据国家和云南省对东西部协作工作的安排部署，怒江州东西部协作结对关系调整为上海市浦东新区后，怒江积极与上海市浦东新区联系对接，做好东西部协作衔接工作。浦东新区和怒江州人社部门积极作为，互访5次，相互对接浦东新区和怒江州劳务协作工作。怒江州人社局对2021年浦东新区帮扶怒江州用于支持怒江劳务协作资金2000万元制定了资金分配方案，并印发《浦东新区对口帮扶怒江州劳务协作专项资金实施细则》，于2021年9月18日组织各县（市）开展政策培训。目前，怒江已组织三批次122名怒江籍农村劳动力集中输送到上海市就业。

推进就业培训全覆盖

2021年3月，怒江州人社局组成督察组，到四县（市）对农村劳动力转移就业和培训工作进行督查，以目标和问题为导向，深入部分乡（镇）和易地搬迁社区听取工作汇报、查阅台账、进村入户，对各县（市）农村劳动力转移就业和技能培训工作情况进行了深入督查了解，督促指导各县（市）进一步推动2021年农村劳动力转移就业和技能培训工作。定期调度四县（市）农村劳动力转移就业和技能培训各项指标完成情况，分析各县（市）存在的问题和差距，细化工作要求，层层压紧压实工作责任。定期通报各县（市）农村劳动力转移就业和技能培训各项目标任务完成情况、各县（市）农村劳动力转移就业信息系统更新情况等，督促各县（市）强化责任担当，进一步加强农村劳动力转移就业工作及劳动力培训工作，确保农村劳动力转移就业工作不断取得新进展。

参考文献

[1] 段伶 . 民族知识丛书·怒族 [M]. 北京 : 民族出版社 ,1991.

[2] 怒江州政协文史资料委员会 . 怒江州民族文史资料丛书·怒族 [M]. 昆明 : 云南人民出版社 ,2000.

[3] 《怒族简史》编写组 ,《怒族简史》修订本编写组 . 怒族简史 [M]. 北京 : 民族出版社 ,2008.

[4] 《民族问题五种丛书》云南省编辑委员会 . 怒族社会历史调查 [M]. 北京 : 民族出版社 ,2009.

[5] 李绍恩 . 中华民族全书·中国怒族 [M]. 银川 : 宁夏人民出版社 , 2012.

[6] 李绍恩 . 当代云南怒族简史 [M]. 昆明 : 云南人民出版社 ,2014.

[7] 李月英 , 张芮婕 . 走近中国少数民族丛书·怒族 [M]. 沈阳 : 辽宁民族出版社 ,2014.

[8] 怒江民族事务委员会 , 怒江州志编纂委员会 . 怒江州傈僳族自治州民族志 [M]. 昆明 : 云南民族出版社 ,1993.

[9] 福贡县文学艺术界联合会 . 福贡县民间故事集（上、下）[M]. 怒江 : 怒江报社印刷有限责任公司印装 ,2008.

[10] 普利颜 . 怒江·文化记忆 [M]. 北京 : 民族出版社 ,2017.

[11] 宋媛 , 宋林武 . 决不让一个兄弟民族掉队——图说怒江扶贫与跨越 50 年 [M]. 昆明 : 云南人民出版社 ,2018.

[12] 国家民族事务委员会 . 中国人口较少的民族（上、下）[M]. 北京 : 新华出版社 ,2008.

[13] 李若青 . 云南扶持人口较少民族发展政策实践研究 [M]. 北京 : 中国社会科学出版社 ,2013.

[14] 罗明军 . 云南特有七个人口较少民族扶贫绩效调查研究 [M]. 北京 : 中国社会科学出版社 ,2015.

[15] 杨筑慧 . 中国人口较少民族经济社会发展追踪调研报告 [M]. 北京 : 学苑出版社 ,2016.

[16]《中国人口较少民族发展研究丛书》编委会 . 中国人口较少民族经济和社会发展调查报告 [M]. 北京 : 民族出版社 ,2017.

[17] 中共云南省委宣传部 , 云南省社会科学院 . 边疆人民心向党 [M]. 昆明 : 云南人民出版社 ,2021.

[18] 福贡县地方志办公室 . 中华人民共和国地方志丛书福贡县志(1912—1986 年 ）[M]. 芒市 : 德宏民族出版社 ,2018.

[19] 国家民委 , 国家发展改革委 , 财政部 , 等 . 扶持人口较少民族发展规划（ 2005—2010 年 ）[Z]. 国务院第 90 次常务会议审议通过 ,2005-8-18.

[20] 云南省民委 , 省发改委 , 省财政厅 , 等 . 云南省扶持人口较少民族发展规划（ 2006—2010 年 ）[Z]. 云族联发〔 2006 〕10 号 , 2006.

[21] 国家民族事务委员会 , 财政部 , 中国人民银行 , 等 . 关于印发扶持人口较少民族发展规划 2011—2015 年的通知 [Z]. 民委发〔 2011 〕70 号 ,2011-6-20.

[22] 云南省民委 , 省发改委 , 省财政厅 , 等 . 云南省扶持"人口较少民族"发展规划（ 2011—2015 年 ）[Z]. 云族联发〔 2011 〕8 号 , 2011-9-7.

[23] 中共中央、国务院 . 中国农村扶贫开发纲要（ 2011—2020 年 ）[Z]. 中华人民共和国中央人民政府网站 , 国务院公报 2011 年第 35 号 ,2011.

[24] 国务院扶贫开发领导小组 . 国务院扶贫办关于印发《关于解决"两不愁三保障"突出问题的指导意见》的通知 [Z]. 中华人民共和国中央人民政府网站 ,2019-6-23.

[25] 国家卫生健康委 , 国家发展改革委 , 财政部 , 等 . 关于印发解决贫困人口基本医疗有保障突出问题工作方案的通知 [Z]. 中华人民共和国中央人民政府网站 , 国卫扶贫发〔 2019 〕45 号 ,2019-7-10.

[26] 兰坪县卫生健康局 .《关于印发解决贫困人口基本医疗有保障突出问题工作方案的通知》解读 [Z]. 兰坪县人民政府网站 ,2019-12-13.

[27] 中共怒江州委宣传部 , 怒江州精神文明建设指导委员会办公室 . 关于印发《2019 乡风文明示范村建设实施方案》的通知 [Z]. 怒宣通〔 2019 〕7 号 , 2019-2-25.

[28] 中共怒江州委 , 怒江州人民政府 . 怒江州脱贫攻坚工作情况简介 [Z]. 2020-12-05.

[29]怒江州发展和改革委员会.怒江州"十四五"产业发展规划（2021－2025）[Z]. 怒江州怒族傈僳族自治州人民政府网站， 2021-7-20.

[30] 中共怒江州委，怒江州人民政府.提供中外媒体——珠海市对口怒江州东西部扶贫协作情况简介 [Z]. 2020.

[31] 怒江大峡谷网.中交集团倾力帮扶怒江 [EB/OL].[2020-03-19].https://www. nujiang.gov.cn.

[32] 怒江州人民政府扶贫开发办公室.三峡集团精准帮扶怒江州脱贫攻坚工作总结 [Z]. 2020-7-10.

[33] 滇西北地区保护与发展项目联合办公室.滇西北地区保护与发展行动计划（送审稿）[Z]. 2001-06-01.

[34] 福贡县人民政府.福贡县人民政府关于印发福贡县国民经济和社会发展第十四个五年规划和二〇三五年远景目标纲要的通知 [EB/OL].[2021-05-15]. https://www.fugong.gov.cn.

[35] 中共匹河怒族乡委员会，匹河怒族乡人民政府.匹河怒族乡 2020 年脱贫攻坚工作汇报材料 [Z]. 2020-10-22.

[36] 中共匹河怒族乡委员会，匹河怒族乡人民政府.匹河怒族乡 2016 年度脱贫攻坚工作总结 [Z]. 2016.

[37] 中共匹河怒族乡委员会，匹河怒族乡人民政府.匹河怒族乡 2017 年度脱贫攻坚工作总结 [Z]. 2017.

[38] 中共匹河怒族乡委员会，匹河怒族乡人民政府.匹河怒族乡 2018 年度脱贫攻坚工作总结 [Z]. 2018.

[39] 中共匹河怒族乡委员会，匹河怒族乡人民政府.匹河怒族乡 2019 年度脱贫攻坚工作总结 [Z]. 2019.

[40] 中共匹河怒族乡委员会，匹河怒族乡人民政府.匹河怒族乡 2020 年度脱贫攻坚工作总结 [Z]. 2020.

[41] 董烨.匹河怒族乡第十一届人民代表大会第四次会议.匹河怒族乡人民政府工作报告 [Z]. 2020-05-30.

[42] 杨丽华.匹河怒族乡第十一届人民代表大会第五次会议第一次全体会议 2021 年匹河怒族乡人民政府工作报告 [EB/OL].[2021-05-19].https://nujiang. gov.cn.

[43] 福贡县匹河怒族乡人民政府.匹河怒族乡乡风文明建设高效有序推进 [EB/ OL]. [2020-6-20].https://nujiang.gov.cn.

[44] 怒江州人民政府办公室．怒江州人民政府办公室关于印发怒江州全民科学素质行动计划纲要（2011—2015 年）实施方案的通知 [EB/OL].[2013-04-12].https://nujiang.gov.cn.

[45] 怒江州卫生和计划生育委员会．怒江州卫生计生委关于健康扶贫工作情况报告 [Z]. 2016-09-23.

[46] 怒江州卫生和计划生育委员会．怒江州卫生计生委关于健康扶贫工作总结 [Z]. 2017-03-07.

[47] 怒江州卫生和计划生育委员会．2018 年上半年怒江州健康扶贫工作总结 [Z]. 2018-06-15.

[48] 怒江州健康扶贫领导小组办公室．关于印发 2018 年健康扶贫工作总结及 2019 年工作计划的通知 [Z]. 怒健扶办发〔2019〕7 号,2019-04-17.

[49] 怒江州卫生健康委员会．怒江州卫生健康委员会关于怒江州 2019 年卫生健康工作总结和 2020 年工作计划的报告 [Z]. 2019-11-15.

[50] 怒江州健康扶贫工程指挥部办公室．2020 年上半年怒江州健康扶贫工作总结 [Z]. 2020-06-03.

[51] 云南省民族事务委员会，云南省教育厅，云南省财政厅，等．关于实施迪庆州怒江州中等职业教育农村学生全覆盖试点工作的通知 [EB/OL].[2014-12-23].https://mzzj.yn.gov.cn.

[52] 怒江州林业和草原局．怒江州林业和草原局关于《"治伤疤、保生态、防返贫"生态建设巩固脱贫成果行动方案（2020—2022 年）》的政策解读 [EB/OL].[2020-01-20].https://www.nujiang.gov.cn.

[53] 国务院人口普办公室，国家统计局人口和就业统计司．中国 2000 年全国人口普查资料 [M]. 北京：中国统计出版社，2002.

[54] 国务院人口普办公室，国家统计局人口和就业统计司．中国 2010 年人口普查资料 [M]. 北京：中国统计出版社，2012.

[55] 国务院第七次全国人口普查领导小组办公室．中国人口普查年鉴（2020 年）[M]. 北京：中国统计出版社，2022.

[56] 怒江州统计局．怒江统计年鉴（2008—2010 年）[EB/OL].[2023-01-20].https://www.nujiang.gov.cn.

[57] 怒江州统计局．怒江统计年鉴（2011—2014 年）[EB/OL].[2023-01-20].https://www.nujiang.gov.cn.

[58] 怒江州统计局．怒江统计年鉴 2015[EB/OL].[2023-01-20].https://www.nujiang.

gov.cn.

[59] 怒江州统计局 . 怒江统计年鉴 2016[EB/OL].[2023-01-20].https://www.nujiang. gov.cn.

[60] 怒江州统计局 . 怒江统计年鉴 2017[EB/OL].[2023-01-20].https://www.nujiang. gov.cn.

[61] 怒江州统计局 . 怒江统计年鉴 2018[EB/OL].[2023-01-20].https://www.nujiang. gov.cn.

[62] 怒江州统计局 . 怒江统计年鉴（2019—2020 年）[EB/OL].[2023-01-20]. https://www.nujiang.gov.cn.

[63] 怒江州乡村振兴局 . 怒江乡村振兴简报第 1 期至第 25 期 [EB/OL]. [2021-08-04] 至 [2022-06-01].https://www.nujiang.gov.cn.

[64] 福贡县匹河怒族乡人民政府 . 匹河怒族乡生态护林员：生态保护与脱贫攻坚共抓共赢 [EB/OL]. [2020-06-29].https://www.fugong.gov.cn.

[65] 杨祝梅，谭芳蕊 . 扶贫路上的"检察郎" 村民眼中的小赵书记 [EB/OL]. [2020-08-12].https://www.fugong.gov.cn.

[66] 福贡县匹河怒族乡人民政府 . 75 岁老人舍小家成大家 [EB/OL]. [2020-09-10]. https://www.fugong.gov.cn.

[67] 福贡县匹河怒族乡人民政府 . 党员红点靓家乡——老姆登村党员志愿服务队推进农村人居环境提升"百日攻坚"行动 [EB/OL]. [2022-04-12].https://www. fugong.gov.cn.

[68] 怒江州交通运输局 . 从"0"开始看怒江州交通运输的数字变化 [EB/OL]. [2020-11-17].https://www.nujiang.gov.cn.

[69] 怒江州交通运输局 . 从人马驿道到大交通网络 [EB/OL]. [2019-08-19].https:// www.nujiang.gov.cn.

[70] 怒江州交通运输局 . 怒江大峡谷的腾飞之路 [EB/OL]. [2017-09-13].https:// www.nujiang.gov.cn.

[71] 云南日报 . 峡谷天堑变通途——怒江州综合交通运输 70 年发展变化综述 [EB/OL]. [2019-09-27].https://www.yn.gov.cn.

[72] 李发兴，新跃华 . 怒江大峡谷天堑变通途——云南怒江州综合交通运输发展变化综述 [EB/OL]. [2019-10-09].https://www.people.com.cn.

[73] 怒江州交通运输局 . 贡山：习近平总书记两次回信的地方，有一座承载民族发展希望的隧道 [EB/OL]. [2020-04-03].https://www.nujiang.gov.cn.

[74] 怒江州交通运输局 . 沿着美丽公路寻找幸福的事——怒江美丽公路通车一周年纪实报道 [EB/OL]. [2021-03-29].https://www.nujiang.gov.cn.

[75] 中国民航网 . 梦想启航——兰坪丰华通用机场建成通航侧记 [EB/OL]. [2020-01-08].https://www.nujiang.gov.cn.

[76] 怒江州交通运输局 . 怒江州交通基础设施实现历史性飞跃 [EB/OL]. [2021-03-01].https://www.nujiang.gov.cn.

[77] 杨旭东 , 郝亚鑫 . 一跃千年——云南直过民族脱贫攻坚全媒体报道之怒族二：怒江"网红"郁伍林 [EB/OL],[2021-03-01].wldj.1237125.cn/index.html.

[78] 杨旭东 . 一跃千年——云南直过民族脱贫攻坚全媒体报道之怒族一：和永三次换房记 [EB/OL],[2021-06-17].wldj.1237125.cn/index.html.

后　记

　　在清代以前，记述怒族的文字可以说是凤毛麟角。到了中华人民共和国成立前，在怒族当中也没有产生本民族的专家学者。由于山高路远、路途艰险，加之江河的阻隔，也较少有外地学者涉足怒族聚居地区。中华人民共和国成立后，尤其是改革开放以后，国内的许多研究机构陆续派出大批专家学者对怒族聚居地区进行调查和研究，与此同时，怒族聚居地区研究机构的专家学者也加入了怒族研究的队伍当中，研究成果层出不穷，研究范围不断拓展，涉及怒族的历史源流、地理环境、社会发展、人口分布、语言文字、社会组织、经济形态、宗教信仰、婚姻家庭等方面。正因为有了上述成果所奠定的研究基础，本书的写作才得以顺利开展。

　　与此同时，本书之所以能如期完成，要特别感谢云南省社会科学院民族学研究所朱佶丽老师的鼎力相助。2021年初，朱佶丽

老师为了完成《边疆人民心向党》一书中"弹起达比亚，歌声飞出心窝窝"章节的写作任务，赶赴怒江州做了一次细致深入的田野调查，得到了怒江州各级政府部门、（企）事业单位、怒族学者以及大量热心人士的全力支持，搜集并带回来了大量有关怒族的文献资料。其中，包括已出版或发表的研究成果；"十三五"期间各级政府部门、（企）事业单位脱贫攻坚年度总结、报告；部分怒族学者已完成但未出版的书稿和论文最难得的是，在朱佶丽老师带回昆明的资料中，有一部分是一些怒族学者精心收藏多年的绝版孤本书籍，另一部分是尚未出版发行的稿件，为了对怒族研究工作表示支持，皆毫无保留地悉数共享。在得知云南科技出版社计划出版《深山走出脱贫路——云南人口较少民族脱贫发展之路》系列丛书时，朱佶丽老师又向丛书主编杨泠泠老师推荐我撰写怒族部分，并将手头有关怒族的资料全部转交给我。在参考朱佶丽老师所提供资料的基础上，完成了本书的第一稿。之后，我与云南省社会科学院民族学研究所所长李吉星研究员、王国爱副研究员一同奔赴怒江开展为期 5 天的实地调研，返回昆明以后，我在第一稿的基础上修改、完善，形成本书的终稿。

综上所述，本书是在参考已有研究成果的基础上，结合怒江州各级政府部门、（企）事业单位所提供的脱贫攻坚的相关资料，并根据朱佶丽老师在田野调查中所掌握的有关情况，以及我本人的实地调查结果编著而成的。因书稿撰写时间紧迫，任务繁重，加之本人能力有限，缺乏此类书籍的编撰经验，搜集资料亦受到各种因素的限制，难免在写作中有思虑不周之处。如本书在论述中有错漏的事项，有以偏概全的情况，或是有表述不妥之处，敬请大家指正为谢！

编者